只做好题
涉税服务相关法律

税务师职业资格考试辅导用书·基础进阶 | 全2册·上册

斯尔教育 组编

北京理工大学出版社
BEIJING INSTITUTE OF TECHNOLOGY PRESS

·北京·

版权专有　侵权必究

图书在版编目（CIP）数据

只做好题. 涉税服务相关法律：全2册/斯尔教育组编. --北京：北京理工大学出版社，2024.6
税务师职业资格考试辅导用书. 基础进阶
ISBN 978-7-5763-4125-6

Ⅰ.①只… Ⅱ.①斯… Ⅲ.①税法—中国—资格考试—自学参考资料 Ⅳ.①F810.42-44

中国国家版本馆CIP数据核字(2024)第110443号

责任编辑：辛丽莉　　　　文案编辑：王梦春
责任校对：周瑞红　　　　责任印制：边心超

出版发行	/ 北京理工大学出版社有限责任公司
社　　址	/ 北京市丰台区四合庄路6号
邮　　编	/ 100070
电　　话	/ （010）68944451（大众售后服务热线）
	（010）68912824（大众售后服务热线）
网　　址	/ http://www.bitpress.com.cn
版 印 次	/ 2024年6月第1版第1次印刷
印　　刷	/ 三河市中晟雅豪印务有限公司
开　　本	/ 787mm×1092mm　1/16
印　　张	/ 19.25
字　　数	/ 485千字
定　　价	/ 39.80元（全2册）

图书出现印装质量问题，请拨打售后服务热线，负责调换

开卷必读

各位同学好，很高兴在24考季陪伴大家备考税务师考试。当你打开这本书的时候，相信你并非抱着"试一试"的态度，而是准备好"全力以赴"，满怀今年一定要通关的决心开始备考。想要顺利通关的秘诀无非三点：一、打好基础，二、只做好题，三、不断复习。可见，"只做好题"是顺利通过考试至关重要的环节。

何为"好题"呢？好题，应当直击考点、考查全面且贴合考情。据此，今年的"只做好题"对精选的历年真题、精编的模拟题进行了如下分类：

（1）做经典：该部分的题目历年考查频繁，且属于基础常规考点的题目，主要帮助大家检验自己对于基础内容的掌握程度，及时查漏补缺。

（2）做新变：每年教材都会对知识点进行更新和迭代，基于逢新必考的原则，新变知识点往往会成为当年考试的热门。为此，在每个章节特别设置了针对教材新增和修改知识点对应的模拟题。

相信当你将本书的所有题目做透，一定能够自如应对24年的考试，顺利通关。

那么该如何做题呢？

首先，大家需要端正做题的态度。做题不是为了寻找成就感，而是为了查漏补缺。在做题的前期，错误率往往会比较高，但是不要气馁，这是非常正常的现象。你错得越多，其实反而是你的机会，通过解决一道道错题，再次巩固消化知识点，争取下次遇到同类型的题目不会再错，这才是做题的意义。

其次，及时做题并进行错题总结。在学习结束后，一定要趁热打铁，及时完成相应内容的题目，以检验你对已学的内容是否掌握到位。在这个过程中，遇到不会的、做错的、尤其是蒙对的题目一定要进行总结，可以通过整理错题本或整理错题对应的知识点等方式总结一份专属于你的备考资料，这份资料将有助于你后期进行针对性且高效的复盘。

最后，不断复盘。遗忘是人的天性，而重复是对抗遗忘最好的方法，没有之一。但重复并非死记硬背，而是通过前期的打好基础，在总结错题的基础上，对于自己的薄弱点进行反复的、针对性的攻克。

备考之路，不会一路平坦，也许荆棘丛生，但是任何值得去的地方都没有捷径，你只有坚持别人坚持不了的坚持，才能收获别人收获不了的收获。相信你的勤奋、努力和坚持会让你得偿所愿。祝各位今年必过！

目 录

第一章	行政法基本理论	1
第二章	行政许可法律制度	7
第三章	行政处罚法律制度	13
第四章	行政强制法律制度	21
第五章	行政复议法律制度	27
第六章	行政诉讼法律制度	35
第七章	民法总论	43
第八章	物权法	51
第九章	债 法	59
第十章	婚姻家庭与继承法	69
第十一章	个人独资企业法	75
第十二章	合伙企业法	79
第十三章	公司法	87
第十四章	破产法	97

第十五章　电子商务法	105
第十六章　社会保险法	109
第十七章　民事诉讼法	113
第十八章　刑　法	119
第十九章　刑事诉讼法	129

综合题演练　　　　　　　　　　　　　　　　　　137

第一章 行政法基本理论

做经典

一、单项选择题

1.1 下列关于行政法特征的表述中，正确的是（　　）。
A.行政法法律渊源单一
B.行政法规范稳定性较强
C.行政法是监督行政权力的法
D.行政法是限制行政相对人行使权利的法

1.2 行政机关行使法律规定的行政裁量权必须符合合理性原则，作出的行政行为才具有实质合法性。行政机关行使行政裁量权的这种合理性要求之一是（　　）。
A.行政机关行使行政裁量权作出行政行为时，应当遵循法定程序步骤，不能违反有关法定时限的规定
B.行政机关行使行政裁量权作出行政行为时，必须平等对待行政相对人，且所作出的行政行为在内容上应当符合比例原则
C.行政机关行使行政裁量权作出行政行为不得超越法定幅度，且只能在紧急处置情形下行使行政裁量权
D.行政机关行使行政裁量权作出的行政行为，在内容上既要符合行政实体法规定，又要符合行政程序法规定

1.3 下列关于行政法渊源效力冲突解决方案的说法中，正确的是（　　）。
A.部门规章优先于地方政府规章
B.地方性法规优先于部门规章
C.部门规章与地方性法规对同一事项规定不一致，不能确定如何适用时，直接提交全国人大常委会裁决
D.行政法规之间对同一事项新的一般规定和旧的特殊规定不一致，不能确定如何适用时，由国务院裁决

1.4 下列不属于行政职权特征的是（　　）。
A.不可自由处分性　B.应急性　　　C.优益性　　　D.公益性

1.5 国务院直属机构是由国务院根据工作需要和精简的原则设立的主管某项专门业务的机构，这些机构主要指（　　）。
A.国家外汇管理局、国家铁路局、国家能源局、国家知识产权局等
B.财政部、交通运输部、生态环境部、住房和城乡建设部等
C.国家税务总局、国家医疗保障局、国家统计局等
D.国家矿山安全监察局、中国气象局、国家文物局、国家公务员局等

1.6 中国证券监督管理委员会由国务院设置。下列关于其法律地位的说法中，正确的是（　　）。

A.它是国务院组成部门，具有行政主体资格

B.它是国务院议事协调机构，不具有行政主体资格

C.它是国务院直属事业单位，具有行政主体资格

D.它是国务院直属机构，具有行政主体资格

1.7 有规章制定权且属于国务院直属机构的行政机关是（　　）。

A.国家广播电视总局　　　　　　B.国家发展和改革委员会

C.司法部　　　　　　　　　　　D.国务院研究室

1.8 下列关于法律、法规授权的组织的说法中，不正确的是（　　）。

A.被授权组织在行使法律、法规所授职权时可以以自己的名义行使所授职权

B.行政机构不具有独立的编制和财政经费

C.省以下税务局设立的稽查局属于派出机构

D.居民委员会经授权可以成为行政主体

1.9 下列关于具体行政行为效力的说法中，正确的是（　　）。

A.相对人申请行政复议的法律效果是导致具体行政行为丧失拘束力

B.具体行政行为可以被废止，这表明具体行政行为没有确定力

C.具体行政行为作出后，不论合法与否都推定合法有效，这表明具体行政行为具有公定力

D.无效具体行政行为与可撤销的具体行政行为只在被撤销后才失去法律效力

1.10 根据行政行为的分类标准，（　　）属于授益行政行为。

A.行政征收　　B.行政强制　　C.行政许可　　D.行政处罚

1.11 税务机关对纳税人偷税行为所作出的行政处罚属于（　　）。

A.外部行政行为、裁量行政行为、损益行政行为

B.作为行政行为、羁束行政行为、行政执法行为

C.具体行政行为、损益行政行为、非要式行政行为

D.双方行政行为、外部行政行为、依职权行政行为

1.12 下列有关具体行政行为认定的说法中，正确的是（　　）。

A.税务局收取社会保险费属于行政征收

B.稽查局对纳税人实施税务检查属于行政裁决

C.税务局为增值税一般纳税人办理登记属于行政协议

D.稽查局向税务违法行为举报人颁发奖金属于行政给付

1.13 下列关于具体行政行为的说法中，不正确的是（　　）。

A.行政机关发布信息属于行政事实行为

B.授予A级纳税人称号，属于行政奖励

C.增值税一般纳税人登记属于行政许可

D.政府特许经营协议属于行政协议

1.14 《中华人民共和国行政复议法实施条例》第17条规定，行政机关作出的具体行政行为对公民、法人或者其他组织的权利、义务可能产生不利影响的，应当告知其申请行政复议的权利、行政复议机关和行政复议申请期限。这一规定体现的行政程序法基本制度是（　　）。

A.教示制度　　　　　　　　　　B.说明理由制度
C.告知制度　　　　　　　　　　D.行政案卷制度

1.15 甲公司向县政府申请公开某项危改房有关的政府信息，县政府以涉及个人的联系电话和地址为由，决定不予公开，甲公司遂要求听证。下列说法正确的是（　　）。

A.县政府不予公开决定合法
B.县政府应当征求所涉个人的意见后再向甲公司回复
C.县政府的不予公开决定最长应当在收到申请后的20个工作日内作出
D.县政府应当向甲公司收取信息公开的费用

二、多项选择题

1.16 合理性原则是行政法的基本原则之一，合理行政对行政机关的要求体现在（　　）。

A.行政机关作出吊销执照的处罚决定前，应当告知当事人有要求举行听证的权利
B.行政机关作出的行政裁量行为应当遵循合法通行的先例，符合自然规律与社会理性
C.行政机关行使行政裁量权作出的行政决定应充分考虑相关因素，排除不相关因素干扰
D.行政机关作出不予行政许可决定，应当说明理由
E.行政机关作出行政处罚决定应当有法律依据，且遵守法定程序

1.17 根据立法法的规定，只能由法律规定的税收基本制度包括（　　）。

A.税种的设立　　　　　　　　　B.税率的确定
C.税收征收管理　　　　　　　　D.税目调整
E.税款用途

1.18 关于行政主体的特征，下列说法正确的有（　　）。

A.国家机关工作人员在特定情形下可以成为行政主体
B.市、县级人民政府有权作出国有土地上房屋征收决定，因此成为房屋征收行政主体
C.受委托的组织在特定情形下可以成为行政主体
D.行政机关内部机构在特定情形下可以成为行政主体
E.只有在法定条件下，某个组织才可以成为行政主体

1.19 下列属于行政职权内容的有（　　）。

A.行政解释权　　　　　　　　　B.行政立法权
C.行政执行权　　　　　　　　　D.行政监督检查权
E.行政优益权

1.20 税务所的机构性质和法律地位体现在（　　）。

A.税务所是税务机关的派出机构　　B.税务所是地方政府的派出机关
C.税务所是法律法规授权的组织　　D.税务所是税务机关委托的组织
E.税务所是职权行政主体

1.21 下列有关行政主体认定和权力来源的说法中，正确的有（　　）。
A.高等院校学位授予权来自高等教育法的授权，高等院校可以成为行政主体
B.公安局派出所作为派出机构，经法律、法规授权的，在授权范围内成为行政主体
C.行政机关的某些内设机构在得到法律、法规授权情况下，可以成为行政主体
D.消费者协会对商品和服务的监督、检查权，来自市场监督管理局的委托，消费者协会可以成为授权行政主体
E.村民委员会依法管理本村属于村农民集体所有土地的职权，来自村民委员会组织法的授权，村民委员会可以成为行政主体

1.22 税务行政行为具有（　　）特征。
A.排除裁量性　　　　　　　　　B.单方意志性
C.效力未定性　　　　　　　　　D.意思自治性
E.从属法律性

1.23 行政行为的效力包括（　　）。
A.确定力　　　　　　　　　　　B.拘束力
C.公定力　　　　　　　　　　　D.执行力
E.支配力

1.24 行政立法主体包括（　　）。
A.全国人大及其常委会　　　　　B.国务院及其各部委、直属机构
C.省、自治区、直辖市人民政府　D.省、自治区、直辖市人大及其常委会
E.国务院

1.25 关于行政程序法的基本原则与基本制度，下列说法中，正确的有（　　）。
A.公正原则要求有关行政许可的规定应当公布，未经公布的不得作为实施行政许可的依据
B.制定关系群众切身利益的公用事业价格的政府指导价，应当建立听证会制度
C.催告制度首次在行政强制法中得以确立
D.行政机关作出的具体行政行为对公民、法人或者其他组织的权利、义务可能产生不利影响的，应当告知其申请行政复议的权利、行政复议机关和行政复议申请期限，此为教示制度的体现
E.行政处罚法规定，听证结束后，行政机关应当根据听证笔录，依法作出决定，此为行政调查制度的体现

错题整理页

第二章 行政许可法律制度

做经典

一、单项选择题

2.1 下列关于行政许可特征的说法中，正确的是（ ）。
A.行政许可由行政机关依职权作出
B.行政机关的内部管理审批行为属于行政许可的范畴
C.行政审批中包含许可审批、确认审批、其他类型的审批等
D.收养登记属于行政许可

2.2 由于城市总体规划的修改，国土资源局对甲公司6个月前以依拍卖方式取得的土地使用权证书予以收回，同时给予了甲公司适当的补偿，这一行为体现的行政许可基本原则是（ ）。
A.便民和效率原则　　　　　　B.信赖保护原则
C.公正原则　　　　　　　　　D.救济原则

2.3 根据行政许可法律制度的规定，下列各项中，可设定行政许可的是（ ）。
A.婚姻自主权　　　　　　　　B.通信秘密
C.家用电器的检验　　　　　　D.订立合同

2.4 根据行政许可法的规定，下列文件中，可以设定行政许可的是（ ）。
A.财政部制定的规章　　　　　B.直辖市人民政府规章
C.县级人民政府的决定　　　　D.国家税务总局制定的税收规范性文件

2.5 根据行政许可法律制度的规定，下列各项中，属于税务行政许可的是（ ）。
A.对纳税人延期缴纳税款的核准　　B.对纳税人延期申报的核准
C.对纳税人变更纳税定额的核准　　D.增值税专用发票最高开票限额审批

2.6 根据行政许可法律制度的规定，下列说法中不正确的是（ ）。
A.经法律、法规授权实施行政许可的社会团体实施行政许可时，其法律地位相当于行政机关
B.受委托的行政机关可以以自己的名义实施行政许可
C.地方性法规不得设定应当由国家统一确定的公民、法人或者其他组织的资格、资质的行政许可
D.经国务院批准，省、自治区、直辖市人民政府根据精简、统一、效能的原则，可以决定一个行政机关行使有关行政机关的行政许可权

2.7 白云公司向甲税务局提出某项税务行政许可申请。甲税务局发现，该公司提交的申请资料不齐全。根据行政许可法规定，若甲税务局不能当场告知需要补正的全部内容，则应当在法律规定的时限内一次性告知需要补正的全部内容。该法定时限是（　　）。

　　A.5日内　　　　　　B.7日内　　　　　　C.15日内　　　　　　D.3日内

2.8 下列有关税务行政许可撤销制度的说法中，正确的是（　　）。
A.行政许可有效期届满未延续的，行政机关应当撤销该许可
B.因不可抗力导致行政许可事项无法实施的，行政机关应当撤销该许可
C.被撤销的行政许可自成立时起丧失效力
D.被撤销的行政许可一般不存在瑕疵

2.9 根据行政许可法律制度的规定，下列情形中，行政机关不需要办理行政许可注销手续的是（　　）。
A.赵某生产民用爆炸性产品发生重大安全事故，被吊销许可证
B.钱某在被许可担任注册会计师期间死亡
C.周某依法向国土资源管理部门申请延续采矿许可，国土资源管理部门在规定期限内未予答复
D.郑某通过行贿取得律师执业许可证后，被发现并被撤销执业许可

2.10 根据行政许可法的规定，行政许可所依据的法律、法规、规章修改或者废止，或者准予行政许可所依据的客观情况发生重大变化，为了公共利益的需要，行政机关可以依法（　　）已经生效的行政许可。

　　A.撤回　　　　　　B.撤销　　　　　　C.注销　　　　　　D.吊销

二、多项选择题

2.11 根据行政许可法律制度的规定，关于行政许可的设定权限，下列说法中正确的有（　　）。
A.部门规章可以设定临时性的行政许可
B.必要时省政府制定的规章可设定企业的设立登记及其前置性行政许可
C.必要时地方性法规可以限制其他地区的商品进入本地区市场
D.地方性法规不得设定应由国家统一确定的公民、法人或者其他组织的资格、资质的行政许可
E.上位法有设定的，下位法不可以设定，但可以在上位法设定的范围内作出具体规定

2.12 根据行政许可法税收征管法等相关规定，下列说法中不正确的有（　　）。
A.各级税务机关下属的事业单位可以实施行政许可
B.司法机关可以实施行政许可
C.受委托行政机关可以成为行政许可实施主体，也可以委托其他组织实施行政许可
D.除法律、法规另有规定外，税务机关不得委托其他行政机关实施税务行政许可
E.经国务院批准，省级政府可以决定一个行政机关行使有关机关的许可权

2.13 根据行政许可法律制度的规定，下列关于行政许可实施程序的说法中，正确的有（   ）。

A.申请人要求行政机关对公示内容予以说明、解释的，行政机关可以根据具体情况决定是否作出说明、解释

B.申请人申请行政许可应当对其申请材料实质内容的真实性负责，同时行政机关也须对此进行核查或者履行义务

C.申请事项依法不属于本行政机关职权范围的，应制作并送达《不予行政许可决定书》

D.在审查方式上，原则上实地核查，若申请材料简单可书面审查

E.行政机关提供行政许可申请书格式文本不得收费，申请人对此无须交纳费用

2.14 根据行政许可法的规定，行政机关在作出行政许可决定前，应当告知申请人、利害关系人享有要求听证的权利。申请人、利害关系人依法申请听证的，行政机关应当（   ）。

A.在20日内组织听证

B.于举行听证的15日前，将听证的时间、地点和听证主持人通知申请人、利害关系人

C.指定审查该行政许可申请的一名工作人员为听证主持人

D.在听证结束后根据听证笔录作出行政许可决定

E.根据法律、行政法规规定的收费标准向申请人、利害关系人收取组织听证的费用

2.15 长威公司准备在天山市建一座化工厂，向市规划局、国土资源管理局、环境保护局、建设局等职能部门提出核发有关许可证照的申请。根据行政许可法律制度的规定，下列关于办理该许可的说法中，正确的有（   ）。

A.天山市人民政府对长威公司提出的许可申请，必须组织上述职能部门联合办理

B.如果长威公司的申请材料不齐全，有关职能部门必须当场告知需要补正的全部内容

C.准予行政许可决定作出之前，拟建化工厂附近的居民有权要求举行听证

D.如果存在行政许可办理人员滥用职权作出准予许可决定的情形，则该许可应当予以撤销

E.如果发现长威公司通过贿赂手段获得该许可，行政机关应当依法给予行政处罚

2.16 根据行政许可法及国家税务总局有关公告的规定，下列关于税务行政许可申请、受理、审查及决定程序事项的说法中，正确的有（   ）。

A.对能够当即办理的税务行政许可事项，税务行政许可实施机关仍应出具《税务行政许可受理通知书》，不得直接出具和送达《准予税务行政许可决定书》

B.具备条件的地方，申请人可以通过电子数据交换、电子邮件和网上办理平台提出申请

C.税务行政许可的实施按照法律、法规、规章执行。法律、法规、规章没有规定的，省税务机关可以在本机关管理权限内作出补充规定

D.税务行政许可实施机关与申请人不在同一县（市、区、旗）的，申请人可在规定期限内，选择由其主管税务机关代为转报申请材料，代办转报一般应当在15个工作日内完成

E.申请人可以委托代理人提出申请，税务机关不得拒绝受理

2.17 根据行政许可法律制度的规定，下列关于行政许可期限或者费用制度的表述中，正确的有（　　）。

A.行政机关提供申请书格式文本，不得收费

B.听证、招标、拍卖所需时间不应计算在规定的期限内

C.行政机关对行政许可事项进行监督检查，可以依照法律、法规、规章设定并公布的项目和标准收取费用

D.行政机关应自受理申请之日起30日内作出行政许可决定，特殊情况下可以延长，但是延长不得超过30日

E.行政机关实施许可原则上不得收取任何费用，但是，法律、行政法规、地方性法规另有规定的，可依照其规定执行

2.18 根据行政许可法律制度的规定，下列情形中，行政机关应依法办理行政许可的注销手续的有（　　）。

A.某企业的产品生产许可证有效期限届满未申请延续的

B.某企业的旅馆业特种经营许可证被认定为以贿赂手段取得而被撤销的

C.某房地产开发公司取得的建设工程规划许可证被吊销的

D.拥有执业医师资格证的王医生死亡

E.某企业申请变更行政许可的范围

错 题 整 理 页

第三章　行政处罚法律制度

一、单项选择题

3.1 下列行政处罚法的基本原则中，被称为"无救济即无处罚"原则的是（　　）。
A.监督制约、职能分离原则　　　　B.一事不二罚（款）原则
C.处罚与教育相结合原则　　　　　D.保障相对人权益原则

3.2 下列各项中，不属于行政处罚的是（　　）。
A.降低资质等级　　　　　　　　　B.暂扣许可证件
C.加处罚款　　　　　　　　　　　D.警告

3.3 税务机关可以依法实施（　　）的行政处罚。
A.责令停止税收违法行为　　　　　B.责令关闭
C.责令限期进行纳税调整　　　　　D.停止办理出口退税

3.4 根据行政处罚法的规定，下列有权设定限制人身自由的行政处罚的法律文件是（　　）。
A.法律　　　　　　　　　　　　　B.地方政府规章
C.部门规章　　　　　　　　　　　D.国务院部门的规定

3.5 根据行政处罚法律制度，下列关于行政处罚设定的说法中，正确的是（　　）。
A.地方性法规可以设定吊销营业执照的行政处罚
B.国务院部门无权设定警告、通报批评或者一定数额罚款的行政处罚
C.行政法规可以设定限制人身自由的行政处罚
D.地方规章可以设定通报批评的行政处罚

3.6 下列关于行政处罚实施主体的说法中，正确的是（　　）。
A.受委托组织在委托的范围内可以再委托
B.受委托组织对其实施行政处罚行为承担法律责任
C.受委托组织必须具有管理公共事务职能
D.委托行政机关和受委托组织可以将委托书向社会公布

3.7 下列关于海关行政处罚案件管辖机关的说法中，正确的是（　　）。
A.必须由发现违法行为的海关管辖
B.必须由违法行为发生地的海关管辖
C.必须由违法行为人住所地的海关管辖
D.可以由发现违法行为的海关管辖，也可以由违法行为发生地的海关管辖

3.8 根据行政处罚法律制度的规定，关于行政处罚的实施，下列说法不正确的是（　　）。
A.行政处罚实施主体不具有行政主体资格的，行政处罚无效
B.当事人有违法所得，除依法应当退赔的外，应当予以没收
C.已经执行的行政拘留不得折抵有期徒刑刑期
D.行政机关实施行政处罚时，应当责令当事人改正该违法行为

3.9 行政处罚的追究时效从违法行为发生之日起计算，违法行为有连续或者继续状态的，从行为终了之日起计算。下列关于连续状态的说法中，正确的是（　　）。
A.连续状态是指行为人基于不同的违法故意，连续实施数个独立的行政违法行为
B.连续状态是指行为人基于同一个违法故意，连续实施数个独立的不同种类的行政违法行为
C.连续状态是指行为人基于不同的违法故意，连续实施数个不同种类的行政违法行为
D.连续状态是指行为人基于同一个违法故意，连续实施数个独立的同一种类的行政违法行为

3.10 根据行政处罚法的规定，下列情形中，属于不予行政处罚的情形是（　　）。
A.主动供述行政机关尚未掌握的违法行为的
B.主动消除或减轻违法行为危害后果的
C.配合行政机关查处违法行为有立功表现的
D.当事人有证据足以证明自己没有主观过错的

3.11 下列情形中，适用行政处罚听证程序的是（　　）。
A.交警部门因王某严重违章驾车而吊销其驾驶执照
B.邮政局因某快递公司经营许可有效期届满未申请延续而将其许可证予以注销
C.食品药品监督管理局因某食品公司销售不符合安全标准的食品而责令其召回已上市食品
D.卫生局因孙某患流行性传染病而将其强制隔离

3.12 税务机关作出的下列行政行为中，属于行政处罚但不适用处罚听证程序的是（　　）。
A.吊销税务行政许可证件　　　　　　B.停止出口退税权
C.通知有关部门阻止出境　　　　　　D.取消一般纳税人资格

3.13 下列有关行政处罚程序的说法中，正确的是（　　）。
A.当事人对吊销许可证件的行政处罚有权要求听证
B.适用简易程序的行政处罚也应当经过立案阶段
C.当事人对适用普通程序作出行政处罚的案件均有权申请听证
D.财政部门可以向作出行政处罚决定的行政机关返还罚款

3.14 根据《税务行政处罚听证程序实施办法（试行）》的规定，下列关于听证程序的说法中，不正确的是（　　）。
A.当事人无正当理由不参加听证，适用听证终止
B.当事人无正当理由未经许可中途擅自退出听证会，听证终止
C.一般对应当进行听证的案件，税务机关不组织听证，行政处罚决定不能成立
D.税务机关应当在收到当事人听证申请后20日内举行听证

3.15 下列有关行政处罚简易程序的说法中，正确的是（　　）。

A.对公民处210元以下罚款的行政处罚，应当适用简易程序

B.对法人或者其他组织处5 000元以下罚款的行政处罚，应当适用简易程序

C.执法人员适用简易程序当场作出的行政处罚决定，必须报所属行政机关备案

D.税务机关适用简易程序作出行政处罚的，执法文书须由税务机关负责人签字

3.16 根据行政法律制度的规定，下列有关行政处罚执行程序的说法中，正确的是（　　）。

A.依法给予200元以下的罚款，作出处罚决定的行政机关或其他组织及其执法人员可以自行收缴罚款

B.行政机关及其执法人员当场收缴罚款的，必须向当事人出具财政部统一制发的罚款收据

C.财政部门在特殊情形下可以向作出行政处罚决定的行政机关返还没收非法财物拍卖的款项

D.当事人到期不缴纳罚款的，行政机关可以每日按照罚款数额的3%加处罚款

3.17 根据《行政执法机关移送涉嫌犯罪案件的规定》，下列关于移送案件的说法中，不正确的是（　　）。

A.对于不属于本机关管辖的，公安机关在24小时内告知移送机关不接受移送，无须转送其他机关

B.公安机关工作人员应当在涉嫌犯罪案件移送书的回执上签字

C.公安机关不能以资料不全为理由不接受移送

D.对移送资料不全的，公安机关应当在接受案件的24小时内书面告知移送机关在3日内补正

3.18 关于税务行政处罚，下列说法中，不正确的是（　　）。

A.税务机关作出的收缴发票属于间接强制执行措施

B.税务行政处罚可以由税收违法行为发生地的具有行政处罚权的主管税务机关实施

C.非法印制发票的，由税务机关销毁发票、没收违法所得和作案工具，并处5万元以下罚款

D.违反税收法律、行政法规应当给予行政处罚的行为在5年内未被发现的，不再给予行政处罚

二、多项选择题

3.19 根据行政处罚法的规定，地方规章可设定的行政处罚有（　　）。

A.没收违法所得　　　　　　B.通报批评

C.警告　　　　　　　　　　D.行政拘留

E.责令停产停业

3.20 关于行政处罚适用的下列说法中，正确的有（　　）。

A.已满14周岁不满18周岁的人初次违法的，不予处罚

B.不满14周岁的人有违法行为的，不予处罚

C.违法行为在5年内未被发现的，不再给予行政处罚

D.对当事人的同一个违法行为，可以给予两次以上罚款的行政处罚

E.违法行为轻微并及时纠正，没有造成危害后果的，不予行政处罚

3.21 税务机关实施的下列处罚中，适用税务行政处罚听证程序的有（　　）。

A.税务机关决定对某企业停止办理出口退税

B.税务机关对某合伙企业罚款8 000元

C.税务机关对纳税人高某罚款2 000元

D.税务机关吊销某股份有限公司的税务行政许可证件

E.税务机关决定没收某企业违法所得

3.22 三江集团公司承建某项建筑工程后，将该工程让无特种作业操作资格证书的王某承包。王某承包后，施工期间发生重大事故。省建设厅决定暂扣该集团公司安全生产许可证3个月。随后，市安全监督管理局决定对该集团公司罚款3万元。根据行政处罚法，下列关于本案行政决定的性质与效力、适用程序、听证范围的说法中，正确的有（　　）。

A.暂扣安全生产许可证3个月属于行政处罚

B.罚款3万元的决定无效，因为违反一事不二罚原则

C.罚款3万元的决定可以适用简易程序

D.暂扣安全生产许可证的决定属于法定听证范围

E.暂扣安全生产许可证3个月不属于法定听证范围

3.23 依照法律规定，下列关于行政执法人员当场作出行政处罚决定并收缴罚款的说法中，正确的有（　　）。

A.必须向当事人出具省、自治区、直辖市财政部门统一制发的罚款收据

B.应当当场将行政处罚决定书交付给当事人

C.应当自收缴罚款之日2日内，将罚款交至行政机关

D.应当自收缴罚款之日起15日内，将罚款交至指定银行

E.行政机关应当择日举行听证

3.24 下列有关税收违法行为及其处罚的说法中，正确的有（　　）。

A.对纳税人不进行纳税申报，不缴或者少缴应纳税款，应按偷税行为进行处罚

B.对纳税人偷税，由税务机关追缴其不缴或者少缴的税款、滞纳金，并处不缴或者少缴的税款1倍以上5倍以下的罚款

C.纳税人未按照规定设置、保管账簿，由税务机关责令限期改正，可以处2 000元以下罚款；情节严重的，处2 000元以上1万元以下罚款

D.对纳税人以暴力、威胁方法拒不缴纳税款的行为，情节轻微，未构成犯罪的，税务机关有权处拒缴税款1倍以上5倍以下的罚款

E.对骗取国家出口退税款的，税务机关有权在规定期间内停止为其办理出口退税

3.25 下列关于税务行政处罚裁量规则适用的说法中，正确的有（　　）。

A.行使税务行政处罚裁量权，税务机关应当依法履行告知义务

B.对当事人的同一个税收违法行为不得给予两次以上的处罚

C.对拟减轻处罚的处罚案件，税务机关应当经过集体审议决定

D.对情节复杂，争议较大，处罚较重，影响较广的处罚案件，税务机关应当经过集体审议决定

E.对当事人同一个税收违法行为违反不同行政处罚规定且均应处以罚款的，应当选择适用处罚较重的条款

一、单项选择题

3.26 根据发票管理办法的规定，下列有关纳税人违反发票管理规定的违法行为及其处罚的说法中，不正确的是（　　）。

A. 对违反发票管理规定两次以上或者情节严重的单位和个人，税务机关可以向社会公告

B. 税务机关对违反发票管理法规的行为依法进行处罚的，由省级税务机关决定

C. 税务机关对违反发票管理法规的行为，依法处罚1 000元的，可由税务所决定

D. 税务机关对违反发票管理法规的行为，依法处罚2 000元的，可由税务所决定

二、多项选择题

3.27 根据行政处罚法的规定，从轻或减轻处罚的情形有（　　）。

A. 主动消除或减轻违法行为危害后果的

B. 违法行为轻微并及时纠正，没有造成危害后果的

C. 尚未完全丧失辨认或者控制自己行为能力的精神病人、智力残疾人有违法行为的

D. 已满14周岁不满18周岁的未成年人有违法行为

E. 违法行为在2年内未被发现的

错 题 整 理 页

第四章 行政强制法律制度

做经典

一、单项选择题

4.1 下列行政行为中,性质上属于行政强制措施的是( )。
A.有权行政机关依法强制拆除当事人违法的建筑物、构筑物
B.市场监督管理局依照法律规定将当事人的有关物品予以扣押
C.有权行政机关强行清除当事人不能清除而又需要立即清除的道路、河道或者公共场所障碍物
D.税务机关对逾期不履行缴纳罚款义务的纳税人加处罚款

4.2 根据行政强制法的规定,下列表述中,不属于行政强制执行方式的是( )。
A.强制履行兵役
B.排除妨碍、恢复原状
C.拍卖或者依法处理查封、扣押的场所、设施或者财物
D.查封场所、设施或者财物

4.3 下列关于行政强制设定的说法中,正确的是( )。
A.法律可以设定行政强制措施
B.行政法规可以设定冻结存款、汇款的行政强制措施
C.行政强制执行由行政法规设定
D.行政法规可以设定划拨存款的行政强制执行

4.4 下列关于查封、扣押权及其实施程序和人员的说法中,正确的是( )。
A.若当事人的违法行为情节轻微或者社会危害性小,则行政机关不得冻结当事人存款
B.不得查封、扣押公民个人及其所扶养家属的生活必需品
C.行政机关可以委托其他行政机关或者社会组织行使查封扣押权
D.查封、扣押不得由行政机关以外的人员实施,但是行政机关工作人员均可实施

4.5 根据行政强制法的规定,下列关于实施冻结存款、汇款强制措施的说法中,错误的是( )。
A.已被其他国家机关依法冻结的,可以重复冻结
B.冻结存款、汇款的数额应当与违法行为涉及的金额相当
C.依照法律规定冻结存款、汇款的,作出决定的行政机关应当向当事人交付冻结决定书
D.冻结存款、汇款应当由法律规定的行政机关实施,不得委托其他行政机关或组织实施

4.6 下列关于行政强制执行实施规则的说法中，正确的是（　　）。
A.催告期届满前，行政机关不得作出立即强制执行决定
B.行政机关一律不得在夜间或者法定节假日实施强制执行
C.行政机关作出强制执行决定前，应当以书面形式催告当事人履行义务
D.行政机关不得对单位采取停止供水、供电、供热、供燃气等方式迫使当事人履行相关行政决定

4.7 下列关于行政强制执行实施的说法中，正确的是（　　）。
A.实施行政强制执行时，行政机关不可以与当事人达成执行协议
B.作出行政强制执行决定前，行政机关无须事先催告当事人履行
C.实施行政强制执行，可以适用执行和解程序
D.行政强制执行不可以由法律、行政法规授权的组织实施

4.8 根据行政强制法的规定，下列关于行政强制执行的说法中，正确的是（　　）。
A.在强制执行阶段，行政性收费本金适用执行和解的减免规定
B.执行协议可以约定分阶段履行，当事人采取补救措施的，应当减免加处的罚款或者滞纳金
C.对违法的建筑物、构筑物、设施等需要强制拆除的，经行政机关予以公告并限期当事人自行拆除后，当事人在法定期限内不申请行政复议或者提起行政诉讼，又不拆除的，行政机关可以依法强制拆除
D.据以执行的行政决定被撤销的，行政机关应中止执行

4.9 在行政强制执行过程中，行政机关依法与王某达成执行协议。事后，王某应当履行协议而不履行时，行政机关可采取的措施是（　　）。
A.申请法院强制执行　　　　　　　　B.恢复强制执行
C.以王某为被告提起民事诉讼　　　　D.以王某为被告提起行政诉讼

4.10 根据行政强制法的规定，下列有关代履行的表述中，正确的是（　　）。
A.行政机关不可以委托第三人代履行
B.代履行可以适用于行政机关依法作出要求当事人履行给付金钱或财物等义务的行政决定而当事人到期仍未履行的情形
C.代履行的费用由行政机关、代履行人以及当事人共同分担
D.一般情形下，代履行3日前，行政机关应当催告当事人履行

4.11 根据行政强制法的规定，下列关于行政机关申请人民法院强制执行的表述中，正确的是（　　）。
A.强制执行的费用由行政机关缴纳和承担
B.行政机关申请人民法院强制执行前应当书面催告当事人履行义务
C.行政机关申请人民法院强制执行无须提供关于执行标的情况的材料
D.人民法院以拍卖方式强制执行，不可以在拍卖后将强制执行的费用扣除

二、多项选择题

4.12 根据行政强制法律制度的规定，下列属于行政强制基本原则的有（　　）。

A.禁止利用行政强制权谋取利益原则

B.教育与强制相结合原则

C.行政强制公平原则

D.行政强制适当原则

E.保障当事人程序权利和法律救济权利原则

4.13 根据行政强制法的规定，下列关于行政强制设定的说法中，正确的有（　　）。

A.行政规章不得设定行政强制执行

B.行政规章可以设定行政强制措施

C.行政法规不可设定冻结存款、汇款的行政强制措施

D.行政强制措施由法律设定，行政强制执行由行政法规设定

E.地方政府规章可以设定除限制人身自由以外的行政强制措施

4.14 根据行政强制法的规定，下列关于行政强制措施实施的说法中，错误的有（　　）。

A.冻结存款、汇款应当由法律规定的行政机关实施，其他任何行政机关或者组织不得实施

B.行政强制措施可以委托给其他行政机关实施，其他任何组织不得实施

C.法律、行政法规、国务院决定授权的具有管理公共事务职能的组织可以在法定授权范围内以自己的名义实施行政强制措施

D.查封、扣押应当由法律、法规规定的行政机关实施，其他任何行政机关或者组织不得实施

E.行政强制措施应当由行政机关具备资格的行政执法人员实施

4.15 某公安交管局交通大队民警发现王某驾驶的电动三轮车未悬挂号牌，遂当场作出扣押的强制措施。关于扣押应遵守的程序，下列做法正确的有（　　）。

A.由两名以上交通大队行政执法人员实施扣押

B.当场告知王某扣押的理由和依据

C.执法人员应当在返回交管局后立即向负责人报告并补办批准手续

D.将三轮车及其车上的物品一并扣押，当场交付扣押清单

E.对扣押物品发生的合理保管费用，由王某承担

4.16 根据行政强制法的规定，行政机关应当及时作出解除查封、扣押决定的情形有（　　）。

A.行政机关查封的财物由第三人受托保管，该第三人于查封、扣押期间死亡或者终止

B.行政机关查封场所、设施或者扣押的财物与违法行为无关

C.当事人违法行为危害后果不大

D.行政机关查封、扣押的期限已经届满

E.当事人没有违法行为

4.17 根据行政强制法的规定，下列事项中，属于催告书应当载明的事项的有（　　）。

A.履行义务的方式和期限

B.当事人依法享有的陈述权和申辩权

C.强制执行的方式和开始时间

D.当事人申请行政复议或者提起行政诉讼的途径和期限

E.当事人拖延履行或者拒绝履行所应承担的不利法律后果及行政机关依法可以采取的具体补救措施

4.18 根据行政强制法的规定，行政机关作出的冻结决定书应当载明的事项有（　　）。

A.提出陈述和申辩意见的权利、途径和期限

B.冻结决定书交付的期限

C.冻结的账号和数额

D.冻结的理由和依据

E.冻结的期限

4.19 根据行政强制法的规定，代履行应当遵循的规则有（　　）。

A.代履行前应送达代履行决定书

B.实施代履行必须在3日前催告

C.代履行的费用由行政机关承担

D.行政机关必须亲自代履行，不得委托第三人代履行

E.代履行时，作出决定的行政机关应派员到场监督

4.20 根据行政强制法的规定，下列情形中，应当中止行政强制执行的有（　　）。

A.第三人对执行标的主张权利，确有理由的

B.据以执行的行政决定被撤销的

C.当事人履行行政决定确有困难的

D.当事人暂无履行能力的

E.公民死亡，无遗产可供执行，又无义务承受人的

错题整理页

第五章　行政复议法律制度

做经典

一、单项选择题

5.1 根据行政复议法律制度的规定，下列有关行政复议的说法中，不正确的是（　　）。
A.行政复议权只能由法定行政机关行使
B.行政复议的审查对象仅是行政主体作出的行政行为，规范性文件不得作为行政复议审查的对象
C.行政复议以当事人提出复议申请为前提
D.复议机关应当从合法性和适当性两方面审查被申请的行政行为

5.2 根据行政复议法律制度的规定，"禁止不利变更原则"要求税务行政复议机关（　　）。
A.在作出变更决定时，不得作出对申请人更加不利的行政复议变更决定
B.在作出变更决定时，不得作出责令被申请人重新作出税务行政行为的行政复议决定
C.在作出变更决定时，不得作出驳回行政复议请求的行政复议决定
D.在作出变更决定时，可以作出对申请人更为不利的行政复议变更决定

5.3 根据行政复议法律制度的规定，下列关于行政复议和行政诉讼的关系的说法中，不正确的是（　　）。
A.复议前置型中，公民、法人或者其他组织不服行政机关的行政行为，必须先向行政机关申请复议
B.选择型中，行政相对人如直接选择了行政诉讼，人民法院已经依法决定立案予以受理的，也可以再申请行政复议
C.选择型中，由公民、法人或者其他组织在行政复议与行政诉讼之间自由选择，既可以提出行政复议申请，也可以提起行政诉讼
D.选择型中，行政相对人如选择了行政复议，对复议决定不服的，仍可以提起行政诉讼

5.4 根据行政复议法律制度的规定，公民、法人或者其他组织申请行政复议时，可一并提出对行政行为所依据的有关规范性文件的附带审查申请。在此，可以对其进行审查的规范性文件是（　　）。
A.国务院有关部门的规范性文件　　B.国务院部门规章
C.地方人民政府规章　　D.行政法规

5.5 根据行政复议法律制度的规定，下列关于行政复议的申请人的说法中，正确的是（　　）。

A.仅自然人可以作为申请人申请行政复议

B.纳税担保人不可以作为税务行政复议申请人

C.同一行政复议案件申请人人数众多的，可以由申请人推选代表人参加行政复议

D.推选的代表人可以是当事人之外的人

5.6 根据行政复议法律制度的规定，下列关于行政复议的被申请人的说法中，正确的是（　　）。

A.行政机关委托的组织作出行政行为的，被委托的组织为被申请人

B.下级行政机关依照法律、法规、规章规定，经上级行政机关批准作出行政行为的，在对外发生法律效力的文书上署名的机关为被申请人

C.行政机关与其他组织以共同的名义作出行政行为的，行政机关为被申请人

D.对县级以上人民政府工作部门依法设立的派出机构依照法律、法规或者规章规定，以自己的名义作出的行政行为不服申请行政复议的，本级人民政府为被申请人

5.7 根据行政复议法律制度的规定，行政复议期间，因与被申请行政复议的行政行为或者行政复议案件处理结果有利害关系，通过申请或者复议机构通知，参加到复议中的除申请人以外的公民、法人或者其他组织作为行政复议（　　）参加行政复议。

A.案外人　　　　B.共同被申请人　　　　C.共同申请人　　　　D.第三人

5.8 根据行政复议法律制度的规定，下列有关行政复议机关的说法中，正确的是（　　）。

A.行政复议委员会不得邀请行政复议机关以外的人员参加

B.行政复议机构中从事行政复议工作的人员，均应当取得法律职业资格

C.行政复议机关和行政复议机构均有作出行政复议决定的职权

D.行政复议机关应当支持和保障行政复议机构依法履行行政复议职责

5.9 根据行政复议法律制度的规定，下列当事人对行政处罚不服申请行政复议的案件中，当事人应当向该部门的上一级主管部门申请行政复议的案件是（　　）。

A.对外汇管理部门作出的行政处罚不服申请复议的案件

B.对环境保护部门作出的行政处罚不服申请复议的案件

C.对自然资源部门作出的行政处罚不服申请复议的案件

D.对交通运输部门作出的行政处罚不服申请复议的案件

5.10 根据行政复议法律制度的规定，因不可抗力或者其他正当理由耽误法定申请期限的，申请期限的计算规则是（　　）。

A.自障碍发生之日起继续计算　　　　B.自障碍发生之日起重新计算

C.自障碍消除之日起继续计算　　　　D.自障碍消除之日起重新计算

5.11 根据《税务行政复议规则》规定，下列关于税务行政复议期间和期限的说法中，正确的是（ ）。

A.税务行政复议机关收到复议申请后应当在5日内进行审查决定是否受理，该期间含法定休假日

B.案情复杂，不能在规定期限内作出复议决定的，可以适当延长期限，但延长期限不得超过60日

C.复议机关责令被申请人重新作出行政行为的，被申请人一般应当在30日内重新作出行政行为

D.税务行政复议审理期限在和解、调解期间中止计算

5.12 根据《税务行政复议规则》规定，下列关于税务行政复议听证程序的说法中，不正确的是（ ）。

A.税务行政复议机构决定举行听证的，应当将举行听证的时间、地点和拟听证事项通知申请人、被申请人和第三人

B.听证应当公开举行，但是涉及国家秘密、商业秘密或者个人隐私的除外

C.行政复议听证员不得少于2人，听证主持人由行政复议机构指定

D.行政复议听证笔录应当附卷，作为行政复议机构审理案件的唯一依据

5.13 2023年8月12日，某县税务局以违法开具发票为由，对该县纳税人金滨娱乐有限公司作出罚款5 000元的决定并于次日送达《税务行政处罚决定书》。该公司不服，于8月22日向市税务局申请行政复议。9月28日，经市税务局行政复议机构同意，该公司撤回复议申请。根据行政复议法律制度的规定，下列关于该公司撤回复议的说法中，正确的是（ ）。

A.该公司撤回复议申请后，只要尚未超出法定复议申请期限，都可以同一事实和理由再次对该处罚决定提出复议申请

B.如该公司能够证明撤回复议申请违背其真实意思表示，则可以同一事实和理由再次对该处罚决定提出复议申请

C.该公司撤回复议申请，应在复议机关向县税务局发送复议申请书副本之日起10日内书面提出，否则撤回行为无效

D.该公司撤回复议申请，必须经法院作出准予撤回的书面裁定，否则不导致复议终止

5.14 根据行政复议法实施条例和《税务行政复议规则》，在复议机关作出复议决定前，申请人与被申请人可以自愿达成和解，税务行政复议机关也可以调解。但这种和解与调解程序不适用于（ ）的税务行政复议案件。

A.确定适用税率   B.核定税额   C.确定应税所得率   D.行政赔偿

二、多项选择题

5.15 根据行政复议法律制度的规定，纳税人对税务机关作出的下列行政决定不服的，应当先向行政复议机关申请行政复议的有（ ）。

A.确认征税范围   B.征收税款

C.确认适用税率　　　　　　　　　　D.加收滞纳金
E.罚款

5.16 根据行政复议法实施条例的规定，下列有关行政复议申请期限的表述中，正确的有（　　）。
A.行政机关作出行政行为时未告知公民、法人或者其他组织，事后补充告知的，自该公民、法人或者其他组织收到行政机关补充告知的通知之日起计算
B.被申请人能够证明公民、法人或者其他组织知道行政行为的，自证据材料证明其知道行政行为之日起计算
C.载明行政行为的法律文书邮寄送达的，自法律文书交邮之日起计算
D.行政行为依法通过公告形式告知受送达人的，自公告对外发出之日起计算
E.载明行政行为的法律文书直接送达的，自受送达人签收之日起计算

5.17 根据行政复议法律制度的规定，下列有关行政复议实体或者程序规则的表述中，正确的有（　　）。
A.行政复议期间，被申请人不得改变被申请复议的行政行为
B.行政复议期间，被申请人不得自行向申请人和其他有关单位或个人收集证据
C.复议申请材料不齐全或不清楚，行政复议机关可以在5日内书面通知申请人限期补正，无正当理由逾期不补正的，视为放弃复议申请
D.行政复议期间，行政行为不停止执行。但是法律、法规、规章规定停止执行的，可以停止执行
E.专利申请人对国务院专利行政部门驳回申请的决定不服的，可以在收到通知之日起3个月内向国务院专利行政部门请求复审

5.18 甲市乙县政府决定征收某村集体土地80亩，该村60户村民均不服，向甲市政府申请行政复议。下列关于本案复议代表人、代理人及复议程序的表述中，正确的有（　　）。
A.可以由申请人推选代表人参加行政复议
B.若复议申请材料不齐全需要补正，复议机关应在收到申请之日起7日内书面通知申请人限期补正
C.甲市政府作出不予受理决定可以以甲市政府内设复议机构的名义作出
D.乙县政府可以委托1至2人作为复议代理人
E.本案村民依法可以口头或者书面申请复议

5.19 根据行政复议法及其实施条例与税务行政复议规则的规定，下列关于税务行政复议审查的说法中，正确的有（　　）。
A.税务行政复议审查既涉及合法性审查，也涉及适当性审查
B.税务行政复议审查既涉及事实审查，也涉及法律审查
C.税务行政复议审查的依据包括法律、法规，不包括规章
D.税务行政复议一律采用书面审查的办法，不采用听证的方式
E.重大、疑难税务行政案件的复议审查，应当提请行政复议委员会提出咨询意见

一、单项选择题

5.20 根据行政复议法律制度的规定，下列不属于行政复议受案范围的是（　　）。

A.甲申请行政许可，被行政机关拒绝，甲对此决定不服

B.乙对行政机关征用其房屋决定不服

C.丙对行政机关作出的工伤认定结论不服

D.公务员丁对税务局对其作出的处分不服

5.21 某市政府因市政建设需要，决定征用一块土地，该土地上共有李某等300户居民，300户居民对政府的土地征用决定不服，提起行政复议。根据行政复议法的规定，下列关于行政复议代表人的说法中，正确的是（　　）。

A.300户居民可以委托律师作为行政复议代表人参加行政复议

B.行政复议代表人的行为对其代表的当事人发生效力

C.行政复议代表人可以擅自变更行政复议请求，无须征求300户居民的同意

D.居民李某不同意推选代表人，李某将无法参加行政复议

5.22 下列关于行政复议听证程序的表述中，正确的是（　　）。

A.申请人请求听证的，行政复议机关必须组织听证

B.听证由1名行政复议人员任主持人，无须听证员和记录员

C.行政复议机构组织听证的，应当于举行听证的7日前书面通知当事人

D.申请人无正当理由拒不参加听证的，视为放弃听证权利

5.23 根据行政复议法的规定，下列关于提出复议申请期限的说法中，正确的是（　　）。

A.因不动产提出的行政复议申请自行政行为作出之日起超过10年，行政复议机关不予受理

B.除涉及不动产以外的其他行政复议申请，自行政行为作出之日起超过5年的，行政复议机关不予受理

C.行政相对人应自知道或者应当知道该行政行为之日起30日内提出行政复议申请

D.行政机关未告知行政相对人申请行政复议的权利的，申请人自知道或者应当知道行政行为之日起1年内提出行政复议申请

二、多项选择题

5.24 根据行政复议法律制度的规定，下列情形中，申请人应向上一级主管部门申请行政复议的有（　　）。

A.对国家安全机关作出的行政行为不服申请复议的

B.对县政府依法设立的派出机构作出的行政行为不服申请复议的

C.对国务院部门作出的行政行为不服申请复议的

D.对税务机关作出的行政行为不服申请复议的

E.对履行行政复议机构职责的地方人民政府司法行政部门的行政行为不服申请复议的

5.25 根据行政复议法的规定,下列情形中,属于复议前置行政行为的有(　　)。

A.对行政机关当场作出的行政处罚决定不服的

B.对税务机关作出的加收滞纳金决定不服的

C.对税务机关作出的罚款决定不服的

D.认为行政机关存在未履行法定职责的

E.申请政府信息公开,行政机关不予公开的

5.26 下列关于行政复议简易程序的表述中,正确的有(　　)。

A.案件涉及款额3 000元以下的,可以适用简易程序

B.申请人同意适用简易程序的,可以适用简易程序

C.适用简易程序审理的行政复议案件,可以书面审理

D.适用简易程序审理的行政复议案件,不得转为普通程序审理

E.简易程序审理的行政复议案件,行政复议机关应自受理申请之日起30日内作出行政复议决定

5.27 下列情形中,行政复议机关应确认行政行为违法的有(　　)。

A.行政行为实施主体不具有行政主体资格的,行政复议机关应确认该行政行为违法

B.行政程序轻微违法,但是对申请人权利不产生实际影响

C.行政行为违法,但不具有可撤销内容

D.被申请人改变原违法行政行为,申请人仍要求撤销或者确认该行政行为违法

E.行政行为实施主体具有重大且明显违法情形的

错 题 整 理 页

第六章 行政诉讼法律制度

做经典

一、单项选择题

6.1 根据行政诉讼法律制度的规定，下列关于行政诉讼基本原则的说法中，错误的是（   ）。

A.行政诉讼中，被诉行政行为原则上不因原告提起诉讼而停止执行

B.人民法院通常情况下不得变更被诉行政行为

C.行政诉讼实行反诉制度

D.诉讼期间，被告认为需要停止执行的，行政行为应停止执行

6.2 根据行政诉讼法律制度的规定，下列案件中，属于行政诉讼受案范围的是（   ）。

A.对行政机关暂扣许可证不服提起诉讼的案件

B.对行政机关作出的人事任免、奖惩决定不服提起诉讼的案件

C.对仲裁委员会就劳动争议作出的仲裁裁决不服提起诉讼的案件

D.对行政机关作出的不具有强制力的行政指导行为不服提起诉讼的案件

6.3 根据行政诉讼法律制度的规定，下列行为中，属于行政诉讼受案范围的是（   ）。

A.税务行政处罚事项告知行为

B.层报、咨询、论证等过程性行政行为

C.解除政府特许经营协议行为

D.上级行政机关基于内部层级监督关系督促下级行政机关履行职责

6.4 中外合资企业W公司由中方甲公司与外方乙公司共同投资设立。外方乙公司认为，某税务局对W公司作出的停止办理出口退税行政处罚决定侵害其合法权益，遂以乙公司的名义向法院提起行政诉讼。对此，法院的正确做法是（   ）。

A.不受理，因为乙公司不是行政行为的相对人

B.受理，因为乙公司依法享有单独提起行政诉讼的权利

C.不受理，因为乙公司不是独立的法人

D.受理，应当同时列甲公司为共同原告，因为甲公司与被诉行政处罚决定有法律上的利害关系

6.5 根据行政诉讼法律制度的规定，下列有关行政诉讼被告的说法中，正确的是（   ）。

A.复议机关改变原行政行为的，由作出原行政行为的行政机关和复议机关作为共同被告

B.行政诉讼被告对原告的诉讼请求具有反诉权

C.行政诉讼被告可以是行政机关工作人员

D.当事人不服经上级行政机关批准的行政行为而向法院提起诉讼的，应当以在对外发生法律效力的文书上署名的行政机关为被告

6.6 根据行政诉讼法律制度的规定，对复议机关决定维持原行政行为而当事人不服提起行政诉讼的案件，确定被告的规则是（　　）。

A.以作出原行政行为的行政机关为被告，复议机关作为第三人

B.以作出原行政行为的行政机关和复议机关为共同被告

C.由当事人选择作出原行政行为的行政机关和复议机关二者之一作为被告

D.以复议机关为被告，以作出原行政行为的行政机关为第三人

6.7 根据行政诉讼法及其司法解释的规定，由推选产生的2~5名当事人作为诉讼代表人参加诉讼的适用情形是（　　）。

A.同案原告至少10人以上　　　　B.同案原告至少15人以上

C.同案原告至少30人以上　　　　D.同案原告至少5人以上

6.8 根据行政诉讼法律制度的规定，下列有关行政诉讼代理人与行政诉讼代表人的说法中，正确的是（　　）。

A.在行政诉讼中，法定代理人制度适用于未成年人和精神病人以及法人、组织

B.若行政机关负责人有正当事由不能出庭应诉，则被诉行政机关可以仅委托律师出庭应诉

C.诉讼代理人是本案当事人

D.人民法院可以指定无诉讼行为能力的公民的法定代理人代为诉讼

6.9 根据行政诉讼法及其司法解释的规定，行政诉讼法定证据种类的形式不包括（　　）。

A.网上聊天记录、网络博客　　　　B.电子邮件、电子签名

C.手机短信　　　　　　　　　　　D.评论性证言

6.10 根据行政诉讼法及其司法解释的规定，若原告确有证据证明被告持有的证据对原告有利，被告无正当理由拒不提供，则法院的正确做法是（　　）。

A.直接认定被告主张的事实存在

B.责令被告退出法庭并缺席审判

C.推定原告基于该证据主张的事实成立

D.直接判决撤销被诉行政行为

6.11 根据行政诉讼法的规定，下列关于行政诉讼起诉期限的说法中，正确的是（　　）。

A.公民、法人或者其他组织直接向人民法院提起诉讼的，应当自知道或者应当知道作出行政行为之日起6个月内提出，法律另有规定的除外

B.公民、法人或者其他组织直接向人民法院提起诉讼的，应当自知道或者应当知道作出行政行为之日起6个月内提出，法律、行政法规另有规定的除外

C.公民、法人或者其他组织直接向人民法院提起诉讼的，应当自知道或者应当知道作出行政行为之日起6个月内提出，行政诉讼法不允许适用其他单行法律特别规定的起诉期限

D.复议机关逾期不作决定的，申请人可以在复议期满之日起6个月内向人民法院提起诉讼

6.12 根据行政诉讼法及其司法解释的规定，在原告所起诉的被告不适格时，人民法院应当告知原告变更被告。原告不同意变更的，法院应当（　　）。

A.判决驳回诉讼请求　　　　　　B.裁定驳回起诉

C.裁定终结诉讼　　　　　　　　D.判决变更被告

6.13 行政行为存在重大且明显违法情形，人民法院应判决确认该行政行为无效。根据行政诉讼法及其司法解释的规定，该情形不包括（　　）。

A.行政行为明显不当

B.行政行为的内容客观上不可能实施

C.减损权利或者增加义务的行政行为没有法律规范依据

D.行政行为实施主体不具有行政主体资格

6.14 根据行政诉讼法及其司法解释的规定，下列情形中，人民法院可以缺席判决的是（　　）。

A.原告经传票传唤，无正当理由拒不到庭或者未经法庭许可中途退庭的

B.行政诉讼第三人经合法传唤无正当理由拒不到庭或者未经法庭许可中途退庭的

C.原告死亡，没有近亲属或者近亲属放弃诉讼权利的

D.原告申请撤诉，人民法院裁定不予准许的，原告经传票传唤无正当理由拒不到庭的

6.15 根据行政诉讼法的规定，下列关于行政诉讼二审程序的说法中，错误的是（　　）。

A.若当事人对原审法院认定的事实有争议，则二审法院必须开庭审理

B.二审法院审理上诉案件，一般应当在收到上诉状之日起3个月内作出终审判决

C.当事人不服一审判决的，应当在判决书送达之日起10日内提起上诉

D.二审法院审理上诉案件时，应当对原审法院的裁判和被诉行政行为进行全面审查

二、多项选择题

6.16 根据行政诉讼法律制度的规定，下列有关行政诉讼的说法中，正确的有（　　）。

A.行政诉讼实行被告对行政行为合法性负举证责任原则

B.抽象行政行为不能成为行政诉讼一并审查的对象

C.若被告认为需要停止执行行政行为的，则可以在行政诉讼期间停止执行行政行为

D.法院判决变更行政行为，任何情况下不得加重原告的义务或者减损原告的权益

E.没有原告或者利害关系人的申请，法院不得依职权在行政诉讼期间裁定停止执行行政行为

6.17 根据行政诉讼法司法解释的规定，公民、法人或者其他组织可以依法提起行政诉讼从而成为原告的情形包括（　　）。
A.被诉的行政行为涉及其相邻权的
B.要求主管行政机关依法追究加害人法律责任的
C.与撤销或者变更行政行为没有法律上利害关系的
D.被诉的行政行为涉及其公平竞争权的
E.在复议程序中被追加为第三人的

6.18 股份制上市企业旭日公司认为某商务局作出的决定侵犯其经营自主权。根据行政诉讼法律制度的规定，有权以该公司的名义提起行政诉讼的主体有（　　）。
A.股东
B.股东会
C.董事会
D.独立董事
E.监事会

6.19 根据行政许可法相关司法解释的规定，下列关于行政许可案件被告确定的说法中，正确的有（　　）。
A.当事人不服行政许可决定提起行政诉讼的，以作出行政许可决定的机关为被告
B.行政许可依法须经上级行政机关批准，当事人对批准或者不批准行为不服一并提起行政诉讼的，以上级行政机关为共同被告
C.行政许可须经下级行政机关初步审查并上报，当事人对不予初步审查或者不予上报的行为不服提起行政诉讼的，以下级行政机关为被告
D.行政机关按规定统一办理行政许可的，若当事人对行政许可行为不服提起行政诉讼，以对当事人作出具有实质影响的不利行为的机关为被告
E.行政机关按规定统一办理行政许可的，若当事人对行政许可行为不服提起行政诉讼，以实施行政许可的所有行政机关为共同被告

6.20 某县市场监督管理局认定甲公司销售假冒伪劣产品，决定对其罚款5万元，甲公司不服，向县政府申请复议，要求撤销该决定。经复议，县政府作出了维持原行政行为的决定。甲公司认为复议决定错误，遂向法院起诉。根据行政诉讼法及其司法解释的规定，下列关于本案诉讼被告、管辖法院以及法院处理的说法中，正确的有（　　）。
A.被告应为县市场监督管理局
B.被告应为县政府
C.被告应为县市场监督管理局与县政府（共同被告）
D.此案应由中级人民法院管辖
E.此案应由基层人民法院管辖

6.21 甲县政府认定该县乙镇陈某等10户居民自建的附属房及围墙系违法建筑，决定强制拆除，并委托该县乙镇政府负责强制拆除有关事宜，陈某等10户居民对该决定不服而起诉。下列关于诉讼参加人及诉讼管辖的说法中，正确的有（　　）。
A.本案被告为乙镇政府
B.本案应由甲县基层人民法院管辖
C.若仅陈某起诉，则没有起诉的其他9户居民可以作为第三人
D.若10户居民对该决定不服申请复议，复议机关为甲县政府
E.若10户居民在指定期限内未选定诉讼代表人，法院可以依职权指定

6.22 下列关于行政诉讼证据的说法中，正确的有（　　）。
A.出庭作证的证人不得旁听案件的审理
B.手机中的微信聊天属于电子数据
C.没有当事人签名的现场笔录不具有法律效力
D.仲裁机构生效裁决书确认的事实可以作为定案依据
E.证人根据其专业知识所做的推测，可以作为定案依据

6.23 根据行政诉讼法及其司法解释的规定，下列有关行政诉讼证据收集及举证责任的说法中，正确的有（　　）。
A.法院不得主动收集证据
B.进入诉讼程序，被告不得向原告收集证据
C.原告对被诉行政行为的违法性负有举证责任
D.被告对被诉行政行为的合法性负有举证责任
E.原告请求行政赔偿的，应当对被诉行政行为造成损害的事实提供证据

6.24 根据行政诉讼法司法解释的规定，证明同一事实的数个证据，其证明效力的认定规则包括（　　）。
A.经过登记的书证优于国家机关依职权制作的公文文书
B.视听资料优于现场笔录、勘验笔录、档案材料
C.法定鉴定部门的鉴定结论优于其他鉴定部门的鉴定结论
D.出庭作证的证人证言优于未出庭作证的证人证言
E.数个种类不同、内容一致的证据优于一个孤立的证据

6.25 根据行政诉讼法律制度的规定，关于行政诉讼证据的采纳与采信，下列说法正确的有（　　）。
A.被告在行政程序中采纳的鉴定意见，原告提出证据证明鉴定人不具备鉴定资格的，该鉴定意见人民法院不予采纳
B.以非法手段取得的证据，不得单独作为认定案件事实的根据
C."严重违反法定程序收集的证据材料"属于以非法手段取得的证据
D.被告在行政程序中采纳的鉴定意见，第三人提出证据证明鉴定程序严重违法的，该鉴定意见人民法院不予采纳
E."以欺诈手段获取的证据材料"属于以非法手段取得的证据

6.26 某区城管执法局负责对某历史文化古迹区域进行城管执法。区城管执法局接到举报并经现场勘验，认定黄某在古迹区域擅自建房，遂决定拆除该房屋并组织强制拆除。黄某的父亲称，房屋系自己所建，拆除行为侵犯其合法权益，遂以自己的名义向法院起诉，法院予以受理。根据行政诉讼法律制度的规定，下列关于黄某父亲和区城管执法局提供证据的说法中，正确的有（　　）。

A.黄某的父亲应当提供证据证明区城管执法局决定拆除房屋和强制拆除的行为没有事实和法律依据

B.黄某的父亲应当提供证据证明区城管执法局决定拆除房屋和强制拆除的行为超越其法定权限或者违反法定程序

C.黄某的父亲应当提供证据证明房屋系自己所建或者自己与拆除行为有利害关系

D.区城管执法局应当在收到起诉状副本之日起10日内向法院提交证据

E.区城管执法局应当提供证据和依据证明有拆除房屋的决定权和强制执行的权利

6.27 根据行政诉讼法的规定，除当事人各方同意适用简易程序的案件可以适用简易程序外，一审法院认为事实清楚、权利义务关系明确、争议不大的特定案件，同样可以适用简易程序。这些案件包括（　　）。

A.被告行使行政裁量权作出被诉行政行为的案件

B.案件涉及款额5 000元以下的案件

C.被诉行政行为是依法当场作出的案件

D.政府信息公开案件

E.被告是乡镇人民政府、街道办事处的案件

6.28 根据行政诉讼法的规定，行政机关拒绝履行判决、裁定的，第一审法院可以采取的措施有（　　）。

A.在规定期间内不履行的，从期满之日起，对该行政机关负责人按日处以50～100元的罚款

B.向该行政机关的上一级行政机关提出司法建议

C.对应当给付的款项，通知银行从该行政机关的账户内划拨

D.提请人民检察院对该行政机关提起公益诉讼

E.将该行政机关拒绝履行的情况予以公告

错 题 整 理 页

第七章 民法总论

做经典

一、单项选择题

7.1 下列关于民法基本原则的说法中，正确的是（　　）。
A.平等原则中的平等是指实质平等、结果平等
B.公平原则中的公平是指实质平等、结果平等
C.诚实信用原则是对民事主体从事民事活动的外在要求
D.公序良俗原则是对民事主体从事民事活动的内在要求

7.2 下列责任中，属于民法意义上的无限责任的是（　　）。
A.有限合伙人对合伙企业债务所承担的责任
B.有限责任公司以其注册资本为限对外承担的责任
C.股份有限公司股东对公司债务所承担的责任
D.普通合伙人对合伙企业债务所承担的责任

7.3 我国民法典规定了承担民事责任的方式，其中不包括（　　）。
A.赔礼道歉　　　　　　　　　　　B.消除危险
C.暂扣许可证件　　　　　　　　　D.修理、重作、更换

7.4 根据民法理论，下列行为中，属于民事法律行为的是（　　）。
A.侵权行为　　　　　　　　　　　B.先占
C.代理行为　　　　　　　　　　　D.无因管理

7.5 根据民法相关理论，下列法律事实中，属于民事法律行为的是（　　）。
A.甲宽恕曾经遗弃自己的儿子丁　　B.丁免除其债务人的5万元货款债务
C.丙将债权让与的事实通知其债务人　D.乙催告其债务人按时还款

7.6 甲因病去世，留有遗嘱。甲的儿子乙依照甲的遗嘱继承了甲的一套房产。乙取得该套房产所有权的法律原因属于（　　）。
A.法律事实构成　　　　　　　　　B.事实行为
C.法律行为　　　　　　　　　　　D.事件

7.7 下列关于自然人民事权利能力与民事行为能力的说法中，正确的是（　　）。
A.自然人的民事权利能力与民事行为能力同时产生
B.自然人的民事权利能力与民事行为能力同时消灭
C.自然人的民事权利能力始于出生，终于死亡
D.自然人之间民事行为能力人人平等，不存在差异

43

7.8 根据民法典的规定，死亡宣告被撤销后，被宣告死亡的人的婚姻关系可以自行恢复的情形是（　　）。
A.其配偶虽再婚但再婚配偶失踪　　　　B.其配偶已经与他人同居
C.其配偶虽再婚但再婚配偶已去世　　　D.其配偶虽再婚但已离婚

7.9 下列有关法人特征的说法中，正确的是（　　）。
A.法人的财产属于法人与出资人共有
B.法人民事权利能力受法人财产范围制约
C.法人独立承担民事责任
D.法人的人格与其创立人的人格不能分离

7.10 下列民事主体中，属于特别法人的是（　　）。
A.居民委员会　　　　　　　　　　　　B.民办非营利学校
C.中国扶贫基金会　　　　　　　　　　D.个人独资企业

7.11 根据民法典的规定，下列人格权中，自然人和非法人组织均享有的是（　　）。
A.名称权　　　　B.荣誉权　　　　C.隐私权　　　　D.肖像权

7.12 甲擅自将乙委托其保管的一幅字画卖给了丙。事后，乙追认甲的行为有效。根据民事权利理论，乙行使的权利属于（　　）。
A.支配权　　　　B.请求权　　　　C.抗辩权　　　　D.形成权

7.13 下列民事权利的原始取得方式中，基于法律行为取得的是（　　）。
A.甲基于合同取得合同债权
B.乙基于先占取得无主动产所有权
C.丙基于善意取得而取得动产质权
D.丁基于无因管理取得必要费用的返还请求权

7.14 民事法律行为是以意思表示为核心要素，旨在依意思表示的内容发生相应民法效果的表意行为，法律行为的形式其实就是意思表示的方式。下列意思表示的方式中，仅在有法律规定、当事人约定或者符合当事人之间的交易习惯情况下，才可以视为意思表示的是（　　）。
A.沉默形式　　　　B.口头形式　　　　C.书面形式　　　　D.推定形式

7.15 奥运会前夕，甲对乒乓球运动员乙说：1个月后的奥运会上，你若打赢某国运动员丙，我即送你1套价值500万元的海景房。根据民法典及相关规定，上述法律事实在甲、乙之间产生了一项（　　）。
A.附期限法律行为　　　　　　　　　　B.有偿法律行为
C.实践性法律行为　　　　　　　　　　D.附条件法律行为

7.16 下列民事法律行为中，属于附期限法律行为的是（　　）。
A.甲对乙承诺，如果明年乙获得博士学位，甲即赠给乙汽车一辆
B.甲、乙约定，如果明天下雪，则甲将其滑雪板租给乙
C.甲、乙约定，若甲的儿子明年大学毕业回到本市工作，则乙将承租的房屋退还给甲
D.甲对乙承诺，下次下雨时送给乙一把折叠雨伞

7.17 根据民法典的有关规定，下列行为中，属于可撤销民事法律行为的是（　　）。

A.甲将朋友托其保管的相机卖给他人

B.乙用其盗取的某公司空白合同与他人签订合同

C.丙误将混纺面料当成纯毛面料高价购买

D.丁在醉酒神志不清的状态下将其名贵手表卖给他人

7.18 根据民法典的规定，关于甲、乙之间的合同，下列情形属于效力待定的是（　　）。

A.甲在醉酒但能辨认自己行为的情况下将自己的摩托车低价卖给乙

B.甲授权16岁的丙将汽车以15万元的价格出卖给乙

C.甲将其一处正在出租的房产赠送给15岁的乙

D.甲将价值16万元的汽车作为生日礼物赠送给7岁的乙

7.19 根据民法典的规定，下列关于撤销权除斥期间的说法中，正确的是（　　）。

A.因受欺诈实施的民事法律行为，撤销权除斥期间为90日

B.因受胁迫实施的民事法律行为，撤销权除斥期间为1年

C.因重大误解实施的民事法律行为，撤销权除斥期间为1年

D.上述撤销权除斥期间自可撤销民事法律行为发生之日起算

7.20 根据规定，代理可分为委托代理、指定代理和法定代理。下列各项中，仅为法定代理特有的是（　　）。

A.需要出示授权书的代理

B.以未成年人为被代理人的代理

C.符合法律规定的代理

D.无须被代理人授权，依法律规定直接确定的代理

7.21 根据民法典的规定，下列情形不属于无效民事法律行为的是（　　）。

A.影响政治安全、经济安全、军事安全等国家安全类型的民事法律行为

B.损害社会公共利益的民事法律行为

C.一方以胁迫手段，使对方在违背真实意思的情况下实施的民事法律行为

D.有损人格尊严的民事法律行为

7.22 根据民法典及相关规定，下列关于诉讼时效期间届满的法律效果的说法中，正确的是（　　）。

A.诉讼时效期间届满，权利人丧失实体权利

B.诉讼时效期间届满后，义务人同意履行义务的，不得以诉讼时效期间届满为由抗辩

C.诉讼时效期间届满，义务人取得一时抗辩权

D.诉讼时效期间届满后，义务人已经自愿履行义务的，可以主张返还不当得利

7.23 下列债权请求权中，法院不支持当事人提出诉讼时效抗辩的是（　　）。

A.身体受到伤害的损害赔偿请求权

B.贷款本金和利息的偿付请求权

C.存款本金和利息的支付请求权

D.股息和红利的支付请求权

7.24 下列有关诉讼时效期间的说法中，正确的是（　　）。

A.商品保质期属于诉讼时效期间

B.诉讼时效期间届满后，义务人已经自愿履行的，不得请求返还

C.可撤销民事法律行为中撤销权人的撤销权的行使期限属于诉讼时效期间

D.合同当事人的法定解除权的行使期限属于诉讼时效期间

7.25 诉讼时效期间与除斥期间是民法上两项权利行使的限制期间，下列关于二者区别的说法中，正确的是（　　）。

A.诉讼时效期间届满则实体权利消灭，除斥期间届满则义务人产生抗辩权

B.诉讼时效期间为不变期间，除斥期间为可变期间

C.诉讼时效期间适用于请求权，除斥期间适用于形成权

D.除斥期间适用中止、中断和延长，诉讼时效期间并不适用

二、多项选择题

7.26 根据民法典的规定，法人成立须具备的条件有（　　）。

A.有自己的名称、组织机构和住所　　B.有自己的财产或者经费

C.有自己的分支机构　　　　　　　　D.能独立承担民事责任

E.依法成立

7.27 根据民法典及相关规定，下列关于法人成立、法人能力及责任承担的说法中，正确的有（　　）。

A.法人成立必须经有关机关批准

B.法人的民事权利能力和民事行为能力，自法人成立时产生

C.法人以其全部财产独立承担民事责任

D.法人应对法定代表人的职务侵权行为与法定代表人连带承担民事责任

E.法人须承受法定代表人以法人名义所从事民事活动的法律后果

7.28 下列民事权利中，权利人不得转让和继承的有（　　）。

A.租金债权　　　　　　　　　　　　B.地役权

C.身体权　　　　　　　　　　　　　D.健康权

E.居住权

7.29 下列关于民事权利属性的说法中，正确的有（　　）。

A.债权属于请求权　　　　　　　　　B.物权属于相对权

C.人身权属于对人权　　　　　　　　D.著作权属于支配权

E.追认权属于形成权

7.30 下列民事法律事实中，属于双方法律行为的有（　　）。

A.侵权行为　　　　　　　　　　　　B.买卖合同

C.遗嘱行为　　　　　　　　　　　　D.赠与合同

E.无因管理

7.31 根据民法典及相关规定，下列法律行为中，可因重大误解而请求撤销的有（   ）。

A.乙误将真画当成赝品而低价出售

B.丙误将单价1 800元的商品以180元的价格售出

C.甲不知女友已与他人结婚而到商场购买订婚钻戒

D.丁误认某人为救命恩人而给其5 000元以表谢意

E.戊误以为自己能分到公寓房而按公寓房面积到商场购买地毯

7.32 下列行为中，属于无效民事行为的有（   ）。

A.代理人超越代理权限订立的合同

B.违反法律、行政法规强制性规定的民事行为

C.恶意串通损害第三人利益的民事行为

D.因重大误解而订立的合同

E.处分权欠缺的民事行为

7.33 根据民法典的规定，无效民事法律行为包括（   ）。

A.受第三人欺诈所实施的民事法律行为

B.违背公序良俗的民事法律行为

C.以虚假的意思表示实施的民事法律行为

D.无民事行为能力人实施的民事法律行为

E.以虚假的意思表示隐藏的民事法律行为

7.34 甲委托乙出售房屋，并向乙出具授权委托书，根据民法典的规定，下列乙的代理行为中，属于效力待定行为的有（   ）。

A.乙以甲的名义与自己签订房屋买卖合同

B.乙与丁恶意串通以远低于市场价的价格将房屋卖给丁

C.乙以甲的名义与委托其买房的丙签订房屋买卖合同

D.乙不知甲意外去世，以甲的名义将房屋卖给他人

E.乙在甲取消委托后，仍向他人出示尚未被收回的授权委托书售出房屋

7.35 下列关于诉讼时效的适用及期间起算点的说法中，正确的有（   ）。

A.限制民事行为能力人对其法定代理人的请求权的诉讼时效期间，自其知道权利受到侵害之日起算

B.身体受到伤害要求赔偿的，适用普通诉讼时效

C.兑付国债本金和利息的请求权不适用诉讼时效

D.债务人自愿履行债务后又以诉讼时效期间届满为由提出抗辩的，法院不予支持

E.分期履行的债务，诉讼时效期间从最后一期履行期限届满之日起算

7.36 下列事由中，能够引起诉讼时效中止的有（   ）。

A.债权人提起代位权诉讼

B.权利被侵害的无民事行为能力人的法定代理人丧失民事行为能力

C.权利人被义务人控制，无法主张权利

D.债务人请求延期履行

E.债务人同意履行债务

7.37 下列各项中,属于诉讼时效中断事由的有（　　）。

A.债权人申请支付令

B.债务人请求延期支付

C.债权人在诉讼时效期间最后6个月内遇不可抗力

D.债权人提出清偿请求

E.债权人出差未回

错 题 整 理 页

第八章 物权法

做经典

一、单项选择题

8.1 下列物可以适用先占取得的是（　　）。
A.遗失的金项链　　　　　　B.山上挖出一箱唐朝古董
C.房屋　　　　　　　　　　D.所有人抛弃的旧衣服

8.2 物权客体特定原则是物权法的基本原则之一，其含义是（　　）。
A.多人不能共有一物所有权
B.同一动产上可以同时设立两个以上质权
C.禁止在同一动产上同时设立抵押权和质权
D.不得在同一物上同时设立两个以上内容相冲突的物权

8.3 下列物权中，属于主物权的是（　　）。
A.抵押权　　　　　　　　　B.建设用地使用权
C.地役权　　　　　　　　　D.留置权

8.4 物权的客体是物，依不同标准可将物划分为若干类型。下列各类物中，属于天然孳息物的是（　　）。
A.母牛腹中的小牛　　　　　B.借款所取得的利息
C.从香蕉树上摘下的香蕉　　D.房屋的门窗

8.5 下列物权变动中，以登记作为对抗要件的是（　　）。
A.以正在建造的建筑物设定抵押权　　B.转让汽车所有权
C.以建设用地使用权设定抵押权　　　D.设立建设用地使用权

8.6 下列物权变动中，未经登记，不得对抗善意第三人的是（　　）。
A.甲在其原有的房屋基础上加盖了一层楼房
B.甲将其珍藏的古董赠与好友乙
C.甲将厂房内的机器设备质押给银行用作借款合同担保
D.甲将小汽车卖给乙

8.7 2023年5月10日，甲借用乙的自行车，双方约定借期1个月。5月19日，甲决定买下该自行车，于是发微信告知乙。5月20日，乙回复同意。5月25日，甲将自行车款通过微信支付给乙。根据物权法律制度的规定，甲取得该自行车所有权的时间是（　　）。
A.5月19日　　　　　　　　B.5月20日
C.5月25日　　　　　　　　D.5月10日

8.8 下列所有权的取得方式中，属于继受取得的是（　　）。
A.先占　　　　　　B.建造　　　　　　C.添附　　　　　　D.赠与

8.9 下列导致所有权消灭的法律事实中，属于民事法律行为的是（　　）。
A.将无用的家具抛在路边
B.公司倒闭注销登记
C.企业按季度缴纳企业所得税
D.山体滑坡将厂内机器全毁损不得使用

8.10 甲以其高端手表质押给乙并向其借款。质押期间，乙将该手表卖给不知情的丙。后丙不慎将手表遗失，被人捡到后交给失物招领机关。失物招领公告发布1年后，无人认领。失物招领机关遂依法拍卖该手表，丁拍得该手表。根据民法理论，下列关于该手表物权变动方式的说法中，正确的是（　　）。
A.乙继受取得对该手表的质权　　　　B.丙继受取得该手表的所有权
C.丁原始取得该手表的所有权　　　　D.甲对该手表的所有权绝对消灭

8.11 甲、乙、丙三人共有一套房屋，分别持1/3份额。为提高房屋的价值，甲主张将该房屋地面铺上实木地板，乙表示赞同，但丙反对。根据物权法律制度的规定，下列关于本案是否可以铺实木地板的说法中，正确的是（　　）。
A.未经全体共有人同意，甲、乙不得铺实木地板
B.因甲、乙所占份额合计为2/3，故甲、乙可以铺实木地板
C.甲、乙只能在自己的应有部分之上铺实木地板
D.若甲、乙坚持铺实木地板，则须先分割共有房屋

8.12 下列关于用益物权的说法中，正确的是（　　）。
A.用益物权是自物权的一个类型
B.行使用益物权通常以占有为前提
C.用益物权的客体仅限于动产
D.用益物权的设立必须经过登记才产生法律效力

8.13 下列有关用益物权的说法中，正确的是（　　）。
A.用益物权是完全物权　　　　　　　B.用益物权属于对人权
C.用益物权的客体包括不动产和动产　　D.用益物权属于价值权

8.14 李某在自己承包的土地上出入不便，遂与张某书面约定在张某承包的土地上开辟一条道路供李某通行，李某每年支付给张某2万元，但未向登记机构申请登记。下列说法中，错误的是（　　）。
A.该约定属于有关邻地通行权的相邻权约定
B.该约定属于地役权合同
C.如果李某将其承包的土地经营权转移给他人，受让人有权在张某承包的土地上通行
D.如果张某将其土地承包经营权转移给他人，则善意的受让人有权拒绝李某在自己的土地上通行

8.15 甲75岁，拥有一套住房。甲计划周游世界，遂于2024年3月1日与乙签订房屋买卖合同和居住权合同，双方约定：甲将其住房以市价80%的价格卖给乙；乙在其受让的住房上为甲设立居住权，期限为甲的余生。同年5月3日，甲、乙双方办理了住房所有权转移登记和居住权登记。根据民法典及相关规定，下列关于住房物权变动及占有性质的说法中，正确的是（　　）。

A.3月1日，乙取得对住房的间接占有

B.5月3日，甲取得对住房的居住权

C.5月3日，乙取得对住房的直接占有

D.3月1日，甲丧失其住房的所有权

8.16 下列有关抵押权的说法中，正确的是（　　）。

A.抵押权属于主物权

B.抵押权具有物上代位性

C.抵押权的客体限于不动产

D.抵押权是以使用、收益为目的的物权

8.17 下列表述中属于担保物权的特征之一的是（　　）。

A.担保物权的设立以物的利用为目的

B.担保物权是一种主权利

C.担保物权具有物上代位性

D.担保物权是为确保物权的实现而设立

8.18 下列各项中，属于法定担保物权的是（　　）。

A.抵押权　　　　　　　　　　　　B.留置权

C.动产质权　　　　　　　　　　　D.权利质权

8.19 甲因急需用钱，以其价值15 000元的相机作抵押，分别向乙借款6 000元，向丙借款4 000元。甲与乙于1月8日签订了相机抵押合同，双方未办理抵押登记；甲与丙于1月9日签订了相机抵押合同，双方亦未办理抵押登记。后因甲无力偿还借款，乙、丙行使抵押权，依法拍卖甲的相机，拍卖所得款9 000元。下列关于乙、丙对相机拍卖所得款的分配方案中，正确的是（　　）。

A.乙分得5 400元，丙分得3 600元　　　　B.乙分得6 000元，丙分得3 000元

C.乙分得4 500元，丙分得4 500元　　　　D.乙分得5 000元，丙分得4 000元

8.20 2023年3月6日，甲向乙借款10万元，借款期限为3个月，以其1辆轿车为乙设定抵押权，双方签订了抵押合同。3月16日完成轿车抵押登记，且双方约定抵押期间甲不得将轿车让与他人。4月5日，甲将该轿车卖给丙并完成交付。根据民法典及相关规定，下列关于甲、丙间买卖合同效力及轿车物权变动的说法中，正确的是（　　）。

A.3月16日，乙对轿车的抵押权设立

B.4月5日，丙受让取得轿车所有权

C.因甲、乙约定"抵押期间甲不得将轿车让与他人"，故丙不能取得轿车所有权

D.甲、丙间买卖合同因违反"抵押期间甲不得将轿车让与他人"的约定而无效

8.21 甲企业有一幢价值8 000万元的办公大楼，甲企业以该大楼作抵押，向乙银行贷款5 000万元，后来，甲企业因扩大生产经营需要，再次以该大楼作抵押，向丙银行贷款2 000万元，两个抵押均在抵押合同生效时办理了抵押登记，下列关于两个抵押权效力的说法中，正确的是（　　）。

A.丙银行的抵押权无效，因为先设立的乙银行的抵押权具有排他性

B.两个抵押权均有效，乙银行和丙银行对抵押物享有平等的受偿权

C.两个抵押权均有效，但乙银行的抵押权优先于丙银行的抵押权

D.若两个抵押权设立后，该大楼的价值跌到5 000万元，则丙银行的抵押权无效

8.22 甲为顺利得到借款，拟向出借人提供质押担保。根据民法典及相关规定，下列甲拟设立质押担保的财产中，交付时设立质权的是（　　）。

A.可转让的基金份额　　　　　B.没有权利凭证的存款单

C.有权利凭证的债券　　　　　D.应收账款

8.23 甲公司为生产经营需要向乙合伙企业借款300万元，由丙个人独资企业提供价值200万元的房屋作抵押。乙合伙企业、丙个人独资企业签订了房屋抵押合同，但未办理抵押登记。另外，甲公司又以一张汇票出质，与乙合伙企业签订了质押合同。甲公司将汇票交付给乙合伙企业，但未办理出质登记。根据民法典的规定，下列关于本案合同效力和担保物权设立效力的说法中，正确的是（　　）。

A.质押合同无效　　　　　　　B.抵押权未设立

C.质权未设立　　　　　　　　D.抵押合同无效

8.24 甲将其电动自行车借给乙使用，乙在使用时发生故障，遂将电动自行车交给丙修理中心修理。丙修理中心将电动自行车修好后，乙却以电动自行车非其所有为由拒付维修费。因乙在催告期内仍未支付维修费，丙修理中心遂变卖该电动自行车以实现其维修费债权。根据民法典的规定，下列关于丙修理中心权利行使及行为效力的说法中，正确的是（　　）。

A.丙修理中心不能对电动自行车行使留置权，因乙对电动自行车无处分权

B.丙修理中心变卖电动自行车的行为效力待定

C.丙修理中心变卖电动自行车的行为对甲构成侵权

D.丙修理中心可以对电动自行车行使留置权

8.25 甲卖给乙一批电脑，在运输途中遗落了一台，被丙拾到据为己有，后丙租给不知情的丁。丁对该电脑的占有状态为（　　）。

A.自主占有　　B.恶意占有　　C.直接占有　　D.善意占有

8.26 甲将1幅字画交乙保管。保管期间乙将字画送交丙装裱。装裱期间甲将该字画出售给丁，双方约定待装裱完成由丁直接向丙请求返还字画。根据民法理论，下列关于甲丁约定字画装裱完成之时各当事人对字画占有状态的说法中，正确的是（　　）。

A.甲无权占有　　B.乙自主占有　　C.丙善意占有　　D.丁间接占有

二、多项选择题

8.27 原始取得所有权的方式包括（　　）。
A.因违法所得而没收财产　　　　B.继承家族企业
C.接受遗赠　　　　　　　　　　D.善意取得
E.收取房租利息

8.28 下列不动产物权登记中，属于发生物权变动效力的登记有（　　）。
A.甲将继承所得房屋登记到自己名下
B.乙在其房屋上为再婚老伴设立居住权并办理登记
C.丙将其继承的房屋卖给同事并办理过户登记
D.丁在自己承包地上为同村村民设立通行地役权并办理登记
E.戊以其建造中的房屋抵押向银行贷款并办理抵押登记

8.29 甲在山上采到1棵野生灵芝，即可基于先占而取得该灵芝的所有权。根据民法相关理论，下列关于先占的说法中，正确的有（　　）。
A.先占人须具有相应的民事行为能力
B.先占既适用于动产，亦适用于不动产
C.先占是一种非基于法律行为的物权取得方式
D.先占的成立须先占人具有自主占有的意思
E.我国民法典未规定先占规则

8.30 甲和乙签订房屋买卖合同，但并未办理权属变更登记。之后，甲为丙在该房屋上设立了居住权，并且办理了登记。之后甲与乙去办理了房屋权属的变更登记。下列关于本案的说法正确的有（　　）。
A.乙取得了负担居住权的房屋的所有权
B.丙是基于继受取得了居住权
C.若丙对甲、乙之间买卖房屋的事项不知情，则丙基于善意取得而获得居住权
D.甲是无权处分，居住权并未设立
E.若广告公司要在房屋外墙印刷广告，则该广告取得的收益归丙享有

8.31 根据民法上的共有理论，下列有关共有的说法中，正确的有（　　）。
A.共有可以存在于动产之上，也能存在于不动产之上
B.按份共有的共有人不可以在其份额上设定担保物权
C.共有人对共有物的分割无约定时，按份共有人可以随时请求分割共有物
D.共有是两个以上的人对同一个物拥有数个所有权，它是所有权排他性的一个例外
E.按份共有对共有物进行处分须经全体共有人同意

8.32 根据民法典物权编的规定，业主共同决定筹集建筑物及其附属设施的维修资金，须满足的条件有（　　）。
A.由专有部分面积占比1/2以上的业主且人数占比1/2以上的业主参与表决
B.由专有部分面积占比2/3以上的业主且人数占比2/3以上的业主参与表决
C.经参与表决专有部分面积过半数的业主且参与表决人数过半数的业主同意

D.经参与表决的全体业主同意

E.经参与表决专有部分面积3/4以上的业主且参与表决人数3/4以上的业主同意

8.33 民法典规定了地役权制度。下列有关地役权的说法中，正确的有（　　）。

A.地役权是自物权

B.设定地役权应当签订书面合同

C.地役权自地役权合同生效时设立

D.地役权属于用益物权

E.地役权是供役地所有人或者使用人享有的权利

8.34 甲、乙的承包地相邻。3月9日，甲与乙签订地役权合同，约定甲在自己承包地上为乙设立取水地役权。3月16日，双方办理了地役权登记。5月10日，甲将自己的土地承包经营权转让于丙。5月25日，乙将自己的土地承包经营权转让于丁。根据民法典及相关规定，下列关于乙的地役权变动及效力的说法中，正确的有（　　）。

A.5月25日之后，丙有权拒绝丁在其受让的承包地上行使取水地役权

B.乙的取水地役权于3月16日地役权登记完成时设立

C.乙的取水地役权于3月9日地役权合同生效时设立

D.5月25日之前，乙有权在丙受让的承包地上行使取水地役权

E.5月10日之后，丙有权拒绝乙在其受让的承包地上行使取水地役权

8.35 抵押担保的债权范围可以由当事人自由约定，如果没有约定，抵押担保的范围除了主债权外，还应包括（　　）。

A.抵押权实现前的抵押物保管费用　　B.损害赔偿金

C.违约金　　D.实现抵押权的费用

E.利息

8.36 甲公司向乙信用社借款20万元，以甲公司现有的及将有的生产设备、原材料和产品设立抵押。根据民法典的规定，下列关于该抵押的说法中，正确的有（　　）。

A.抵押合同应当采取书面形式订立

B.抵押权自抵押登记完成之时设立

C.抵押权设立后，甲公司不得再使用抵押财产

D.抵押担保方式属于动产浮动抵押

E.抵押担保方式不属于动产浮动抵押

8.37 甲向乙借款10万元，甲的朋友丙以其价值15万元的轿车提供担保，乙与丙签订了抵押合同，但未办理抵押登记。后丙向丁借款8万元，以该车设定质押。丙与丁签订了质押合同，并于次日向丁交付了轿车。因甲和丙均未清偿各自到期债务，遂发生纠纷。下列关于本案担保物权设立及效力的说法中，正确的有（　　）。

A.丁优先于乙就轿车变价款受偿

B.乙和丁应当就轿车变价款按照债权比例受偿

C.丁的质权自丙向其交付轿车时设立

D.丁的质权自质押合同签订时设立

E.乙的抵押权自抵押合同生效时设立

8.38 2024年5月5日，珠宝经销商甲向乙借款5万元，借期2个月，以其店内价值6万元的"103号珠宝"为乙设定抵押权，并于同日签订书面抵押合同。5月10日办理了抵押登记。6月5日，丙到甲的店铺选购珠宝，看中"103号珠宝"，并以6万元的价格购得。7月5日，因甲拒绝偿还借款，乙遂向丙主张行使抵押权，被丙拒绝。根据民法典及相关规定，下列关于乙之抵押权设立及效力的说法中，正确的有（　　）。

A.乙对"103号珠宝"的抵押权不能对抗丙

B.乙对"103号珠宝"的抵押权于5月10日完成抵押登记时设立

C.乙可基于物权的追及效力向丙主张行使对"103号珠宝"的抵押权

D.乙对"103号珠宝"的抵押权于5月5日抵押合同生效时设立

E.乙对"103号珠宝"的抵押权自5月10日起可以对抗善意第三人

8.39 根据民法典的规定，下列财产权利中，可以出质的有（　　）。

A.建设用地使用权　　　　　　B.可以转让的股权

C.土地经营权　　　　　　　　D.将有的应收账款

E.现有的应收账款

8.40 甲向乙借款，并将其1辆电动三轮车出质给乙。在质押期间，为向丙借款，乙擅自将该三轮车出质给不知情的丙，丙欠丁借款到期，丁多次催讨未果。某日，丁趁丙不在家，将该三轮车偷偷骑走。之后向丁声称："如不还借款，就以三轮车抵债。"下列有关三轮车占有的性质及效力的说法中，符合民法典规定的有（　　）。

A.丙可基于占有返还请求权请求丁返还三轮车

B.丙可基于物权请求权请求丁返还三轮车

C.乙因甲的出质而善意占有三轮车

D.丁对三轮车的占有属于恶意占有

E.丁基于对三轮车的占有而取得留置权

错 题 整 理 页

第九章 债 法

做经典

一、单项选择题

9.1 根据债的基本理论，下列选项中属于意定之债的是（　　）。
 A.缔约过失之债　　　　　　　　B.不当得利之债
 C.单方允诺之债　　　　　　　　D.无因管理之债

9.2 甲、乙因交通事故致行人丙受伤，须连带赔偿丙医药费10万元。但因丙得知乙是其远方亲戚，遂免除了乙的赔偿债务。根据民法典及相关规定，丙免除乙赔偿债务的法律后果是（　　）。
 A.甲须一次性向丙支付医药费
 B.甲只需向丙赔偿5万元医药费
 C.甲应单独向丙赔偿10万元医药费
 D.甲作为连带债务人，也无须再向丙赔偿5万元医药费

9.3 下列关于法律事实的表述中，能够引起不当得利之债发生的是（　　）。
 A.甲池塘的螃蟹因暴雨冲入乙池塘
 B.养子女对亲生父母无赡养义务而赡养
 C.甲不知诉讼时效已过，向债权人乙清偿债务
 D.甲提前清偿欠乙的债务

9.4 根据民法典及相关规定，下列选项中，能够在甲、乙之间产生关于侵权行为的债权债务关系的是（　　）。
 A.甲由于丢失宠物犬小黑，在当地报纸期刊发布寻狗启事，若帮忙找到小黑之人，当面酬谢1 000元现金
 B.甲答应同事乙下班后请其吃火锅，但由于临时加班不得不爽约
 C.甲搭乘同事乙的轿车上班，途中下雨导致道路湿滑，乙所驾的汽车不慎撞树，致使甲受伤
 D.甲同意乙于3日后搭乘其车去郊区开会，因当天甲忘记该约定，致乙自费打车前往郊区

9.5 甲公司得知乙公司正在与丙公司进行商务谈判，甲公司本无意与丙公司签约合作，但为排挤竞争对手乙公司，就向丙公司提出了更好的交易条件。乙公司退出后，甲公司借故中止谈判，未与丙公司签约，给丙公司造成了经济损失。甲公司对丙公司依法应承担的民事责任是（　　）。

　　A.侵权责任　　　　　　　　　　　　B.违约责任

　　C.公平责任　　　　　　　　　　　　D.缔约过失责任

9.6 根据民法典的规定，第三人主张权利的，承租人应当及时通知出租人。该规定中，承租人负担的"及时通知"义务属于（　　）。

　　A.从给付义务　　　　　　　　　　　B.不真正义务

　　C.随附义务　　　　　　　　　　　　D.后合同义务

9.7 王某与甲公司签订了和田玉买卖合同。甲公司如期交付和田玉，但是未交付和田玉的品质鉴定书。王某催告甲公司交付品质鉴定书后，甲公司仍然没有交付品质鉴定书。下列说法中，正确的是（　　）。

　　A.因甲公司催告后仍不交付品质鉴定书，故王某可以不支付和田玉的价款

　　B.甲公司交付品质鉴定书的义务属于次给付义务

　　C.甲公司的行为属于给付迟延，王某能解除合同

　　D.甲公司交付品质鉴定书的行为属于从给付义务，王某可以针对此单独提起诉讼

9.8 根据民法典的规定，下列关于债权人行使代位权的说法中，正确的是（　　）。

　　A.债权人的债权无须届满履行期

　　B.必须通过诉讼方式

　　C.可用于抚养老人产生的给付请求权

　　D.可用于人身损害赔偿请求权

9.9 下列关于撤销权属性、行使期间及适用情形的说法中，正确的是（　　）。

　　A.撤销权应自债权人知道或者应当知道撤销事由之日起3年内行使

　　B.撤销权属于债的担保

　　C.撤销权应自危害债权的行为发生之日起1年内行使

　　D.撤销权的适用情形包括债务人以明显不合理的低价转让财产

9.10 甲借款给乙，约定于2021年3月1日前还清本息，丙承担连带责任保证。借款到期后，乙没有还款，甲也一直没有催乙还款。2024年4月1日，因乙一直未还款，甲遂要求丙承担保证责任。根据民法典及相关规定，下列关于丙保证责任承担的说法中，正确的是（　　）。

　　A.甲必须先起诉乙，经强制执行未果后，才能要求丙承担保证责任

　　B.若甲、乙变更主债权债务合同的履行期限，保证期间也随之发生变更

　　C.丙有权，拒绝向甲承担保证责任

　　D.乙所负债务虽已超过诉讼时效期间，但丙仍应向甲承担保证责任

第九章 | 债 法

9.11 根据民法典及相关规定，下列关于定金和预付款的说法中，正确的是（　　）。
A.定金合同自合同订立时成立　　　　B.预付款具有担保性质
C.定金合同是实践合同　　　　　　　D.定金等同于预付款

9.12 甲公司享有请求乙公司交付30台刻录机的合同债权。双方在合同中明确约定甲公司的债权不得转让。根据民法典及相关规定，下列关于该约定效力的说法中，正确的是（　　）。
A.该约定有效，但不得对抗第三人
B.该约定有效，但不得对抗善意第三人
C.该约定因违反法律规定而无效
D.该约定有效，故甲公司转让其债权的行为一律无效

9.13 下列给付义务中，应由债务人亲自履行的是（　　）。
A.汽车买卖合同的出卖人向买受人交付汽车
B.建设工程承包人对建设工程主体结构的施工
C.借款人将借款偿还贷款人
D.出租人对出租房屋进行维修

9.14 下列关于债务人将债务全部或部分转移给第三人的说法中，正确的是（　　）。
A.口头通知债权人即可　　　　　　　B.应当经债权人同意
C.书面通知债权人即可　　　　　　　D.必须经债权人书面同意

9.15 根据民事法律制度的规定，下列关于承诺的说法中，正确的是（　　）。
A.承诺由受要约人或第三人向要约人作出
B.承诺到达要约人时生效
C.撤回承诺的通知与承诺同时到达要约人的，不发生撤回效力
D.承诺均须以通知的方式作出

9.16 当事人之间订立有关设立不动产物权的合同，除法律另有规定或者合同另有约定外，自合同成立时生效；未办理物权登记的，其产生的效果是（　　）。
A.不影响合同效力　　　　　　　　　B.合同无效
C.合同待生效　　　　　　　　　　　D.合同可撤销

9.17 民法典规定："当事人互负债务，没有先后履行顺序的，应当同时履行。一方在对方履行之前有权拒绝其履行请求。一方在对方履行债务不符合约定时，有权拒绝其相应的履行请求。"该规定中当事人享有的权利是（　　）。
A.同时履行抗辩权　　　　　　　　　B.不安抗辩权
C.后履行抗辩权　　　　　　　　　　D.形成权

9.18 甲从商场购得一台电视机，发现缺少遥控器，于是向商场索要，商场称："遥控器需另外购买。"双方因此产生纠纷。下列关于本案纠纷处理及商场行为性质的说法中，正确的是（　　）。
A.商场的行为构成缔约过失
B.商场应当在交付电视机的同时交付遥控器

C.商场拒绝交付遥控器的行为合法，因为遥控器和电视机是两个不同的物

D.本案中的合同关系属于选择之债，商场有选择交付标的物的权利

9.19 甲、乙在干洗机买卖合同中约定，在乙付清全部货款之前，干洗机所有权仍属于甲。随后，甲将干洗机交付给乙。根据民法典的规定，下列关于甲、乙约定的效力及干洗机所有权归属的说法中，正确的是（　　）。

A.甲、乙约定无效，在货款付清之前，干洗机所有权归属于乙

B.甲、乙约定可撤销，在货款付清之前，乙可以撤销

C.甲、乙约定效力待定，在货款付清之时确定生效

D.甲、乙约定有效，在货款付清之前，干洗机所有权归属于甲

9.20 2021年6月3日，甲演艺公司向乙乐器店购买10把某品牌吉他，约定1周后付款。次日，甲运回吉他途中遭遇泥石流，10把吉他全部报废。下列关于甲、乙之间债的类型、买卖合同生效时间及风险负担的说法中，正确的是（　　）。

A.因10把吉他已全部报废，故甲无须向乙支付货款

B.因泥石流属于不可抗力，故乙无权请求甲支付货款

C.6月3日，甲、乙所签买卖合同属于种类物之债

D.6月3日，甲、乙所签买卖合同于1周后甲付清货款时生效

9.21 下列关于保证及保证合同特征的说法中，错误的是（　　）。

A.保证属于人的担保　　　　　　　　B.保证合同属于不要式合同

C.保证属于信用担保　　　　　　　　D.保证合同属于从合同

9.22 下列关于民间借贷合同成立及效力的说法中，正确的是（　　）。

A.自然人之间的借款合同自合同订立时成立

B.公司之间的借款合同自借款交付时成立

C.民间借贷合同约定的利率超过合同成立时一年期贷款市场报价利率4倍的，超过部分的利息约定无效

D.民间借贷合同的借款利息可以预先在本金中扣除

9.23 根据民法典的规定，下列关于租赁合同的说法中，正确的是（　　）。

A.承租人应当履行租赁物的维修义务

B.未采用书面形式的租赁合同无效

C.租赁期限超过20年的，超过部分无效

D.租赁合同是双务、有偿、实践合同

9.24 甲大学与乙公司签订合同，定作70年校庆纪念杯5 000只，双方约定于校庆日前交付。下列关于甲、乙所签合同特点及效力的说法中，正确的是（　　）。

A.乙公司制作纪念杯的原材料应由甲大学提供

B.若乙公司违约，甲大学可请求强制履行

C.乙公司可以自行将纪念杯的制作任务交由他人完成

D.在乙公司交付纪念杯之前,甲大学可以随时解除合同

9.25 甲委托乙保管房屋,在乙保管房屋期间因丙不慎引起火灾致房屋烧毁。对于该房屋的损失,甲(　　)。

A.只能请求保管人乙赔偿　　　　B.只能在乙、丙2人间任选其一请求赔偿

C.只能请求侵权人丙赔偿　　　　D.可以既请求乙赔偿,同时又请求丙赔偿

9.26 下列关于行纪合同的表述中,错误的是(　　)。

A.行纪人以自己的名义为委托人办理事务

B.行纪人以低于委托人指定的价格卖出,未经委托人同意,行纪人补偿其差额的,该买卖对委托人发生效力

C.行纪人与第三人订立合同的,行纪人对该合同不直接享有权利、承担义务

D.第三人不履行义务致使委托人受到损害的,行纪人应当承担损害赔偿责任,但行纪人与委托人另有约定的除外

9.27 甲委托乙房产中介公司帮其寻找合适的房源。乙公司经筛选发现丙的待售房屋满足甲的要求,遂告知甲。之后,甲与丙约定10日内签订房屋买卖合同。丙因意外事故未能在10日内从国外返回,导致甲、丙房屋买卖合同未能签订。根据民法典的规定,下列关于乙中介公司报酬及费用请求权的说法中,正确的是(　　)。

A.乙公司可以请求丙支付其从事中介活动产生的全部必要费用

B.因未促成甲、丙签订房屋买卖合同,乙公司不能请求甲支付报酬

C.乙公司可以请求甲与丙各支付一半报酬

D.乙公司可以请求甲支付其从事中介活动的报酬及产生的必要费用

9.28 下列合同中,属于双务、不要式合同的是(　　)。

A.建设工程合同　　　　　　　　B.委托合同

C.借用合同　　　　　　　　　　D.赠与合同

9.29 根据民法典的规定,下列选项中不属于侵权责任的归责原则中过错责任的构成要件的是(　　)。

A.损害　　　　　　　　　　　　B.违反合同义务

C.加害行为违法　　　　　　　　D.行为人的过错

9.30 旅游公司司机简某在送旅客前往旅游景点途中违章行驶,发生交通事故,致使游客张某受伤。下列关于旅游公司与简某对张某的责任承担的说法中,正确的是(　　)。

A.由旅游公司对张某承担赔偿责任

B.由旅游公司与简某对张某承担按份赔偿责任

C.由简某对张某承担赔偿责任

D.由旅游公司与简某对张某承担连带赔偿责任

9.31 甲在自家开放式阳台上养了数盆花，一日刮大风，一盆花被风吹落，将楼下路过的行人乙头部砸伤，乙到医院缝了5针，支付医药费若干。此案中，若追究甲的赔偿责任，应适用的归责原则是（　　）。
A.过错责任原则　　　　　　　　B.过错推定责任原则
C.无过错责任原则　　　　　　　D.公平责任原则

9.32 根据民法典及相关规定，下列侵权行为中，受害人可以请求惩罚性赔偿的是（　　）。
A.甲酒厂明知白酒存在品质缺陷仍然生产、销售，造成数百人健康严重损害
B.乙汽车生产商发现已售出的2020年产汽车制动系统存在设计缺陷，但未采取召回措施，致数位车主发生交通事故
C.丙造纸厂违反污染物排放标准排放生产废水，导致周围农田一定程度污染
D.丁合伙企业故意侵害他人专利权，对专利权人造成一定损害

二、多项选择题

9.33 根据民事法律制度的规定，下列能引起债发生的法律事实有（　　）。
A.甲盗用乙的设计图发布在权威网站获奖
B.甲公司缴纳企业所得税
C.甲、乙两个鱼塘相邻，下雨后水位上涨，甲鱼塘的鱼游到了乙鱼塘
D.甲公司生产毛绒玩具
E.甲在河边散步时捡到一颗好看的石头

9.34 下列损害事实中，乙有权请求甲进行赔偿的有（　　）。
A.甲落水，乙因施救造成自己手表损坏
B.甲施工失误砍断供电电缆，乙因此停工遭受损失
C.乙晨跑时晕倒，路过的医生甲对其进行心肺复苏压断其两根肋骨
D.为躲避横穿马路的骑车人，甲紧急扭转方向盘撞到乙的汽车
E.甲酒店前台工作人员因管理不当丢失乙的行李

9.35 下列关于债权人受领迟延及其构成要件的说法中，正确的有（　　）。
A.受领迟延是指债务人违反诚信原则
B.构成受领迟延须债务人已按债的内容提出给付，使债权人处于可领受状态
C.受领迟延是债权人对协助义务的违反
D.构成受领迟延须债权人未予受领，包括不能受领和拒绝受领
E.受领迟延是指债务人超过时间未予给付

9.36 甲公司将一艘货船卖给乙公司。下列关于给付义务类型的说法中，正确的有（　　）。
A.甲公司、乙公司完成交易后对交易所涉商业秘密的保密义务属于后合同义务
B.甲公司在订立合同前将货船有关情况向乙公司如实告知的义务属于合同的从给付义务
C.乙公司支付货款的义务属于合同的主给付义务

D.甲公司将货船的有关文件或者资料交与乙公司的义务属于合同的附随义务

E.甲公司交付货船的义务属于合同的主给付义务

9.37 债务人对第三人享有的下列权利中，债权人可以代位行使的有（　　）。

　　A.人身损害赔偿请求权　　　　　　B.货款给付请求权

　　C.扶养费请求权　　　　　　　　　D.租金给付请求权

　　E.运费给付请求权

9.38 根据债的基本理论，属于给付迟延的构成要件的有（　　）。

　　A.给付须为可能　　　　　　　　　B.债务人有拒绝给付的意思表示

　　C.债务未届履行期　　　　　　　　D.给付标的物已经灭失

　　E.须有可归责于债务人的事由

9.39 甲公司欠乙公司货款5万元到期未还。乙公司逾期未付甲公司5万元加工费。下列有关甲、乙公司主张抵销的说法中，正确的有（　　）。

　　A.甲、乙公司均不可以单方主张抵销

　　B.若甲公司主张抵销，须经乙公司同意方可

　　C.若甲公司主张抵销，通知乙公司即可

　　D.若乙公司主张抵销，通知甲公司即可

　　E.若乙公司主张抵销，须经甲公司同意方可

9.40 根据民法典的规定，下列关于招投标环节属性的说法中，正确的有（　　）。

　　A.招标是要约邀请　　　　　　　　B.投标是要约邀请

　　C.招标是要约　　　　　　　　　　D.投标是要约

　　E.定标是承诺

9.41 下列关于格式条款法律规定的说法中，正确的有（　　）。

　　A.对格式条款有两种以上解释的，应当作出有利于提供格式条款一方的解释

　　B.格式条款的提供者对与对方有重大利害关系的异常条款负有提请注意义务和说明义务

　　C.对格式条款理解发生争议的，应当按照通常理解予以解释

　　D.格式条款与非格式条款不一致的，应当采用非格式条款

　　E.格式条款排除对方权利的一律无效

9.42 甲将其房屋卖给乙，房屋买卖合同签订3天后，双方结清房款并办理完过户登记。乙装修过程中，邻居告诉乙，该房屋内之前发生过非正常死亡事件。乙查证属实，遂找甲要求退房并请求赔偿损失，甲拒绝。根据民法典的规定，下列关于甲、乙之间房屋买卖合同生效时间及效力状态的说法中，正确的有（　　）。

　　A.房屋买卖合同因欺诈而自始无效

　　B.房屋买卖合同属于可撤销合同

　　C.房屋买卖合同生效与否与登记无关

　　D.房屋买卖合同自办理完毕登记手续时生效

　　E.房屋买卖合同自成立时生效

9.43 甲、乙约定：若乙考上音乐学院，甲即将其珍藏的一把小提琴以1.5万元的价格卖给对该琴心仪已久的乙。后甲因急需用钱将该小提琴以1万元的价格卖给了丙（丙不知甲、乙间的约定），且钱货两清。乙考上音乐学院后，向甲求购小提琴未果。双方遂发生纠纷。下列有关小提琴买卖合同效力及乙的请求权的说法中，正确的有（   ）。

A.甲、乙间买卖合同先于甲、丙间买卖合同生效

B.甲、丙间买卖合同有效

C.甲、乙间买卖合同有效

D.乙有权请求甲承担违约责任

E.乙无权请求丙返还小提琴，因丙已经善意取得小提琴所有权

9.44 甲厂购买乙厂价值100万元的设备，并向乙厂支付了30万元定金。双方在买卖合同中还约定，若一方违约，则需向对方支付20万元违约金。后甲厂违约。下列乙厂针对甲厂违约所采取的做法中，能获法律支持的有（   ）。

A.乙厂仅拒绝返还20万元定金

B.乙厂拒绝返还20万元定金，并请求甲厂支付20万元违约金

C.乙厂仅请求甲厂支付20万元违约金

D.乙厂仅拒绝返还30万元定金

E.乙厂拒绝返还30万元定金，并请求甲厂支付20万元违约金

9.45 根据民法典的规定，以标的物的交付作为成立要件的合同有（   ）。

A.保管合同　　　　　　　　B.租赁合同

C.定金合同　　　　　　　　D.自然人之间借款合同

E.仓储合同

9.46 因周转资金，甲将一件珍藏品以50万元价格卖给乙，后乙无正当理由拒绝受领，甲遂将该藏品提存。下列关于提存效力的说法中，正确的有（   ）。

A.在乙领取提存的藏品之前，藏品的所有权归甲

B.自提存之日起，甲、乙双方对待给付义务均已消灭

C.若提存期间藏品意外损坏灭失，乙仍应支付50万元价款

D.乙无论是否付清价款，均有权自提存机关处领取提存的藏品

E.乙领取提存物的权利，自提存之日起5年内不行使而消灭

9.47 根据民法典及相关规定，一般来说，下列侵权行为中，适用过错推定责任的有（   ）。

A.乙坐在路边乘凉被倾倒的广告牌砸伤

B.丁在动物园游玩时被笼子内的猴子抓伤

C.甲在网络上发表不当言论诋毁他人名誉

D.丙的汽车被脱落的大楼外墙墙砖砸坏

E.戊驾车为本公司送货途中撞毁路边报刊亭

一、单项选择题

9.48 下列关于给付类型的说法中，正确的是有（　　）。

A.律师张三完成了所有代理工作，但未能为代理人赢得诉讼，张三未完成给付

B.承揽人李四按照定作人王五提供的图纸制作一套家具，虽按时交付，但交付的家具与图纸内容相差甚远，李四未完成给付

C.买卖合同中出卖人交付标的物使用说明书的义务是附随义务

D.宾馆对旅客财产的安全保障义务是从给付义务

9.49 根据合同法律制度的规定，下列关于定金类型和定金罚则的适用的说法中，不正确的是（　　）。

A.当事人交付了订约金、订金等，即使未约定定金性质的，仍适用定金罚则

B.当事人约定了定金性质，但未约定定金类型或约定不明确的，按照违约定金处理

C.当事人约定定金性质为解约定金的，交付定金的一方有权主张以丧失定金为代价解除合同

D.双方当事人均具有致使不能实现合同目的的违约行为，双方均无权请求适用定金罚则

二、多项选择题

9.50 甲将其对乙的债权先后转让给了丙和丁。1月1日，甲通知乙将债权转让给了丁。2月1日，甲通知乙将债权转让给了丙。根据合同法律制度的规定，下列说法中，正确的有（　　）。

A.债权因多重转让，转让均不发生效力

B.因为丁属于最先通知的债权人，故乙应向丁履行债务

C.因为甲的债权先转让给了丙，故乙应向丙履行债务

D.如果甲向丙履行了债务，丁有权请求乙继续向其履行债务

E.如果甲向丙履行了债务，丁有权请求丙返还其接受的财产

9.51 《民法典》第524条规定，债务人不履行债务，第三人对履行该债务具有合法利益的，第三人有权向债权人代为履行。下列主体中，属于对履行债务具有合法利益的第三人的有（　　）。

A.保证人或者提供物的担保的第三人

B.债务人的普通债权人

C.担保财产上的后顺位担保权人

D.债务人为自然人的，其近亲属

E.对债务人的财产享有合法权益且该权益将因财产被强制执行而丧失的第三人

错 题 整 理 页

第十章　婚姻家庭与继承法

做经典

一、单项选择题

10.1 根据民法典的规定，法院审理宣告婚姻无效案件，下列说法正确的是（　　）。

A.对于婚姻无效可以以调解的方式结案

B.婚姻无效案件中涉及财产分割和子女抚养的，均不得调解

C.对于婚姻无效应以判决的方式结案

D.法院受理请求婚姻无效案件后，原告申请撤诉的，法院经审查撤诉确为原告真实意思表示后，可予准许

10.2 根据民法典的规定，下列婚姻中，属于可撤销婚姻的是（　　）。

A.重婚　　　　　　　　　　　　B.双方为近亲属的婚姻

C.未达到法定婚龄的婚姻　　　　D.对方隐瞒重大疾病而结婚的婚姻

10.3 根据民法典的规定，下列属于夫妻共同财产的是（　　）。

A.一方婚前存款，婚后产生的利息

B.婚后用共同财产购买的房屋，登记在一方名下

C.一方婚前购买的小汽车

D.一方婚前收藏的玉石婚后升值10万元

10.4 甲和乙自愿达成离婚协议，并约定财产平均分配，婚姻关系存续期间的债务全部由乙偿还。经查，甲以个人名义在婚姻存续期间向丙借款10万元用于购买婚房。下列说法正确的是（　　）。

A.丙只能要求甲偿还10万元

B.丙只能要求乙偿还10万元

C.如甲偿还了10万元，则有权向乙追偿10万元

D.如甲偿还了10万元，则有权向乙追偿5万元

10.5 王大毛与张小喵结婚时签订书面协议，约定婚后所得财产归各自所有，张小喵婚后即辞去工作在家照顾公婆和小孩。王大毛长期在外地工作，对家庭照顾较少，后与陈小星同居。张小喵随即向法院起诉离婚。下列说法或做法中，不正确的是（　　）。

A.因对家庭付出较多，张小喵请求王大毛予以补偿

B.因对家庭付出较多，张小喵请求确定其与王大毛约定婚前财产归各自所有的约定无效

C.因王大毛与陈小星同居，张小喵请求王大毛给予损害赔偿

D.因离婚后生活困难，王大毛应当给予张小喵适当帮助

10.6 下列关于收养的说法中，符合民法典规定的是（　　）。

A.当事人协议解除收养关系的，无须办理登记

B.收养人在被收养人成年以后，原则上不得解除收养关系

C.收养关系自收养协议生效之日起成立

D.有配偶者收养子女，应当夫妻共同收养

10.7 下列关于收养关系解除的说法中，正确的是（　　）。

A.未成年的养子女与生父母的关系自行恢复

B.成年的养子女与生父母关系自行恢复

C.无论是未成年的养子女还是成年的养子女，与生父母的关系均自行恢复

D.无论是未成年的养子女还是成年的养子女，与其他近亲属之间关系均自行恢复

10.8 相互有继承关系的数人在同一事件中死亡，难以确定死亡时间，下列关于死亡时间确定规则的说法中，正确的是（　　）。

A.推定有其他继承人的人先死亡

B.都有其他继承人，辈分不同的，推定晚辈先死亡

C.都有其他继承人，辈分相同的，推定同时死亡，相互不发生继承

D.都有其他继承人，辈分相同的，推定同时死亡，可以相互继承

10.9 下列有关遗赠的说法中，正确的是（　　）。

A.遗赠是双方法律行为　　　　　　　B.受遗赠人是法定继承人

C.遗赠于遗赠人死亡时生效　　　　　D.受遗赠人只能是自然人

10.10 下列关于确定遗产管理人的说法中，正确的是（　　）。

A.对遗产管理人的确定有争议的，利害关系人可以申请被继承人生前住所地的民政部门指定

B.继承人均放弃继承的，由被继承人生前住所地的居民委员会担任遗产管理人

C.没有遗嘱执行人，继承人又未推选遗产管理人的，由继承人共同担任遗产管理人

D.没有继承人的，由被继承人生前工作单位担任遗产管理人

二、多项选择题

10.11 根据民法典的规定，下列情形中属于可撤销的婚姻的有（　　）。

A.27岁的赵某（男）和18岁钱某（女）结婚

B.赵某（男）和表妹钱某（女）结婚

C.丈夫李某被宣告死亡后，妻子钱某与赵某结婚

D.钱某因受赵某胁迫而与其结婚

E.赵某（男）婚前患有重大疾病，向钱某（女）隐藏病情并与其结婚

10.12 根据民法典的规定，下列夫妻关系存续期间取得的财产中，属于夫妻共同财产的有（　　）。

A.一方专用的生活用品　　　　　　　B.一方获得的伤残补助金

C.一方依法定继承取得的财产　　　　D.一方获得的医疗生活补助费

E.知识产权收益

10.13 根据民法典的规定，下列关于离婚案件的受理及裁判的说法中，正确的有（　　）。

A.法院审理离婚案件应当先进行调解，调解无效才能判决离婚

B.若在起诉离婚前已经分居2年，经法院调解无效的，应当判决离婚

C.一方被宣告失踪，另一方提出离婚诉讼的，不应准许

D.法院判决离婚的，自判决书生效之日起双方婚姻关系解除

E.若一审法院判决不准离婚，双方在分居1年后再次提起离婚诉讼的，则法院应准予离婚

10.14 根据民法典的规定，下列关于法定继承的说法中，正确的有（　　）。

A.兄弟姐妹为第一顺序继承人

B.无论何种情况，丧偶儿媳、丧偶女婿均可以作为第一顺序继承人

C.一般来说，同一顺序继承人继承遗产的份额，一般应当均等

D.配偶与子女为第一顺序继承人

E.对生活有特殊困难的缺乏劳动能力的继承人，分配遗产时，应当予以照顾

10.15 根据民法典的规定，下列关于遗嘱继承的说法中，正确的有（　　）。

A.继承人的债务人不能作为遗嘱见证人

B.法定继承人以外的人可以担任遗嘱执行人

C.遗嘱人立遗嘱时具有完全民事行为能力，后来成为无民事行为能力人的，遗嘱无效

D.公证遗嘱由遗嘱人经公证机关办理，办理时，应有两个以上见证人在场见证

E.遗嘱被篡改的，遗嘱无效

10.16 赵某有妻子儿女，为了妥善处理其死后财产，先后立有数份遗嘱，后赵某突发脑溢血死亡，根据民法典的规定，对其遗产的处理方式说法正确的有（　　）。

A.若其数份遗嘱内容相抵触，应以第一份遗嘱为准

B.若其数份遗嘱内容相抵触，应以其最后所立遗嘱为准

C.若其数份遗嘱内容相抵触，应按法定继承处理

D.对于其遗嘱中未涉及的遗产应按法定继承处理

E.因其立有数份遗嘱，所以所有遗嘱均无效

10.17 根据民法典及相关规定，下列关于遗产归属和处理规则的说法中，正确的有（　　）。

A.遗产管理人应向继承人报告遗产情况

B.遗产管理人无权处理被继承人的债权债务

C.继承人可以在继承开始后随时请求分割遗产

D.遗产自继承开始时转归全体继承人共同共有

E.遗产管理人应当按照遗嘱或法律规定分割遗产

10.18 下列关于遗赠抚养协议与遗赠的说法中，正确的有（　　）。

A.遗赠扶养协议是有偿、诺成、双方民事法律行为

B.自然人可以与继承人签订遗赠扶养协议

C.继承开始后，如果遗赠扶养协议与遗嘱有抵触，按遗嘱处理

D.遗赠扶养协议自遗赠人死亡时发生法律效力

E.遗赠扶养协议是生前行为和死后行为的统一

一、单项选择题

10.19 下列关于结婚的程序的说法中，错误的是（　　）。

A.结婚程序，是指法律规定的缔结婚姻所必须采取的方式

B.结婚登记的程序分为申请、审查、登记三个环节

C.自愿结婚的男女，双方应当亲自到一方户口所在地的婚姻登记管理机关申请结婚登记

D.婚姻登记员应对当事人提交的证件和证明材料进行实质审查

10.20 张某和李某在婚姻关系存续期间约定，将张某个人所有的房产赠与李某，未办理房产过户手续，下列关于赠与房屋的说法中，正确的是（　　）。

A.张某有权主张撤销赠与合同

B.应将房产作为夫妻共同财产处理

C.张某和李某对房屋的赠与约定，应按照夫妻约定财产制处理

D.应认定赠与合同无效

二、多项选择题

10.21 下列关于可撤销婚姻的说法中，正确的有（　　）。

A.可撤销的婚姻，双方当事人均有权主张撤销婚姻

B.可撤销婚姻在撤销前不具有法律约束力

C.可撤销婚姻中，撤销权应以诉讼方式行使，并且受到除斥期间的限制

D.因胁迫结婚的属于可撤销婚姻，应当自知道应当知道撤销事由之日起1年内请求撤销婚姻

E.结婚登记前，一方患有重大疾病未如实告知另一方的属于可撤销婚姻，应当自知道或者应当知道撤销事由之日起1年内请求撤销婚姻

10.22 下列关于遗产债务清偿的原则说法中，正确的有（　　）。

A.遵循遗产债务限定继承原则

B.保留必留份份额原则

C.遗产继承优于遗产债务清偿原则

D.遗产债务优先于执行遗赠的原则

E.无人继承无遗产债务清偿原则

错 题 整 理 页

第十一章 个人独资企业法

做经典

一、单项选择题

11.1 根据个人独资企业法的规定，下列关于个人独资企业的说法中，正确的是（　　）。

A.个人独资企业具有法人资格

B.投资人可以委托他人负责管理企业的事务

C.投资人的个人财产与企业财产分离

D.投资人可以是外国公民

11.2 下列关于个人独资企业特征、权限和事务管理的说法中，正确的是（　　）。

A.个人独资企业的名称中可以使用"有限"字样

B.个人独资企业适用公司法

C.个人独资企业不包括国有和集体所有的独资企业

D.个人独资企业出资人对受聘人员职权的限制，可以对抗第三人

11.3 下列关于个人独资企业成立时间的说法中，正确的是（　　）。

A.提交申请设立文件之日为企业成立日

B.营业执照签发之日为企业成立日

C.收到营业执照之日为企业成立日

D.出资到位之日为企业成立日

11.4 根据个人独资企业法律制度的规定，下列关于个人独资企业特征的说法中，正确的是（　　）。

A.外国公民可以在中国境内设立个人独资企业

B.个人独资企业具有法人资格

C.个人独资企业是一个经营实体

D.个人独资企业内部机构设置复杂

11.5 下列关于个人独资企业的变更登记和清算的说法中，正确的是（　　）。

A.个人独资企业存续期间登记事项发生变更的，应当办理注销登记

B.个人独资企业申请变更登记，无须换发营业执照

C.个人独资企业解散，可以由债权人申请法院指定清算人进行清算

D.投资人自行清算的，应当在清算前10日内书面通知债权人

二、多项选择题

11.6 鹿某是应届毕业大学生，为响应国家"大众创业，万人创新"号召，准备创办一家个人独资企业从事软件开发，经查阅相关资料后，鹿某对个人独资企业法律规定有了一定了解，下列关于鹿某对个人独资企业法律规定的理解中，正确的有（　　）。
A.营业执照副本不具有法律效力
B.个人独资企业应当依法设置会计账簿
C.个人独资企业财产归投资人个人所有
D.家庭可以申请设立个人独资企业
E.个人独资企业投资人须自行管理企业事务

11.7 根据个人独资企业法的规定，导致个人独资企业解散的情形有（　　）。
A.被依法吊销营业执照　　　　　　B.投资人死亡且无继承人
C.投资人决定解散　　　　　　　　D.投资人丧失行为能力
E.投资人被宣告死亡且其继承人放弃继承

错 题 整 理 页

第十二章 合伙企业法

做经典

一、单项选择题

12.1 下列关于合伙企业特征的说法中，正确的是（　　）。
A.合伙企业具有法人资格
B.合伙企业属于非商事合伙
C.合伙协议必须以书面形式订立
D.合伙企业具有资合的团体性

12.2 下列关于普通合伙企业的说法中，正确的是（　　）。
A.普通合伙企业的设立只能由两个以上的自然人组成
B.普通合伙企业的合伙人只能是法人或者其他组织，且国有企业、上市公司均不得成为普通合伙人
C.普通合伙人对合伙企业债务承担无限连带责任
D.普通合伙企业的合伙人不得以劳务作为出资

12.3 下列有关普通合伙企业财产、财产份额转让以及出质的说法中，正确的是（　　）。
A.合伙企业的原始财产是指以合伙企业名义依法取得的全部收益
B.合伙人之间转让在合伙企业中的财产份额的，无须其他合伙人一致同意
C.合伙协议可以对合伙人以其在合伙企业中的财产份额出质事项约定表决办法
D.合伙人向合伙人以外的人转让其在合伙企业中的财产份额的，应当通知其他合伙人

12.4 根据合伙企业法的规定，下列有关普通合伙企业合伙事务执行的说法中，正确的是（　　）。
A.全体合伙人共同执行合伙事务，是合伙企业事务执行的基本形式
B.执行合伙事务的合伙人必须是自然人
C.不执行合伙事务的合伙人无权查阅合伙企业会计账簿
D.不执行合伙事务的合伙人可以对执行合伙事务的合伙人提出异议

12.5 在普通合伙企业中，除合伙协议另有约定外，下列事项中，须经全体合伙人一致同意的是（　　）。
A.聘请合伙人以外的人担任企业的财务负责人
B.出售合伙企业名下的动产
C.合伙人以其个人财产为他人提供担保
D.聘请会计师事务所承办合伙企业的审计业务

12.6 甲为某普通合伙企业的执行事务合伙人。该合伙企业对甲执行合伙事务的权利作了一定限制。某日，甲超越权限代表合伙企业与乙公司签订了一份房屋租赁合同，乙公司对甲超越权限并不知情。该合同的效力应为（   ）。
A.无效
B.可撤销
C.效力待定
D.有效

12.7 甲、乙、丙、丁设立一有限合伙企业，其中甲、乙为普通合伙人，丙、丁为有限合伙人。1年后，甲转为有限合伙人，同时丙转为普通合伙人。合伙企业设立之初，企业欠银行50万元，该债务直至合伙企业被宣告破产仍未偿还。下列关于该50万元债务清偿责任的表述中，符合合伙企业法律制度规定的是（   ）。
A.甲、乙承担无限连带责任，丙、丁以其出资额为限承担责任
B.乙、丙承担无限连带责任，甲、丁以其出资额为限承担责任
C.甲、乙、丙承担无限连带责任，丁以其出资额为限承担责任
D.乙承担无限责任，甲、丙、丁以其出资额为限承担责任

12.8 除合伙协议另有约定外，下列关于合伙企业入伙的说法中，正确的是（   ）。
A.新合伙人对入伙前的合伙企业债务不承担责任
B.新合伙人与原合伙人在合伙企业中地位不同
C.原合伙人有义务告知新合伙人合伙企业财务状况
D.新合伙人入伙应经合伙企业2/3以上合伙人同意

12.9 某普通合伙企业合伙人甲死亡，其未成年子女乙、丙是其全部合法继承人。根据合伙企业法律制度的规定，下列表述中，正确的是（   ）。
A.乙、丙因继承甲的财产份额自动取得合伙人资格
B.乙、丙可以继承甲的财产份额，但不能成为合伙人
C.应解散合伙企业，清算后向乙、丙退还甲的财产份额
D.经全体合伙人一致同意，乙、丙可以成为有限合伙人

12.10 下列关于特殊的普通合伙企业的说法中，正确的是（   ）。
A.特殊的普通合伙企业以从事融资服务为主要特征
B.在特殊的普通合伙企业中，合伙人对所有债务承担有限责任
C.特殊的普通合伙企业建立的执业风险基金用于偿付合伙人执业活动造成的债务
D.非专业机构经过批准也可以成立特殊的普通合伙企业

12.11 根据合伙企业法的规定，下列关于有限合伙人权利和义务的说法中，正确的是（   ）。
A.有限合伙人不参与合伙事务的管理
B.有限合伙人不得以知识产权出资
C.有限合伙人不享有对普通合伙人入伙和退伙的表决权
D.有限合伙人在对外交往中可以代表合伙企业

12.12 下列各项中，属于有限合伙人当然退伙情形的是（   ）。
A.作为有限合伙人的法人被宣告破产
B.因有限合伙人的自然人的重大过失造成合伙企业重大损失

C.作为有限合伙人的自然人被宣告失踪

D.作为有限合伙人的自然人丧失民事行为能力

12.13 王某是某有限合伙企业的有限合伙人,在合伙协议无特别约定的情况下,王某在合伙期间经其他合伙人同意实施的下列行为中,不符合合伙企业法规定的是(   )。

A.将自购的机器设备出租给合伙企业使用

B.以合伙企业的名义购买汽车一辆归合伙企业使用

C.以自己在合伙企业中的财产份额向银行提供质押担保

D.提前30日通知其他合伙人将其部分合伙份额转让给合伙人以外的人

12.14 下列关于合伙企业解散的说法中,正确的是(   )。

A.合伙企业解散是中止民事主体资格的法律行为

B.合伙企业解散应得到2/3以上合伙人同意

C.合伙企业经营亏损的,合伙人不得通过协议解散合伙企业

D.合伙企业解散是消灭民事主体资格的法律行为

二、多项选择题

12.15 下列主体中,可以成为有限合伙企业的普通合伙人的有(   )。

A.上市公司　　　　　　　　B.国有独资公司

C.公益性事业单位　　　　　D.个人独资企业

E.一人有限责任公司

12.16 下列关于普通合伙企业的说法中,正确的有(   )。

A.合伙人可以以劳务出资

B.合伙企业清算前,合伙人原则上不得请求分割合伙企业的财产

C.合伙企业的财产即合伙人的出资

D.合伙人向合伙企业以外的人转让合伙企业中的财产份额的,需要经全体合伙人过半数同意

E.合伙人未经其他合伙人的一致同意以其在合伙企业中的财产份额出质的,该出质行为无效

12.17 根据合伙企业法的规定,下列关于合伙事务执行及合伙企业管理的说法中,正确的有(   )。

A.执行事务合伙人可以自营或者同他人合作经营与本合伙企业相竞争的业务

B.合伙人一律不得同本合伙企业进行交易

C.合伙人可以分别执行合伙事务

D.执行事务合伙人对其他合伙人执行合伙事务提出异议时,其他合伙人应当暂停该事务的执行

E.按照合伙协议的约定或者经全体合伙人决定,可以委托一个或数个合伙人对外代表合伙企业,执行合伙事务

12.18 甲、乙、丙3人订立合伙协议共同投资设立一家普通合伙企业。经营一年后,甲欲将其在合伙企业中的财产份额转让给合伙人之外的丁。合伙协议中没有关于份额转让的相关约定。根据合伙企业法的规定,下列关于甲之份额转让条件及效力的说法中,正确的有(　　)。

A.甲转让其份额必须经乙和丙一致同意

B.乙、丙在同等条件下享有优先购买权

C.甲将其份额转让给丁之后,甲对合伙企业以前的债务即不再承担责任

D.丁购得甲转让的份额之后,丁对合伙企业以前的债务不承担责任

E.若甲欲将其份额转让给乙,则无须征得丙的同意

12.19 甲为普通合伙企业的合伙人,因个人原因欠合伙企业以外的第三人乙10万元。乙欠合伙企业货款15万元。现甲无力以个人财产清偿欠乙的债务,乙的下列主张中,符合合伙企业法律制度规定的有(　　)。

A.以其对甲的债权部分抵销其欠合伙企业的债务

B.以甲从合伙企业中分取的收益用于清偿

C.直接取得合伙人资格

D.代位行使甲在合伙企业中的各项权利

E.请求人民法院强制执行甲在合伙企业中的财产份额偿付债务

12.20 根据合伙企业法的规定,可能导致普通合伙人被除名的事由有(　　)。

A.因故意给合伙企业造成损失　　　　B.因重大过失给合伙企业造成损失

C.执行合伙事务时有不正当行为　　　D.未履行出资义务

E.合伙人个人丧失偿债能力

12.21 下列关于有限合伙企业及合伙人的说法中,正确的有(　　)。

A.有限合伙企业只有有限合伙人的,应当解散

B.有限合伙企业没有有限合伙人的,应当变更为普通合伙企业

C.有限合伙企业由有限合伙人执行合伙事务

D.有限合伙企业由有限合伙人和普通合伙人组成

E.有限合伙企业各合伙人有平等的管理权、经营权、表决权和代表权

12.22 根据合伙企业法及相关规定,下列关于有限合伙企业设立和出资规则的说法中,正确的有(　　)。

A.有限合伙企业名称中应当标明"有限合伙"的字样

B.有限合伙人可以用劳务出资

C.国有独资公司不得成为有限合伙企业的普通合伙人

D.有限合伙人未按期足额缴付出资的,对其他合伙人承担违约责任

E.有限合伙企业中普通合伙人人数不得少于1人

12.23 根据合伙企业法及相关规定，有限合伙人的下列行为中，不视为执行合伙事务的有（　　）。

A.参与决定普通合伙人退伙

B.参与对外签订买卖合同

C.参与选择承办企业审计业务的会计师事务所

D.依法为本企业提供担保

E.对企业的经营管理提出建议

12.24 根据合伙企业法及相关规定，下列有关合伙企业清算的说法中，正确的有（　　）。

A.合伙企业解散，经全体合伙人过半数同意，可以在法定期限内委托第三人担任清算人

B.合伙企业解散后不能在规定时间内确定清算人的，其他利害关系人可以申请人民法院指定清算人

C.合伙企业进入清算后，应由清算人代表合伙企业参加诉讼活动

D.清算人应自被确定之日起15日内将合伙企业解散事项通知债权人

E.清算开始，则合伙企业消灭

单项选择题

12.25 2023年1月,甲、乙共同设立普通合伙企业。同年10月,甲、乙为了扩大经营吸纳丙入伙,并在入伙协议中约定丙对其入伙前的债务不承担责任。现该合伙企业无力清偿欠债权人丁的2023年9月到期的9万元债务。下列说法中,符合合伙企业法律制度规定的是(　　)。

A.丙有权以其与甲、乙间的约定,对抗债权人丁,拒绝清偿债务

B.丙清偿9万元债务后,有权向甲、乙全部追偿

C.丙清偿9万元债务后,只能分别向甲、乙各追偿3万元

D.甲清偿9万元债务后,有权分别向乙、丙各追偿3万元

错 题 整 理 页

第十三章 公司法

做经典

一、单项选择题

13.1 根据公司法的规定，下列各项中，应认定为法人人格混同的是（　　）。
A.母子公司之间进行利益输送
B.母子公司之间进行交易，收益归一方，损失却由另一方承担
C.股东自身收益与公司盈利不加区分，致使双方利益不清的
D.先从原公司抽走资金，然后再成立经营目的类似的公司，逃避原公司债务

13.2 根据公司法的规定，下列关于公司经营范围的说法中，正确的是（　　）。
A.公司的经营范围由公司章程规定
B.公司申请登记的经营范围由出资人决定
C.公司超越经营范围订立的合同一律无效
D.公司的经营范围不得改变

13.3 根据公司法的规定，下列关于公司资本原则的说法中，不正确的是（　　）。
A.资本不变原则，是指公司资本总额一旦确定，不得改变
B.资本确定原则要求若股东和发起人未全部认足并缴足公司章程中明确的资本总额则公司不能成立
C.资本维持原则，是指公司在其存续过程中，应当经常保持与其注册资本额相当的财产
D.保证公司有足够的偿债能力，以达到保护公司债权人利益、维护公司信用基础是资本维持原则的目的之一

13.4 根据公司法的规定，下列关于公司章程效力及修改程序的说法中，正确的是（　　）。
A.有限责任公司的章程必须经全体股东同意并签名、盖章后才能生效
B.股份有限公司的章程必须经全体认股人同意并签名、盖章后才能生效
C.公司章程修改须经股东会决议，股东表决时可以实行累积投票制
D.公司章程对公司、股东、实际控制人、董事、监事、高级管理人员具有约束力

13.5 根据公司法的规定，下列有关股份有限公司设立规则的说法中，正确的是（　　）。
A.采取发起方式设立的，发起人认购的股份不得少于公司章程规定的公司设立时应发行股份总数的35%
B.采取募集方式设立的，发起人应当认足公司章程规定的公司设立时应发行的股份

C.采取募集方式设立的，注册资本为在公司登记机关登记的已发行股份的股本总额

D.采取募集方式设立的，成立大会仅由发起人组成，不包括认股人

13.6 根据公司法律制度的规定，下列关于公司设立登记的说法中，正确的是（　　）。

A.设立公司必须依法办理批准手续

B.公司申请营业执照的日期为公司成立日期

C.公司应登记事项未经登记可以对抗善意相对人

D.电子营业执照与纸质营业执照具有同等法律效力

13.7 根据公司法的规定，以下可以用作股东出资的是（　　）。

A.劳务   B.管理技能

C.信用   D.非专利技术

13.8 根据公司法及相关规定，下列关于公司设立及股东出资的说法中，正确的是（　　）。

A.有限责任公司登记时需要提交验资机构验资证明

B.公司股东可以用特许经营权作价出资设立公司

C.公司股东不得以非货币财产出资设立有限责任公司

D.以非货币财产出资的，应当依法办理其财产权的转移手续

13.9 根据公司法的规定，下列关于股东抽逃出资的认定和效力的说法中，正确的是（　　）。

A.利用关联交易将出资转出的，不属于抽逃出资

B.股东抽逃出资的，应当返还抽逃的出资

C.股东抽逃出资给公司造成损失的，董事、监事应当与该股东承担连带赔偿责任

D.通过虚构债权债务关系将出资转出的，不属于抽逃出资

13.10 根据公司法及有关规定，导致公司股东资格丧失的情形是（　　）。

A.公司股东将其所持有的部分股权转让给他人

B.公司股东的部分股权被法院强制执行

C.公司的法人股东终止

D.公司的法人股东设立分支机构

13.11 下列职权中，不属于有限责任公司股东会职权的是（　　）。

A.审议批准公司的利润分配方案和弥补亏损方案

B.审议批准董事会和监事会的报告

C.聘任或者解聘公司总经理

D.修改公司章程

13.12 根据公司法的规定，下列有关股东会的说法中，正确的是（　　）。

A.有限责任公司选举职工监事，由参加股东会的股东表决通过

B.有限责任公司全体股东以书面形式一致同意修改公司章程的，可以不召开股东会会议

C.股东会选举董事可以实行累积投票制，但选举监事不可以实行累积投票制

D.股东会表决时，公司持有的本公司股份具有同等表决权

13.13 某股份有限公司董事会由11名董事组成。2023年8月20日，公司董事长胡某召集并主持董事会会议，共有8名董事出席会议，其他3名董事因事请假。董事会会议讨论了下列事项：一是鉴于公司董事会成员工作任务加重，拟给每位董事涨工资30%；二是鉴于监事会成员中的职工代表张某生病，拟由公司职工王某替换张某担任监事；三是鉴于公司发展的实际情况，拟将公司与另一公司合并，组建新的公司。经表决，有6名董事同意而通过前述事项。董事会就此作出最终决定。本案董事会的做法中，符合公司法规定的是（ ）。

A.公司董事长召集并主持董事会会议

B.董事会决定给每位董事涨工资

C.董事会决定选举职工王某为监事会中的职工代表

D.董事会决定公司合并

13.14 根据公司法的规定，下列关于公司提供担保的说法中，不正确的是（ ）。

A.公司可以为实际控制人提供担保

B.公司为实际控制人提供担保，应当经董事会决议

C.公司为他人提供担保，由董事会或者股东会决议通过

D.公司为实际控制人提供担保，须经出席股东会议的其他股东所持表决权的过半数通过

13.15 下列关于国有独资公司的表述中，正确的是（ ）。

A.国有独资公司所有董事会成员均由国有资产监督管理机构指定

B.国有独资公司经理由国有资产监督管理机构聘任

C.国有独资公司应当设置监事会或者监事

D.履行出资人职责的机构可以授权公司董事会行使股东会的部分职权

13.16 根据公司法的规定，有限责任公司股东可直接向法院提起诉讼的情形是（ ）。

A.公司董事违反法律、行政法规规定，损害股东利益的

B.公司董事执行公司职务时违反法律、行政法规，给公司造成损失的

C.公司董事执行公司职务时违反公司章程，给公司造成损失的

D.公司连续3年盈利依法经股东会决议不向股东分配利润的

13.17 根据公司法的规定，下列关于公司股东诉讼及事由的说法中，正确的是（ ）。

A.认为股东会的决议内容违反法律、行政法规规定的，股东可自决议作出之日起60日内，请求人民法院判决撤销

B.认为股东会的表决方式违反法律、行政法规规定的，被通知参加股东会会议的股东可自决议作出之日起60日内，请求人民法院判决撤销

C.认为公司高管执行职务时违反公司章程规定，给公司造成损失的，股东可以直接向人民法院提起诉讼

D.认为公司高管执行职务时违反法律、行政法规规定，损害股东利益的，股东须请求监事会向人民法院提起诉讼，情况紧急的除外

13.18 根据公司法及相关规定，下列关于股东诉讼的说法中，正确的是（　　）。

A.股东知情权受到损害的，股东可向人民法院提起解散公司的诉讼

B.若公司持续两年以上无法召开股东会，公司经营管理发生严重困难，则任何一个股东均可提起解散公司的诉讼

C.单独持有公司股份51%以上的股东，才可向人民法院提起解散公司的诉讼

D.股东提起解散公司诉讼，同时又申请人民法院对公司进行清算的，人民法院对其提出的清算申请不予受理

13.19 下列关于有限责任公司股权转让的说法中，正确的是（　　）。

A.有限责任公司的股东之间不得相互转让其全部或者部分股权

B.法院依照强制执行程序转让股东的股权时，应当通知公司及全体股东，其他股东在同等条件下有优先购买权

C.自然人股东死亡后，其合法继承人不可以继承其股东资格

D.股东向股东以外的人转让股权，应当经其他股东过半数同意

13.20 根据公司法的规定，下列关于股份有限公司股份转让的说法中，正确的是（　　）。

A.发起人持有的本公司股份，自公司成立之日起2年内不得转让

B.公司经理在任职期间不得转让其所持有的本公司股份

C.公司董事所持有的本公司股份，自公司股票上市交易之日起1年内不得转让

D.公司监事离职后1年内不得转让其所持有的原任职公司股份

13.21 下列关于公司财务会计制度的说法中，正确的是（　　）。

A.公司持有的本公司股份可以分配利润

B.资本公积金不可以用于弥补公司亏损

C.公开发行股票的股份有限公司必须公告其财务会计报告

D.法定公积金应当从税前利润中提取，任意公积金应当从税后利润中提取

13.22 下列关于公司合并的说法中，正确的是（　　）。

A.应当经董事会全体董事一致通过

B.公司应当自作出合并决议之日起30日内通知各自的债权人

C.未接到通知书的债权人，自公告之日起45日内，可以要求公司清偿债务或提供相应的担保

D.应当经全体股东过半数同意

二、多项选择题

13.23 公司章程是公司必备的基本法律文件。下列关于有限责任公司章程的说法中，正确的有（　　）。

A.公司章程由全体股东共同制定

B.公司经营范围由公司营业执照确定，公司章程无权规定

C.公司章程修改，应由董事会表决通过

D.公司章程修改，须经出席会议股东半数以上通过

E.公司章程变更涉及公司登记事项的，公司应当向原公司登记机关申请变更登记

13.24 根据公司法及有关规定，下列关于股权出资规则的说法中，正确的有（　　）。

A.不可以用已被冻结的股权出资

B.可以用出资人合法持有并依法可转让的股权出资

C.可以用依法享有的债权出资

D.可以用已设立质权的股权出资

E.不可以用公司章程约定不得转让的股权出资

13.25 张三、李四双方订立协议，张三作为显名股东，代为持有李四在甲有限责任公司的股权，投资收益由李四享有。协议并无其他违反法律、强制性法规的情形。后张三未经李四，将其代持的部分股权以市场价转让给不知情的王五。根据公司法律制度的规定，下列表述中正确的是（　　）。

A.张三、李四之间的代持协议无效

B.王五取得张三转让的股权

C.李四遭受损失应向张三求偿

D.李四遭受损失应向王五求偿

E.张三可以公司股东名册记载、公司登记机关登记为由否认李四权利

13.26 下列关于公司董事会召开会议的说法中，符合法律规定的有（　　）。

A.应当在会议记录上签名的董事仅限于出席会议并投赞成票的董事

B.董事会应当对所议事项的决定作成会议记录

C.董事会会议议事方式一律由法律规定

D.董事会决议的表决实行一人一票

E.董事会会议表决程序一律由公司章程规定

13.27 根据公司法的规定，有限责任公司对股东会该项决议投反对票的股东，可以请求公司按照合理的价格收购其股权的情形有（　　）。

A.在公司连续5年不向股东分配利润、该5年连续盈利，且符合公司法规定的分配利润条件的情况下，股东会会议决议不向股东分配利润

B.股东会会议决议与其他公司合并，或者公司分立、转让主要财产

C.股东会会议决议为公司股东或者实际控制人提供担保

D.公司章程规定的营业期限届满或者章程规定的其他解散事由出现，股东会会议通过决议修改章程使公司存续

E.股东会会议决议减少注册资本

13.28 若公司董事会作出的决议存在违反公司章程的瑕疵，则可以对该决议提起撤销之诉的人员有（　　）。

A.公司非控股股东

B.列席董事会会议的非股东监事

C.出席董事会会议具有表决权的非股东董事

D.出席董事会会议的股东

E.受决议内容影响的股东

13.29 根据公司法有关司法解释的规定，对股东因下列理由提起解散公司的诉讼，人民法院依法不予受理的有（　　）。

A.股东利润分配请求权受到损害

B.公司持续2年以上无法召开股东会，经营管理发生严重困难，继续存续会使股东利益受到重大损失，通过其他途径不能解决

C.公司财产不足以偿还全部债务

D.公司被市场监督管理局吊销企业法人营业执照后，未依法成立清算组进行清算

E.公司董事之间长期冲突，且无法通过股东会解决，经营管理发生严重困难，继续存续会使股东利益受到重大损失，通过其他途径不能解决

13.30 根据公司法的规定，下列情形中，属于股份有限公司可以收购本公司股份情形的有（　　）。

A.增加公司注册资本

B.与持有本公司股份的其他公司合并

C.将股份用于员工持股计划

D.股份用于转换上市公司发行的可转换为股票的公司债券

E.上市公司为维护公司价值及股东权益所必需

一、单项选择题

13.31 根据公司法的规定，下列关于有限责任公司股东出资的说法中，正确的是（　　）。

A.股东认缴的出资额应按照公司章程的规定自公司成立之日起3年内缴足

B.公司不能清偿到期债务的，已到期的债权人有权请求已认缴出资但未届出资期限的股东提前缴纳出资

C.公司成立后，股东抽逃出资的，负有责任的股东应与该股东承担连带赔偿责任

D.股东未按照公司章程规定实际缴纳出资，设立时的其他股东对此承担补充责任

13.32 根据公司法的规定，下列关于临时提案权的说法中，不正确的是（　　）。

A.单独或者合计持有股份有限公司1%以上股份的股东可以提出临时提案

B.公司章程可以提高提出临时提案股东的持股比例

C.临时提案的提出应在股东会召开10日前书面提交给董事会

D.董事会应当在收到提案后2日内通知其他股东，并将该临时提案提交股东会审议

13.33 下列关于股份有限公司股东知情权的表述中，符合公司法律制度规定的是（　　）。

A.任一股东有权查阅、复制股东会会议决议

B.任一股东有权查阅、复制监事会会议决议

C.任一股东有权查阅会计账簿、会计凭证

D.任一股东有权要求查阅、复制公司控股子公司的财务会计报告

13.34 2024年2月，甲有限责任公司股东会通过减资决议，本次股东会的召开通知了除王某以外的全体股东，后发现本次股东会减资决议的内容违反公司章程的规定。下列说法中，不正确的是（　　）。

A.关于减资的股东会决议为可撤销决议

B.股东王某自决议作出之日起1年内没有行使撤销权的，撤销权消灭

C.股东王某应该自股东会决议作出之日起60日内，请求法院撤销该决议

D.决议撤销之诉中，被告为公司

13.35 根据公司法的规定，下列关于有限责任公司组织机构的说法中，不正确的是（　　）。

A.规模较小或者股东人数较少的，可以不设监会，只需设1名监事

B.规模较小或者股东人数较少的，经全体股东一致同意，可以不设监事

C.公司在董事会中设置由董事组成的审计委员会的，不设监事会或监事

D.职工人数300人以上的公司，其董事会成员中应当有公司职工代表

13.36 根据公司法的规定，下列关于股份有限公司审计委员会的说法中，正确的是（　　）。

A.董事会中必须设置审计委员会

B.审计委员会的成员为3名以上，且过半数成员不得在公司担任除董事以外的其他职务

C.审计委员会成员必须有职工代表

D.审计委员会作出决议，应当一人一票，经审计委员会成员2/3以上通过

13.37 下列关于股份有限公司股份发行的说法中，正确的是（　　）。

A.公司可以根据公司章程的规定同时采用面额股或者无面额股

B.采用无面额股的，应当将发行股份所得股款的1/2以上计入注册资本

C.面额股股票的发行价格可以低于票面金额

D.采用面额股的，每一股的金额可以不相等

13.38 下列关于公司财务会计的说法中，符合公司法律制度规定的是（　　）。

A.公积金主要用于弥补公司亏损、扩大公司生产经营或转增公司注册资本，但资本公积金不得用于弥补公司亏损

B.公积金弥补公司亏损的，应当先使用资本公积金；仍不能弥补的，可以使用任意公积金和法定公积金

C.公司通过减资补亏的，不得免除股东缴纳出资或者股款的义务

D.公司通过减资补亏的，在法定公积金累计额达到公司注册资本50%前，不得分配利润

13.39 根据公司法律制度的规定，下列主体中，公司的清算义务人是（　　）。

A.监事

B.董事

C.经理

D.控股股东

二、多项选择题

13.40 根据公司法的规定，下列关于授权资本制的表述中，正确的有（　　）。

A.股份有限公司实行授权资本制，有限责任公司不能实行授权资本制

B.在授权资本制下，对首期认购的股份有实缴要求

C.公司章程或者股东会可以授权董事会在5年内决定发行不超过已发行股份50%的股份

D.授权董事会决定发行新股的，董事会决议应当经全体董事过半数通过

E.股份发行时以非货币性资产支付股款的，应当经股东会决议

13.41 根据公司法的规定，下列关于有限责任公司股权转让的表述中，正确的有（　　）。

A.股东向股东以外的人转让股权的，无须征得其他股东同意，但须通知其他股东

B.股东转让股权的，自受让人记载于股东名册时起享有股东权利

C.股东转让已认缴出资但未届出资期限的股权的，由转让人承担出资责任

D.股东转让出资不实股权的，善意受让人不承担补足出资的责任

E.股东转让出资不实股权的，由转让人承担补足出资责任，不知情的受让人承担补充责任

13.42 根据公司法的规定，下列关于股东失权制度的表述中，正确的有（　　）。

A.公司成立后，董事会发现股东未按期足额缴纳出资的，应当由董事会向该股东发出书面催缴书

B.书面催缴股东出资的，可以载明缴纳出资的宽限期，宽限期自股东收到书面催缴书之日起，不得少于60日

C.宽限期届满，股东仍未履行出资义务的，公司经董事会决议可以向该股东发出失权通知

D.自股东收到失权通知书之日起，该股东丧失其未缴纳出资的股权

E.股东对失权有异议的，应当自接到失权通知之日起30日内，向人民法院提起诉讼

13.43 股份有限公司中，对股东会决议投反对票的股东可以请求公司收购其股份，下列各项中，属于此类决议的有（　　）。

A.公司转让主要财产

B.公司合并、分立

C.公司连续5年不向股东分配利润，而公司在5年内连续盈利，并且符合法律规定的分配利润条件

D.公司章程规定的营业期限届满，股东会通过决议修改章程使公司存续

E.公司增资

错 题 整 理 页

第十四章　破产法

一、单项选择题

14.1 债务人尚未解散，但不能清偿到期债务且明显缺乏清偿能力，属于破产原因之一。这种情况下，可以依法提出破产申请的主体是（　　）。

A.债权人　　　　　　　　　　　B.债务人的债务人

C.依法负有清算责任的人　　　　D.债务人的出资人

14.2 破产申请是破产程序开始的前提。根据企业破产法律制度的规定，下列有关破产申请及管辖的表述中，正确的是（　　）。

A.破产申请只能由债务人向人民法院提出

B.破产申请在人民法院受理前不能撤回

C.破产案件由债务人住所地人民法院管辖

D.破产案件由破产财产所在地人民法院管辖

14.3 根据企业破产法及相关规定，下列主体中，不能作为破产申请人的是（　　）。

A.债务人的出资人　　　　　　　B.依法对债务人负有清算责任的人

C.国务院金融监督管理机构　　　D.债务人

14.4 根据企业破产法及司法解释规定，下列关于管理人的说法中，不正确的是（　　）。

A.个人依法也可以担任管理人

B.管理人可以由依法设立的社会中介机构担任

C.管理人可以由有关部门、机构人员组成的清算组担任

D.管理人可以由财政、审计部门担任

14.5 下列机构中，可以担任破产管理人的是（　　）。

A.法院受理破产申请时，对债务人享有100万元债权的乙税务师事务所

B.法院受理破产申请时，担任债务人法律顾问的丙律师事务所

C.在法院受理破产案件申请前2年内，为债务人常年提供中介服务的甲会计师事务所

D.在法院受理破产案件申请5年前，担任过债务人合同纠纷诉讼代理人的丁律师事务所

14.6 根据企业破产法及相关规定，破产管理人确定模式是（　　）。

A.由债权人委员会确定　　　　　B.由债权人会议选任

C.由债务人选任　　　　　　　　D.由人民法院指定

14.7 管理人不能依法、公正执行职务或者有其他不能胜任职务情形的，有关主体可以申请人民法院予以更换，该主体是（   ）。

A.债权人会议　　　　　　　　　　B.债权人

C.债务人　　　　　　　　　　　　D.债权人委员会

14.8 下列关于破产债权申报的说法中，正确的是（   ）。

A.债权人应当在法院确定的债权申报期限内向法院申报债权

B.债权人应当在法院确定的债权申报期限内向债权人委员会申报债权

C.债权人应当在法院确定的债权申报期限内向债权人会议申报债权

D.债权人应当在法院确定的债权申报期限内向管理人申报债权

14.9 根据企业破产法及司法解释规定，可以作为破产债权的是（   ）。

A.破产申请受理时诉讼时效已经届满的债权

B.破产申请受理前成立的质押担保债权

C.未到期债权在破产申请受理后产生的利息

D.破产申请受理后，债务人欠缴款项产生的滞纳金

14.10 根据企业破产法及相关规定，债权人会议可以行使的职权是（   ）。

A.监督债务人财产的管理和处分　　B.审查管理人的费用和报酬

C.批准重整计划　　　　　　　　　D.监督破产财产分配

14.11 根据企业破产法律制度的规定，在债权人会议上经表决不能通过而需由人民法院裁定的事项是（   ）。

A.更换债权人委员会成员方案　　　B.破产财产的变价方案

C.重整计划草案　　　　　　　　　D.监督管理人方案

14.12 债权人委员会是对破产程序进行监督的机构。下列关于债权人委员会的说法中，正确的是（   ）。

A.是否设立债权人委员会，应由债权人会议根据需要决定

B.债权人会议必须决定设立债权人委员会

C.债权人委员会由债权人会议选定的债权人代表组成

D.债权人委员会应当经人民法院判决认可后方可设立

14.13 根据企业破产法的规定，下列涉及债务人财产的行为中，无效的是（   ）。

A.债务人明显缺乏清偿能力，仍对个别债权人清偿

B.债务人放弃债权

C.债务人为逃避债务而隐匿、转移财产

D.债务人对没有担保的债务提供担保

14.14 对因企业破产法规定的可撤销行为、无效行为而取得的债务人财产行使追回权的主体是（   ）。

A.债权人　　　　　　　　　　　　B.管理人

C.破产申请人　　　　　　　　　　D.债务人

14.15 根据企业破产法及司法解释规定，法院受理破产申请后，下列关于管理人职责及债务人财产的说法中，不正确的是（　　）。

A.债务人的债务人在破产申请受理后取得他人对债务人的债权的，可以向管理人主张抵销

B.债务人占有的不属于债务人的财产，该财产的权利人可以通过管理人取回，但企业破产法另有规定的除外

C.债务人的出资人尚未完全履行出资义务的，管理人应当要求该出资人缴纳所认缴的出资而不受出资期限的限制

D.债务人的董事侵占的企业财产，管理人应当追回

14.16 根据企业破产法，在人民法院受理破产申请后发生的下列费用中，属于破产费用的是（　　）。

A.管理人执行职务致人损害应支付的费用

B.管理人请求对方当事人履行双方均未履行完毕的合同应支付的费用

C.管理人聘用工作人员应支付的费用

D.债务人财产受无因管理应支付的费用

14.17 根据企业破产法的规定，下列关于破产费用、共益债务认定及清偿原则的说法中，正确的是（　　）。

A.债务人财产不足以清偿所有破产费用和共益债务的，先行清偿共益债务

B.债务人财产致人损害所产生的费用属于破产费用

C.破产费用和共益债务由债务人财产随时清偿

D.管理人执行职务的报酬属于共益债务

14.18 根据企业破产法律制度的规定，下列有关重整申请人的表述中，正确的是（　　）。

A.进入破产程序前，债务人可以直接向人民法院申请重整

B.人民法院受理破产申请后、宣告债务人破产前，破产管理人可以向人民法院申请重整

C.人民法院受理破产申请后、宣告债务人破产前，出资额占债务人注册资本5%以上的出资人，可以向人民法院申请重整

D.人民法院受理破产申请后，债权人不能向人民法院申请重整

14.19 根据企业破产法律制度的规定，下列关于破产重整的说法中，正确的是（　　）。

A.破产重整期间是指法院受理破产申请至重整程序终止的期间

B.破产重整期间，除债务人管理破产财产受管理人监督外，债务人的营业事务不受管理人干预

C.破产重整期间，债务人的出资人请求投资收益分配的权利受保护

D.破产重整期间，债务人可以决定内部管理事务

14.20 对具有破产原因而又有再生希望的企业，经利害关系人申请，人民法院可以依法裁定重整。下列有关债务人及其出资人重整期间权利义务的表述中，正确的是（　　）。

A.债务人合法占有他人财产，该财产的权利人要求取回，债务人应当无条件予以返还

B.经人民法院同意，债务人的董事可以向第三人转让持有债务人的股权

C.债务人为继续营业而借款的，不得为该借款提供担保

D.经人民法院批准，债务人可以自行管理财产而不接受管理人的监督

14.21 根据企业破产法及相关规定，下列关于和解的说法中，正确的是（　　）。

A.经法院裁定认可的和解协议，对债务人和全体和解债权人均有约束力，但和解债权人对债务人的保证人所享有的权利，不受和解协议的影响

B.债权人会议通过和解协议的决议，由出席会议的有表决权的债权人一致同意

C.法院裁定终止和解协议执行的，和解债权人在和解协议中作出的债权调整的承诺失去效力，和解债权人因执行和解协议所受的清偿无效

D.债权人可以直接向法院申请和解，但不能在法院受理破产申请后、宣告债务人破产前，向法院申请和解

二、多项选择题

14.22 法院裁定受理破产申请后的法律后果包括（　　）。

A.有关债务人财产的保全措施应当解除

B.有关债务人财产的执行程序可以终止

C.有关债务人的刑事诉讼应当中止

D.债务人法定代表人未经人民法院许可，不得离开住所地

E.有关债务人的仲裁应当中止

14.23 根据企业破产法的规定，管理人的职责有（　　）。

A.决定债务人与对方当事人在破产受理前所设立的合同是否继续履行

B.拟订破产财产分配方案

C.拟订破产财产变价方案

D.向法院提出和解申请

E.批准重整计划

14.24 根据破产法律制度的规定，下列属于管理人职责的有（　　）。

A.拟定破产财产变价方案

B.决定是否解除双方均未履行完毕的合同

C.代表破产企业参加民事诉讼

D.决定破产分配方案

E.决定债务人的内部管理事务

14.25 根据企业破产法的规定，在第一次债权人会议召开之前，管理人实施的下列行为中，应当经人民法院许可的有（　　）。

A.设定财产担保

B.转让全部库存

C.决定继续债务人的营业

D.决定债务人的日常开支和其他必要开支

E.履行债务人和对方当事人均未履行完毕的合同

14.26 下列关于破产债权申报的说法中，正确的有（　　）。
A.连带债权人可以由其中一人代表全体连带债权人申报债权
B.债权人在确定的债权申报期限内未申报债权的，可以在破产财产最后分配前补充申报
C.债权人在确定的债权申报期限内未申报债权的，可以在破产财产最后分配后补充申报
D.债权人申报债权时，应当书面说明债权数额和有无财产担保，并提交有关证据
E.债权人在确定的债权申报期限内未申报债权的，破产财产最后分配前已经进行的分配，不再对其补充分配

14.27 甲公司因经营管理不善，长期亏损，不能清偿到期债务，遂于2019年6月20日，向法院提出破产申请，法院于2019年6月25日裁定受理此案并予以公告。根据企业破产法的规定，法院与管理人的下列做法中，正确的有（　　）。
A.法院确定债权申报期限为2019年7月1日至2019年7月25日
B.管理人发现甲公司于2018年11月1日无偿转让150万元财产，遂向法院申请予以撤销，追回财产
C.2019年6月1日甲公司与乙企业签订一份买卖合同，双方均未履行完毕，管理人决定继续履行该合同
D.2019年6月5日甲公司与丙企业签订了一份加工承揽合同，双方均未履行完毕，管理人决定解除该合同
E.在债权申报期间，甲公司库房堆积货物倒塌，砸中一位工作人员，造成其椎骨骨折，需要支付医疗费等相关费用20万元，管理人认为该费用应当按照共益债务清偿

14.28 根据企业破产法及司法解释的规定，不属于债务人财产的有（　　）。
A.债务人为他人保管的财产
B.他人抵押给债务人的财产
C.债务人以分期付款方式购买但尚未办理过户的房屋
D.债务人已依法设定担保物权的特定财产
E.破产申请受理后，依法执行回转的财产

14.29 共益债务是指人民法院受理破产申请后，为了全体债权人的共同利益及破产程序顺利进行而发生的债务。根据企业破产法的规定，属于共益债务的有（　　）。
A.因管理人请求对方当事人履行双方均未履行完毕的合同所产生的债务
B.因债务人不当得利所产生的债务
C.为债务人继续营业而应支付的社会保险费用
D.管理人执行职务的费用、报酬
E.为债务人继续营业而支付的劳动报酬

14.30 根据企业破产法及相关规定，下列关于重整计划的说法中，正确的有（　　）。
A.管理人负责管理财产和营业事务的，由管理人制作重整计划草案
B.重整计划草案未获得法院批准的，法院应宣告债务人破产
C.债权人未依照规定申报债权的，在重整计划执行期间不得行使权利

D.重整计划执行人不执行重整计划的，经利害关系人请求，法院应当更换执行人继续执行重整计划

E.债权人依照债权分类，对重整计划分组进行表决

14.31 根据企业破产法律制度的规定，人民法院应当裁定重整程序终止的情形有（　　）。

A.债务人的行为致使管理人无法执行职务

B.债务人或管理人未按期提出重整计划草案

C.已通过的重整计划未获批准

D.人民法院裁定批准重整计划草案

E.因客观原因影响重整计划执行，但又不至于因此中止重整计划执行

14.32 根据企业破产法的规定，下列关于和解与和解协议的说法中，正确的有（　　）。

A.和解以债权人向人民法院提出和解申请为前提

B.和解协议须由人民法院裁定认可

C.和解协议须经债权人会议决议通过

D.人民法院裁定终止和解协议执行的，为和解协议的执行提供的担保无效

E.按照和解协议减免的债务，自和解协议执行完毕时起，原则上债务人不再承担清偿责任

错 题 整 理 页

第十五章　电子商务法

做经典

一、单项选择题

15.1　根据电子商务法律制度的规定，下列关于电子商务法的说法中，正确的是（　　）。

A.金融类产品适用电子商务法

B.金融类服务适用电子商务法

C.利用信息网络提供音视频节目适用电子商务法

D.电子商务是通过互联网等信息网络销售商品或提供服务

15.2　根据电子商务法律制度的规定，下列各项中，不需要办理电子商务经营者登记的是（　　）。

A.个人销售自产农副产品　　　　B.个人从事药品批发零售

C.个人从事食品销售　　　　　　D.个人从事生活用品零售

15.3　根据电子商务法律制度的规定，下列关于电子商务合同交付时间的说法中，不正确的是（　　）。

A.合同标的为提供服务的，生成的电子凭证或者实物凭证中载明的时间为交付时间

B.合同标的为提供服务的，凭证载明时间与实际提供服务时间不一致的，凭证载明的时间为交付时间

C.合同标的为交付商品并采用快递物流方式交付的，收货人签收时间为交付时间

D.合同标的为采用在线传输方式交付的，合同标的进入对方当事人指定的特定系统并且能够检索识别的时间为交付时间

15.4　付某在某电商平台购入一台手机，电商平台负责将手机配送到家，并按照售价向付某开具了电子发票。根据电子商务法的规定，下列说法中，错误的是（　　）。

A.电商平台属于电子商务平台经营者

B.电商平台应当向付某提供纸质发票

C.电商平台向付某提供的电子发票与纸质发票具有同等效力

D.付某提交订单成功时，合同成立

二、多项选择题

15.5　根据电子签名法的规定，可靠的电子签名应具备的条件包括（　　）。

A.电子签名制作数据仅由签名人控制

B.签署后对电子签名的任何改动能够被发现

C.电子签名的制作数据在签名时归签名人专有

D.签署后对数据电文内容的任何改动能够被发现

E.签署后对数据电文形式的任何改动能够被发现

15.6 根据电子商务法律制度的规定，下列属于电子商务平台经营者的有（　　）。

A.微商　　　　　　　　　　　　B.淘宝网

C.网店　　　　　　　　　　　　D.滴滴出行

E.美团

15.7 根据电子签名法的规定，下列关于数据电文发送和接收的说法中，正确的有（　　）。

A.发件人的信息系统自动发送的，视为发件人发送

B.经发件人授权发送的，视为发件人发送

C.当事人对发送或接收有特别约定的，从其约定

D.当事人未指定特定系统接收的，以最先进入收件人任一系统的时间为接收时间

E.收件人营业执照登记的住所地与主营业地不一致的，应以营业执照登记的住所地为接收地

一、单项选择题

15.8 下列关于电子商务平台经营者的义务说法中,不正确的是(　　)。
A.电子商务平台经营者应当核实平台内经营者身份
B.电子商务平台经营者应当采取技术措施和其他必要措施保证其网络安全,防范网络违法犯罪活动
C.电子商务平台经营者对平台交易信息应予以记录、保存,并且保存时间不少于5年
D.电子商务平台经营者对于自营业务,应当以显著方式做区分标记,不得误导消费者

二、多项选择题

15.9 下列属于电子商务法特征的有(　　)。
A.国际性
B.技术性
C.跨越时空性
D.开放性
E.复合性

错题整理页

第十六章 社会保险法

一、单项选择题

16.1 国家不仅是社会保险制度的发起者和监督者，还是社会保险制度的资助者和保证者，是最终责任的承担者。这体现的是社会保险的（　　）。

A.普遍保障性原则　　　　　　　　B.合理性原则

C.基本保障原则　　　　　　　　　D.国家承担最终责任原则

16.2 下列人员中，属于职工基本养老保险适用对象的是（　　）。

A.公务员　　　　　　　　　　　　B.参照公务员法管理的工作人员

C.城镇非从业居民　　　　　　　　D.企业职工

16.3 根据社会保险法的规定，参加基本养老保险的个人，达到法定退休年龄时累计缴费满（　　）以上的，按月领取基本养老金。

A.10年　　　　B.15年　　　　C.20年　　　　D.30年

16.4 根据社会保险法律制度的规定，职工发生伤亡的下列情形中，不应认定为工伤的是（　　）。

A.工作时间前在工作场所内，从事与工作有关的预备性工作受到事故伤害的

B.在工作时间和工作岗位突发疾病，在48小时内经抢救无效死亡的

C.在下班途中受到本人负主要责任交通事故伤害的

D.在抢险救灾等维护国家利益、公共利益活动中受到伤害的

16.5 根据社会保险法律制度的规定，下列关于失业保险基金的说法中，不正确的是（　　）。

A.城镇企业事业单位按照本单位工资总额的5%缴纳失业保险费

B.城镇企业事业单位职工按照本人工资的1%缴纳失业保险费

C.我国失业保险基金按照现收现付的模式筹集

D.失业保险基金必须存入财政部门在国有商业银行开设的社会保障基金财政专户

16.6 根据社会保险法律制度的规定，下列说法中，属于享受失业保险待遇应具备的条件之一的是（　　）。

A.因辞职而中断就业

B.享受基本养老保险待遇

C.有求职需求但未办理失业登记

D.失业前用人单位和本人已经缴纳失业保险费满1年

二、多项选择题

16.7 根据社会保险法律制度的规定，下列关于社会保险的监督和法律责任的说法中，正确的有（　　）。

A.社会保险监督可以分为立法监督、行政监督和社会监督

B.社会保险基金可以用于平衡其他政府预算

C.用人单位未按时足额缴纳社会保险费的，由社会保险费征收机构责令其限期缴纳或者补足

D.用人单位未足额缴纳社会保险费且未提供担保的，社会保险费征收机构可以自行扣押价值相当于应当缴纳社会保险费的财产

E.社会保险经办机构工作人员，应当依法为用人单位和个人的信息保密

16.8 根据社会保险法律制度的规定，失业人员在领取失业保险金期间，出现法定情形时，应停止领取失业保险金。下列各项中，属于该法定情形的有（　　）。

A.应征服兵役的　　　　　　　　B.移居境外的
C.重新就业的　　　　　　　　　D.享受基本养老保险待遇的
E.因病住院的

错题整理页

第十七章　民事诉讼法

做经典

一、单项选择题

17.1 下列关于民事诉讼法基本原则的说法中，正确的是（　　）。
A.处分原则意味着法院无权干涉当事人民事权利或者诉讼权利的行使
B.当事人诉讼权利平等原则意味着当事人拥有相同的诉讼权利
C.法院调解原则下调解不成的，应当进行二次调解
D.双方当事人在法院的主持下，就案件的事实和争议的问题，各自陈述主张和根据，互相进行辩驳和论证是辩论原则的表现

17.2 下列关于民事诉讼基本制度的说法中，正确的是（　　）。
A.离婚案件一律不公开审理
B.特别程序审理的案件实行两审终审制度
C.证人与本案有利害关系可能影响本案公正审理的，应当依法回避
D.基层法院适用小额诉讼程序审理的民事纠纷由审判员一人独任审理

17.3 下列关于民事诉讼管辖的说法中，正确的是（　　）。
A.对同一案件两个以上法院都有管辖权的，称为协议管辖
B.法院受理案件后发现无管辖权时，将案件移送给有管辖权的法院审理，称为移送管辖
C.对同一案件两个以上法院都有管辖权的，当事人选择其中一个法院起诉的，是指定管辖
D.对同一案件两个以上法院都有管辖权的，当事人选择其中一个法院起诉的，是专属管辖

17.4 下列有关民事诉讼当事人的说法中，正确的是（　　）。
A.胎儿不能作为诉讼当事人
B.以未成年人为被告的诉讼，未成年人的法定代理人是当事人
C.当事人应当具有民事诉讼权利能力
D.以无民事行为能力人为被告的诉讼，无民事行为能力人的监护人是当事人

17.5 根据民事诉讼法律制度的规定，下列事实中，当事人无须举证证明的是（　　）。
A.习惯
B.当事人主张的实体权益所根据的事实

C.当事人主张的具有程序性质的法律事实

D.自然规律

17.6 根据民事诉讼法律制度的规定，下列关于民事诉讼证人的说法中，正确的是（　　）。

A.与一方当事人有利害关系的证人陈述的证言，不能单独作为认定案件事实的根据

B.证人必须出庭作证

C.未成年人不得作为证人出庭作证

D.不论证人是否出庭作证，法院均可将其书面证言作为定案事实根据

17.7 根据民事诉讼法律制度的规定，提起民事诉讼的原告应当符合的条件是（　　）。

A.与本案有直接利害关系　　　　　B.与本案有民事法律关系

C.与被告有民事法律关系　　　　　D.与被告有权利义务关系

二、多项选择题

17.8 根据民事诉讼法律制度的规定，下列关于专属管辖的说法中，正确的有（　　）。

A.因不动产纠纷提起的诉讼，由不动产所在地人民法院管辖

B.对适用专属管辖的案件，准许当事人协议变更管辖

C.因港口作业中发生纠纷提起的诉讼，由港口所在地人民法院管辖

D.因继承遗产纠纷提起的诉讼，应由被继承人死亡时住所地法院管辖

E.因继承遗产纠纷提起的诉讼，可以由主要遗产所在地法院管辖

17.9 在民事诉讼中，普通的共同诉讼必须具备的条件有（　　）。

A.诉讼标的属同一种类

B.几个诉讼必须属于同一人民法院管辖

C.几个诉讼必须适用同一种诉讼程序

D.当事人双方均为2人以上

E.共同诉讼人之间有共同的权利和义务

17.10 下列民事诉讼证据中，属于物证的有（　　）。

A.证明甲、乙婚姻关系存在的结婚证

B.证明甲伤害乙侵权事实的沾上乙血迹的木棒

C.证明甲公司财务情况的会计账簿

D.证明甲、乙谈话内容的录音

E.证明甲、乙在共同伤人现场的鞋印

17.11 下列选项中，不能单独作为认定案件事实的证据包括（　　）。

A.无正当理由未出庭作证的证人证言

B.原告提交的合同文书复印件，但该合同文书的原件丢失，被告不承认其与原告存在有该合同文书复印件所表述的法律关系

C.未成年人作出的所有证言

D.原告甲向法院提交的其采取偷录方式录下的用以证明被告乙、丙欠其1万元人民币的录音带，该录音带部分关键录音听不清楚

E.当事人王某的妻子张某向法院作出的有利于丈夫的证言

17.12 根据民事诉讼法律制度的规定，下列关于起诉的说法中，正确的有（　　）。

A.起诉必须有明确的被告

B.起诉必须递交起诉状，不得口头起诉

C.未成年人不得以自己的名义起诉

D.超过诉讼时效的案件不得起诉

E.原告撤诉后，又以同一诉讼请求再次起诉的，法院应予受理

17.13 下列关于民事诉讼简易程序适用规则的说法中，正确的有（　　）。

A.适用简易程序的，举证期限不得超过15日

B.法院决定适用简易程序的，当事人不得提出异议

C.第一审和第二审程序都可以适用简易程序

D.适用简易程序案件的举证期限应由法院确定

E.法院适用简易程序审理案件，应当在立案之日起3个月内审结，特殊情况下可以延期

多项选择题

17.14 根据民事诉讼法的规定，下列涉外民事案件中，属于我国法院专属管辖的有（　　）。

A.与在我国领域内设立的法人解散纠纷提起的诉讼

B.涉外民事纠纷的当事人书面协议选择我国法院管辖的

C.我国法院审理明显更为方便的诉讼

D.与在我国领域内审查授予的知识产权的有效性有关的纠纷提起的诉讼

E.在我国领域内履行中外合资经营企业合同发生纠纷提起的诉讼

错题整理页

第十八章 刑 法

做经典

一、单项选择题

18.1 刑法的基本原则是在刑事立法和刑事司法中必须遵循的具有全局性和根本性的准则。下列原则中，属于刑法基本原则的是（　　）。
A.公开审判原则　　　　　　　　B.罪刑法定原则
C.疑罪从无原则　　　　　　　　D.认罪从宽原则

18.2 根据刑法的规定，法定最高刑为无期徒刑、死刑的犯罪，经过20年的，不再追诉。如果20年以后认为必须追诉的，须报请核准。该核准机关是（　　）。
A.最高人民法院　　　　　　　　B.最高人民检察院
C.公安部　　　　　　　　　　　D.司法部

18.3 下列关于追诉时效计算的说法中，正确的是（　　）。
A.法定最高刑为不满5年有期徒刑的，追诉时效为5年
B.法定最高刑为10年以上有期徒刑的，追诉时效为20年
C.法定最高刑为死刑的，不受追诉时效限制
D.法定最高刑为5年以上不满10年的有期徒刑，追诉时效为15年

18.4 根据刑法的规定，在追诉期限以内又犯罪的，计算前罪追诉期限的起点是（　　）。
A.犯后罪之日　　　　　　　　　B.前罪行为结束之日
C.前罪行为开始之日　　　　　　D.前罪成立之日

18.5 根据刑法及相关法律规定，下列关于未成年人和老年人犯罪的定罪与量刑的说法中，正确的是（　　）。
A.犯罪时不满18周岁的人，可以作为一般累犯
B.犯罪时不满16周岁的人，不负刑事责任
C.审判时已满75周岁的被告人，一般不适用死刑
D.已满75周岁的被告人故意犯罪，应当减轻处罚

18.6 甲驾驶大型载货汽车在工地倒车时，未按驾驶要求仔细观察四周情况，将站在车后的乙撞倒，致乙重伤。法院判决甲构成犯罪。根据犯罪构成理论，甲构成犯罪的主观方面属于（　　）。
A.直接故意　　　　　　　　　　B.间接故意
C.疏忽大意的过失　　　　　　　D.过于自信的过失

18.7 根据刑法的规定，下列关于附加刑适用规则的说法中，正确的是（　　）。

A.附加刑只能附加适用

B.罚金由一审人民法院执行

C.对一个犯罪只能适用一个附加刑

D.判处有期徒刑10年的，可以附加剥夺政治权利终身

18.8 根据刑法的规定，下列关于附加刑适用的说法中，正确的是（　　）。

A.罚金不可以单独适用

B.对危害国家安全的犯罪分子，应当附加剥夺政治权利

C.罚金应在判决指定的期限内一次缴纳

D.在没收财产时，可以用追缴犯罪所得来代替

18.9 根据刑法的规定，下列有关禁止令的说法中，正确的是（　　）。

A.禁止令的期限必须与管制的期限相同

B.禁止令由公安机关负责执行

C.对判处管制的犯罪分子，可以根据犯罪情况，同时宣布禁止令

D.检察院对公安机关执行禁止令的活动进行监督

18.10 下列有关累犯适用刑罚的说法中，正确的是（　　）。

A.可以酌情适用缓刑　　　　　　B.可以适用假释

C.可以从重处罚　　　　　　　　D.应当从重处罚

18.11 甲因故意犯罪被判处有期徒刑，有期徒刑执行完毕后又犯罪，下列关于甲是否构成累犯的说法中，正确的是（　　）。

A.若后罪是交通肇事罪，可能构成

B.若后罪在前罪刑罚执行完后5年内发生，可能构成

C.若后罪应当被判处拘役，可能构成

D.若犯后罪时不满18周岁，可能构成

18.12 被采取强制措施的犯罪嫌疑人、被告人和正在服刑的罪犯，如实供述司法机关尚未掌握的本人其他罪行的行为，属于（　　）。

A.一般自首　　B.重大立功　　C.特别自首　　D.一般立功

18.13 下列对判决宣告以前一人犯数罪，适用数罪并罚的说法中，正确的是（　　）。

A.数罪中有判处有期徒刑和管制的，执行有期徒刑

B.有期徒刑总和刑期超过35年的，执行刑期不超过20年

C.数罪中有判处多个种类相同附加刑的，合并执行附加刑

D.数罪中有判处拘役和有期徒刑的，拘役、有期徒刑分别执行

18.14 根据刑法的规定，下列罪犯中，可以宣告缓刑的是（　　）。

A.被判处3年以下有期徒刑的罪犯

B.被判处5年有期徒刑且已满75周岁的罪犯

C.累犯

D.犯罪集团的首要分子

18.15 根据刑法的规定,被判处有期徒刑或者无期徒刑的犯罪分子,符合规定条件的,可以予以假释。下列可以适用假释的犯罪情形是( )。

A.因抢劫罪被判处8年有期徒刑的犯罪分子,实际已经执行5年刑期,狱中表现良好,确有悔改表现

B.因暴力抢劫被判处10年有期徒刑的犯罪分子,实际已经执行6年刑期,狱中表现良好,确有悔改表现

C.因受贿罪被判处15年有期徒刑的犯罪分子,实际已经执行5年刑期,狱中表现良好,确有悔改表现

D.被判处无期徒刑的犯罪分子,实际已经执行12年刑期,狱中表现良好,确有悔改表现

18.16 根据刑法的规定,下列有关减刑、假释适用对象的说法中,正确的是( )。

A.减刑只适用于被判处有期徒刑和无期徒刑的犯罪分子

B.累犯不适用减刑

C.假释只适用于被判处管制、拘役和有期徒刑的犯罪分子

D.累犯不适用假释

18.17 根据刑法的规定,下列关于危害税收征管罪的说法中,正确的是( )。

A.骗取出口退税罪、虚开增值税专用发票罪属于危害税收征管犯罪

B.主体只能是单位

C.侵犯的客体是市场经济秩序

D.行为人在主观方面存在故意或者过失

18.18 根据刑法的规定,下列纳税人的行为中,可能构成逃税罪的是( )。

A.威胁税务工作人员抗拒缴纳税款

B.采用欺骗手段不缴纳税款

C.聚众抗拒缴纳税款

D.隐匿财产致使税务机关无法追缴到其欠缴的税款

18.19 纳税人缴纳税款后,采取假报出口手段骗取国家出口退税款。骗取税款数额超过其缴纳的税款部分,涉嫌构成( )。

A.骗取出口退税罪

B.虚开用于骗取出口退税、抵扣税款发票罪

C.抗税罪

D.逃税罪

18.20 根据刑法的规定,采取假报出口或者其他欺骗手段,骗取国家出口退税款数额10万元以上的行为,构成骗取出口退税罪。下列情形中,不属于此罪客观方面"假报出口"的是( )。

A.以伪造手段取得出口货物报关单的   B.签订虚假的买卖合同的

C.虚开增值税专用发票的   D.骗取出口货物退税资格的

18.21 2022年8月，被告人李某为非法获利在无注册资金的情况下申请注册成立了甲公司，并担任法定代表人。2022年12月至2023年7月期间，李某经王某介绍，在无货物交易的情况下，采取按发票税额收取开票费的方法，以甲公司名义为M市乙公司开具增值税专用发票18份，发票上注明税额为15万元。乙公司将其中的16份发票向当地税务部门申报抵扣。2023年10月至2024年2月期间，李某采取上述同样方法，为N市丙公司开具增值税专用发票22份，发票上注明税额为25万元。丙公司将上述发票向税务部门全部申报抵扣。下列关于涉案公司与李某的相关行为性质的说法中，正确的是（   ）。

A.乙公司的行为属于为他人虚开

B.甲公司构成单位犯罪

C.丙公司的行为属于介绍他人为自己虚开

D.李某的行为属于为他人虚开

18.22 2022年7月以来，陶某等人分别以自己或者家庭成员名义，先后注册15家公司，从税务机关骗购各类普通发票共计2.4万份，以200元至1 000元不等的价格对外出售9 000余份，涉案金额近亿元，非法获利200余万元。本案中，陶某涉嫌的罪名是（   ）。

A.非法出售发票罪　　　　　　　　B.非法购买发票罪

C.出售伪造发票罪　　　　　　　　D.出售抵扣税款发票罪

18.23 根据2022年修订后的刑事案件立案追诉标准规定（二），下列各项中，属于非法购买增值税专用发票应予立案追诉情形的是（   ）。

A.非法购买的增值税专用发票票面税额累计在20万元以上

B.非法购买的增值税专用发票票面税额累计在10万元以上

C.非法购买增值税专用发票或者购买伪造的增值税专用发票10份以上且票面税额在6万元以上的

D.非法购买增值税专用发票或者购买伪造的增值税专用发票100份以上且票面税额在30万元以上的

18.24 根据刑法的规定，下列犯罪中，犯罪主体仅限于纳税人的是（   ）。

A.逃税罪　　　　　　　　　　　　B.骗取出口退税罪

C.抗税罪　　　　　　　　　　　　D.逃避追缴欠税罪

18.25 税务人员徇私舞弊是徇私舞弊不征、少征税款罪的客观方面要件之一，下列情形中，构成本罪客观方面要件的是（   ）。

A.纳税人提供虚假材料骗取减免税导致不征或少征税款

B.税务人员工作严重不负责任导致不征或少征税款

C.税务人员为照顾朋友违规决定不征或少征税款

D.税务人员因税收业务不熟造成不征或少征税款

18.26 张某为甲市市场监督管理局副局长，因收受辖区内市场商户孙某10万元，未将孙某销售有毒有害食品案件移交公安机关。下列对张某的处罚方式中，正确的是（   ）。

A.仅按受贿罪处罚

B.仅按徇私枉法罪处罚

C.按徇私舞弊不移交刑事案件罪和受贿罪数罪并罚

D.仅按徇私舞弊不移交刑事案件罪处罚

18.27 下列渎职犯罪中，犯罪主体须为税务机关工作人员的是（　　）。

A.玩忽职守罪

B.徇私舞弊发售发票、抵扣税款、出口退税罪

C.违法提供出口退税凭证罪

D.徇私舞弊不移交刑事案件罪

二、多项选择题

18.28 根据刑法规定，下列犯罪中不得假释的有（　　）。

A.乙因故意杀人罪被判处15年有期徒刑　　B.丁因间谍罪被判处无期徒刑

C.甲系累犯　　D.戊因信用卡诈骗被判处无期徒刑

E.丙因抢劫罪被判处无期徒刑

18.29 根据刑法及有关规定，下列关于追诉时效的说法中，正确的有（　　）。

A.连续或继续状态的犯罪，追诉时效从犯罪行为终了之日起计算

B.一般犯罪的追诉时效，从犯罪之日起计算

C.法定最高刑为10年以上有期徒刑的，追诉时效为20年

D.在追诉期限以内又犯罪的，前罪追诉的期限从犯后罪之日起计算

E.超过追诉时效的，一般不再追究犯罪分子的刑事责任

18.30 根据刑事法律制度的规定，犯罪必须具有的特征有（　　）。

A.刑事违法性　　B.应受刑罚处罚性

C.主观故意性　　D.严重的社会危害性

E.一般违法性

18.31 根据刑事法律制度的规定，犯罪构成要件通常包括（　　）。

A.犯罪客体　　B.犯罪动机

C.犯罪主体　　D.犯罪主观方面

E.犯罪客观方面

18.32 根据刑法的规定，下列关于对未成年人犯罪案件处理的说法中，正确的有（　　）。

A.犯罪时不满18周岁的人，即使以特别残忍手段致人死亡，也不适用死刑

B.已满16周岁的人犯罪，应当负刑事责任

C.因犯罪时不满16周岁，不予刑事处罚的，责令其父母或者其他监护人加以管教

D.对未成年人犯罪，应当免除处罚

E.对未成年人犯罪，应当判处缓刑

18.33 根据刑法的规定，下列有关刑罚的说法中，正确的有（　　）。

A.刑罚有主刑与附加刑之分，管制、拘役属于附加刑

B.对一个犯罪不能同时适用两个或者两个以上的主刑

C.主刑可以独立适用，也可以附加适用

D.附加刑不能独立适用，只能附加适用

E.对犯罪的外国人，可以独立适用附加刑或者附加适用驱逐出境

18.34 犯罪后自动投案是认定为自首的必要条件。下列情形中，应当视为自动投案的有（　　）。

A.正在投案途中，被公安机关捕获的

B.犯罪后逃跑，在被通缉、追捕的过程中，主动投案的

C.犯罪后逃至亲属家中，在亲属家中被公安机关抓获的

D.并非出于犯罪嫌疑人主动，而是经亲友规劝，陪同其投案的

E.亲友主动报案后，将犯罪嫌疑人送去投案的

18.35 下列立功表现中，可以作为免除处罚理由的有（　　）。

A.检举他人重大犯罪行为，经查证属实

B.提供侦破其他案件的重要线索，经查证属实

C.阻止他人重大犯罪活动

D.协助公安机关抓捕同案其他重大犯罪嫌疑人

E.协助公安机关抓捕非同案其他犯罪嫌疑人

18.36 2017年6月，梁某因交通肇事罪被判入狱服刑4年，2022年11月，因虚开普通发票罪被判处有期徒刑4年。下列有关梁某的刑罚适用及执行的说法中，正确的有（　　）。

A.构成累犯　　　　　　　　　　　B.不构成累犯

C.可以适用假释　　　　　　　　　D.可以适用缓刑

E.执行期间不得减刑

18.37 根据刑法及相关规定，下列关于刑罚适用的说法中，正确的有（　　）。

A.对于自首的犯罪分子，可以从轻或减轻处罚

B.累犯不适用于犯罪时未满18周岁的人

C.对累犯不适用缓刑

D.刑罚执行完毕后又犯罪的，应予数罪并罚

E.有期徒刑减刑的起始时间自判决执行之日起计算

18.38 根据刑法及司法解释规定，下列关于逃税罪的说法中，正确的有（　　）。

A.本罪主观方面必须出于故意

B.本罪犯罪主体只能是纳税人

C.从逃税额看，只有纳税人的逃税额在10万元以上且占各税种应纳税总额10%以上的，才能构成本罪

D.对于初次逃税行为，经税务机关依法下达追缴通知书后，补缴税款及滞纳金，已受行政处罚的，不予追究刑事责任

E.本罪侵犯的客体是税收征收管理制度

18.39 根据刑法理论，伪造、出售伪造的增值税专用发票罪，必须有伪造、出售伪造的增值税专用发票的行为，且应达到立案追诉标准，方可构成本罪。下列行为中，属于伪造、出售伪造的增值税专用发票行为或者按照该行为处理的有（　　）。

A.变造增值税专用发票　　　　　　B.公司擅自印制增值税专用发票

C.个人私自印制增值税专用发票　　D.明知系伪造的增值税专用发票仍购买

E.明知增值税专用发票系伪造仍出售

18.40 根据刑法的规定，下列职务犯罪中，犯罪主体必须是税务机关工作人员的有（　　）。

A.徇私舞弊不移交刑事案件罪

B.逃税罪

C.违法提供出口退税凭证罪

D.徇私舞弊发售发票、抵扣税款、出口退税罪

E.徇私舞弊不征、少征税款罪

多项选择题

18.41 根据刑法的规定，逃税罪客观方面为采取欺骗、隐瞒手段进行虚假纳税申报或者不申报，不缴或者少缴税款行为，下列行为中，属于纳税人采取"欺骗、隐瞒手段"进行虚假纳税的有（　　）。

A.提供虚假材料，骗取税收优惠的

B.以签订"阴阳合同"等形式隐匿或者以他人名义分解收入、财产的

C.编造虚假计税依据的

D.发生应税行为而不申报纳税的

E.虚报专项附加扣除的

18.42 根据刑法的规定，骗取出口退税是犯罪主体以假报出口或者其他欺骗手段，骗取国家出口退税款，数额较大的一种犯罪。下列手段中，属于假报出口或其他欺骗手段的有（　　）。

A.非法出售可以用于骗取出口退税、抵扣税款的其他发票

B.通过签订虚假的销售合同取得出口业务相关单据、凭证，虚构出口事实申报出口退税的

C.将未负税或免税的出口业务申报为已税的出口业务的

D.在货物出口后，又转入境内循环进出口并申报出口退税的

E.虚报出口产品的功能、用途等，将不享受退税政策的产品申报为退税产品的

错题整理页

第十九章　刑事诉讼法

一、单项选择题

19.1 根据刑事诉讼法的规定，下列人员中，不属于诉讼参与人的是（　　）。
A.鉴定人　　　　B.证人　　　　C.书记员　　　　D.辩护人

19.2 根据刑事诉讼法有关规定，下列关于委托刑事诉讼代理人的做法中，错误的是（　　）。
A.公诉案件的被害人，有权随时委托诉讼代理人
B.公诉案件的被害人的法定代理人或者近亲属，可以为被害人委托诉讼代理人
C.自诉案件的自诉人及其法定代理人有权随时委托诉讼代理人
D.公诉案件的被害人可以委托律师作为诉讼代理人

19.3 下列关于认罪认罚从宽制度适用规则的说法中，正确的是（　　）。
A.被告人愿意接受处罚，但不同意适用简易程序，不应作"认罚"认定
B.被告人虽然承认被指控的主要犯罪事实，但对个别事实情节提出异议，不应作"认罪"认定
C.被告人认罪认罚，同时具有坦白情节，应当在法定刑幅度内给予相对更大的从宽幅度
D.认罪认罚与自首、坦白应作重复评价

19.4 在刑事诉讼中，犯罪嫌疑人、被告人有权委托辩护人。下列有关委托辩护人的说法中，正确的是（　　）。
A.犯罪嫌疑人、被告人可以委托其在人民法院任职的监护人担任辩护人
B.犯罪嫌疑人、被告人可以委托其正处于缓刑考验期的亲友担任辩护人
C.犯罪嫌疑人、被告人可以委托已从法院离职1年的朋友以律师的身份担任辩护人
D.犯罪嫌疑人、被告人可以委托人民陪审员担任辩护人

19.5 根据刑事诉讼法及其相关规定，下列案件中被告人没有委托辩护人，人民法院、人民检察院应当通知法律援助机构指派律师为其辩护的是（　　）。
A.可能被判处无期徒刑的人
B.被告人的行为可能不构成犯罪的

C.人民检察院抗诉的

D.共同犯罪案件中,其他被告人已经委托辩护人的

19.6 在刑事诉讼中,犯罪嫌疑人自被侦查机关第一次讯问或采取强制措施之日起,有权委托辩护人。侦查期间能够担任其辩护人的是(　　)。

A.单位推荐的人　　　　　　　　B.监护人

C.律师　　　　　　　　　　　　D.亲友

19.7 在刑事诉讼的不同阶段,辩护律师提供法律服务的内容是不同的。辩护律师可以向犯罪嫌疑人、被告人核实证据的时间起点是(　　)。

A.自侦查机关第一次讯问之日起　　B.自被依法采取强制措施之日起

C.自案件移送审查起诉之日起　　　D.自提起公诉之日起

19.8 根据刑事诉讼法律制度的规定,下列说法不正确的是(　　)。

A.可能被判处无期徒刑、死刑的,没有委托辩护人的犯罪嫌疑人、被告人,人民法院、人民检察院应当通知法律援助机构指派律师为其提供辩护

B.一名辩护人不得为两名以上的同案被告人辩护

C.辩护律师会见犯罪嫌疑人、被告人时可以被监听

D.危害国家安全犯罪,在侦查期间辩护律师会见在押的犯罪嫌疑人,应当经侦查机关许可

19.9 根据刑事诉讼法及有关规定,关于刑事强制措施的说法中,正确的是(　　)。

A.公安机关在办案中,可以采取拘传措施,对没有被逮捕的犯罪嫌疑人,依法强制其到案接受询问

B.被羁押的犯罪嫌疑人聘请的律师可以为其申请取保候审,但犯罪嫌疑人的近亲属不能申请

C.公安机关对经人民检察院批准逮捕的人,必须在逮捕后24小时内进行讯问

D.人民检察院直接受理侦查的案件,拘留犯罪嫌疑人的羁押期限为14日,不得延长

19.10 根据刑事诉讼法律制度的规定,下列关于监视居住适用规则说法中,正确的是(　　)。

A.监视居住由公安机关决定

B.指定居所监视居住,可以在看守所执行

C.监视居住最长不得超过6个月

D.监视居住应当折抵刑期

19.11 下列有关速裁程序的说法中,正确的是(　　)。

A.被告人为未成年人的,可以适用速裁程序

B.对犯罪嫌疑人可能判处3年以下有期徒刑的刑事案件,应当适用速裁程序

C.被告人是盲、聋、哑人的,不适用速裁程序

D.速裁程序既可以在一审程序中适用,也可以在二审程序中适用

二、多项选择题

19.12 下列关于刑事案件不公开审理的说法中，正确的有（   ）。

A.涉及商业秘密的案件应当不公开审理

B.涉及个人隐私的案件应当不公开审理

C.不公开审理的案件，其判决宣告应公开进行

D.不公开审理的关于国家机密的案件，宣判结果也不公开

E.不公开审理的案件，应当在当庭宣布不公开的理由

19.13 根据刑事诉讼法的规定，属于刑事诉讼参与人的有（   ）。

A.被害人　　　　　　　　　　　B.公诉人

C.辩护人　　　　　　　　　　　D.犯罪嫌疑人

E.附带民事诉讼的原告

19.14 在刑事诉讼中，犯罪嫌疑人的辩护律师享有多种诉讼权利。下列关于辩护律师诉讼权利的说法中，正确的有（   ）。

A.自案件移送审查起诉之日起，可以向犯罪嫌疑人、被告人核实有关证据

B.经人民法院、人民检察院许可，可以查阅、摘抄、复制本案的案卷材料

C.可以申请人民检察院、人民法院调取公安机关、人民检察院未提交的在侦查、审查起诉期间收集的证明犯罪嫌疑人无罪或者罪轻的证据材料

D.可以向侦查机关了解犯罪嫌疑人涉嫌的罪名和案件有关情况，提出意见

E.经人民法院、人民检察院许可，可以同在押的犯罪嫌疑人会见和通信

19.15 根据刑事诉讼法的规定，刑事强制措施包括（   ）。

A.拘传　　　　　　　　　　　　B.拘役

C.讯问　　　　　　　　　　　　D.传唤

E.拘留

19.16 取保候审是刑事强制措施之一，根据刑事诉讼法的规定，下列关于取保候审的说法中，正确的有（   ）。

A.可能判处有期徒刑以上刑罚，采取取保候审不致发生社会危险性的，可以适用取保候审

B.犯罪嫌疑人被逮捕的，其聘请的律师不得为其申请取保候审

C.取保候审的最长期限为6个月

D.公安机关、人民检察院、人民法院均可作出取保候审决定

E.取保候审的执行机关为公安机关

19.17 根据刑事法律制度的规定，属于刑事案件当事人的有（   ）。

A.自诉人

B.被害人

C.被告人

D.辩护人

E.犯罪嫌疑人

19.18 根据刑事诉讼法的规定，下列关于侦查措施的说法中，符合法律规定的有（　　）。

A.侦查人员询问证人，可以在现场进行

B.在犯罪嫌疑人家属、邻居或者其他见证人在场的情况下，侦查人员可以对犯罪嫌疑人住所进行搜查

C.对发现的犯罪嫌疑人，侦查人员可以强制带离现场讯问

D.侦查人员在侦查中不得查封、扣押与案件无关的财物、文件

E.侦查人员讯问抓获的犯罪嫌疑人，必须在看守所内进行

一、单项选择题

19.19 根据刑事诉讼法的规定，下列关于刑事案件立案管辖的说法中，不正确的是（　　）。

A.人民法院直接受理的刑事案件的侦查由公安机关进行

B.自诉案件由人民法院直接受理

C.国家工作人员利用职权实施的犯罪由人民检察院立案侦查

D.刑事案件的侦查由公安机关进行

19.20 根据刑事诉讼法的规定，下列关于刑事案件地域管辖、指定管辖和并案管辖的说法中，不正确的是（　　）。

A.刑事案件原则上由犯罪行为地的人民法院管辖

B.管辖权发生争议，由争议双方法院协商，协商不成的，分别层报共同上级法院指定管辖

C.发现正在服刑的罪犯在判决宣告前还有其他犯罪没有受到审判的，原则上由服刑地的人民法院管辖

D.因共同犯罪需要并案审理的案件，其中一罪属于上级人民法院管辖的，全案由上级人民法院管辖

19.21 根据刑事诉讼法的规定，下列关于立案条件的说法中，正确的是（　　）。

A.刑事诉讼主要包括立案、起诉、审判、执行四个阶段

B.自诉案件必须经过侦查阶段，被害人才能向直接向人民法院起诉

C.公诉案件有两个立案条件，一有犯罪事实、二有需要追究的刑事责任

D.自诉案件中，是否有明确的被告人不属于法院立案的条件

19.22 根据刑事诉讼法的规定，下列关于刑事执行的说法中，不正确的是（　　）。

A.人民法院是国家审判机关、交付执行机关、也是执行机关

B.未成年犯管教所负责对无期徒刑和有期徒刑判决的执行

C.被判处有期徒刑的罪犯，第一审人民法院应在判决、裁定生效后15日内将有关法律文书送达执行机关

D.对于被判处无期徒刑的罪犯，由公安机关依法将该罪犯送交监狱执行刑罚

二、多项选择题

19.23 根据刑事诉讼法的规定，下列关于刑事案件审判管辖的说法中，正确的有（　　）。

A.第一审普通刑事案件，原则上由基层人民法院管辖

B.危害国家安全、恐怖活动的第一审刑事案件，由高级人民法院管辖

C.可能判处无期徒刑、死刑的第一审刑事案件，由中级人民法院管辖

D.全省（自治区、直辖市）性的重大第一审刑事案件，由最高人民法院管辖

E.上级人民法院在必要的时候，可以审判下级人民法院管辖的第一审刑事案件

19.24 根据刑事诉讼法的规定，下列关于刑事诉讼回避的说法中，正确的有（　　）。

A.检察人员是本案当事人的近亲属的，应自行回避

B.接受本案当事人宴请的审判人员，当事人有权申请其回避

C.检察长和公安机关负责人的回避，由上级人民检察院检察委员会决定

D.当事人被驳回申请回避的，可以申请复议一次

E.回避的种类包括自行回避、申请回避和指令回避

错题整理页

综合题演练

一、行政法专题

20.1 甲省乙市开源公司（注册地位于乙市丙区）经乙市市场监督管理局核准取得《企业法人营业执照》，从事某类产品生产经营。后来，甲省商务局函告开源公司：按照甲省地方性法规最新规定，新建此类企业必须到省商务局办理相应生产经营许可证后，方可向当地市场监督管理局申请企业登记，否则予以处罚。开源公司置之不理，甲省商务局遂以开源公司违法生产经营为由，对其处以40万元罚款，开源公司对此不服，遂向法院起诉，请求撤销甲省商务局的处罚决定。理由是，甲省商务局的函告没有法律依据，且甲省地方性法规最新规定与国务院商务部出台的某规章相冲突。

（1）根据行政诉讼法及其司法解释的规定，下列关于本案中的函告性质的表述中，正确的有（　　）。

A.函告行为属于一种通知行为　　　　B.函告行为是行政强制行为的一种

C.函告行为是行政处罚行为的一种　　D.函告行为是其他侵犯财产权的行为

E.函告行为属于行政事实行为的一种

（2）根据行政诉讼法及其司法解释的规定，对本案有管辖权的法院有（　　）。

A.乙市丙区法院　　　　　　　　　B.乙市中级法院

C.甲省高级法院　　　　　　　　　D.甲省商务局所在地的法院

E.甲省市场监督管理局所在地的法院

（3）根据行政诉讼法的基本原则，下列关于本案的审理对象、审理范围的说法中，正确的有（　　）。

A.审理对象是甲省商务局的函告行为

B.审理对象是甲省商务局作出的处罚决定

C.审理对象是甲省制定地方性法规的行为

D.审理对象是乙市市场监督管理局的不作为行为

E.审理范围包括事实问题和法律问题

（4）如地方性法规与部门规章冲突，下列冲突解决方式中，正确的有（　　）。

A.应当直接以部门规章为依据　　　　B.应当直接以地方性法规为依据

C.应当找国务院提出意见　　　　　　D.应当直接找全国人大常委会裁决

E.应当直接找甲省地方人大常委会裁决

20.2 甲公司拥有商铺若干间,对外出租经营。当承租人索要发票时,甲公司就以公司账户收取租金,按照会计制度规定核算租金收入,并开具发票;当承租人不需要开具发票时,甲公司就以公司法定代表人、实际控制人李某指定的私人账户收取租金,租金收入不登记入账,不开具发票。接到实名举报后,市税务稽查局(以下简称"稽查局")对甲公司立案检查。经查实,甲公司隐瞒收入少缴税款的行为构成偷税。稽查局向甲公司送达《税务行政处罚事项告知书》,告知违法事实、处罚依据及其享有的陈述、申辩权利。甲公司未在规定期限内提出陈述、申辩意见。

2021年7月12日,稽查局向甲公司送达《税务处理决定书》,限其15日内缴纳少缴的税款和滞纳金;向甲公司送达《税务行政处罚决定书》,限其15日内缴清罚款。若到期不缴纳罚款,每日按罚款数额的3%加处罚款。

期限届满,甲公司未缴纳任何税款、滞纳金和罚款。稽查局决定对其强制执行,并向其送达催告文书。甲公司置之不理。

2021年8月24日,稽查局作出划拨存款决定,通知甲公司开户银行,将甲公司存款划入财政专户抵缴部分罚款。对于未执行的税款、滞纳金和剩余罚款,稽查局决定扣押并拍卖甲公司办公车辆用以抵缴。稽查局另外查明,李某名下有8套住宅,1辆车。

(1) 下列有关本案加处罚款的说法中,正确的有( )。
A.稽查局加处罚款属于行政强制措施
B.稽查局加处罚款不得超出罚款的数额
C.稽查局加处罚款属于行政强制执行
D.稽查局加处罚款属于行政处罚
E.稽查局可以在不损害公共利益和他人合法权益的情况下,与甲公司达成执行协议,甲公司采取补救措施的,可以减免加处的罚款

(2) 下列有关甲公司对罚款不服的行政救济和稽查局对罚款强制执行的说法中,正确的有( )。
A.甲公司对罚款不服的,可以直接提起行政诉讼
B.甲公司在稽查局限定的期限内不缴纳罚款,稽查局可当即对罚款强制执行
C.甲公司收到处罚决定书之日起满60日不申请行政复议的,稽查局可当即对罚款强制执行
D.甲公司对罚款不服的,必须先申请行政复议
E.甲公司对逾期不缴纳罚款加处罚款不服的,必须先足额缴纳罚款与加处罚款,才能申请行政复议

(3) 根据行政强制法的规定,下列有关本案催告的说法中,正确的有( )。
A.事先催告甲公司履行义务,是稽查局实施强制执行的必经程序
B.稽查局催告甲公司履行义务,应当告知甲公司享有陈述权和申辩权
C.稽查局催告甲公司履行义务,可以采用口头方式作出

D.事先催告甲公司履行义务，是稽查局实施强制措施的必经程序

E.在催告甲公司履行义务期间，对有证据证明有转移或者隐匿财物迹象的，稽查局可以作出立即强制执行决定

(4) 下列有关本案扣押、拍卖财产的说法中，正确的有（　　）。

A.根据行政强制法的规定，稽查局扣押财产的期限一般不得超过30日

B.稽查局拍卖财产发生的费用由甲公司负担

C.若稽查局未尽妥善保管义务造成扣押财产损失的，应当承担赔偿责任

D.稽查局扣押财产发生的保管费用由甲公司负担

E.稽查局有权将李某的房产或者车辆查封、扣押并拍卖

20.3 石城市田家区税务局稽查局根据群众举报，对该区贝尔德电器有限公司进行稽查。稽查中发现贝尔德电器有限公司设内账，记录对外销售产品情况。其中：记录的销售额大于实际开票金额。依据其内部进销存账、送货单，确定有4 900万元收入没有向税务机关如实申报，少计销项税额840万元。根据税收征收管理法的规定，田家区税务局稽查局对贝尔德电器有限公司处以420万元罚款，补税和罚款共计1 200多万元。贝尔德电器有限公司对罚款不服，向石城市田家区法院提起诉讼。田家区法院以田家区税务局稽查局提供的证据不足以证明贝尔德电器有限公司偷税为由判决田家区税务局稽查局败诉。田家区税务局稽查局不服，向石城市中级人民法院提起诉讼。

(1) 田家区法院以田家区税务局稽查局提供的证据不足以证明贝尔德电器有限公司偷税为由判决田家区税务局稽查局败诉。下列关于行政诉讼证据收集和举证的说法中，正确的有（　　）。

A.一审法院可以主动调查收集证据以证明贝尔德电器有限公司偷税

B.贝尔德电器有限公司应提供证据证明其行为不构成偷税

C.若原告贝尔德电器有限公司提供的证明罚款处罚决定违法的证据不成立，则被告田家区税务局稽查局对罚款处罚决定合法性的举证责任仍不能免除

D.贝尔德电器有限公司应提供证据证明其起诉符合法定条件

E.一审中，田家区税务局稽查局不能自行向贝尔德电器有限公司收集证据

(2) 下列关于本案一审程序及审理依据的说法中，正确的有（　　）。

A.如果没有特殊情况，田家区法院应当在立案之日起6个月内作出一审判决

B.法院审理此案，以法律、法规等为依据，可以参照税收规章

C.一审程序一律实行开庭审理

D.如果原告在审理过程中未经许可中途退庭，田家区法院可以缺席判决

E.被告田家区税务局稽查局应当在收到起诉状副本之日起15日内提交答辩状

(3) 下列关于本案二审程序的说法中，正确的有（　　）。

A.二审法院作出的判决为发生法律效力的判决

B.除特殊情况需要延长外，二审法院应当自收到上诉状之日起3个月内作出判决

C.二审法院应当对一审法院裁判和被诉行政行为是否合法进行全面审查

D.发回重审的案件当事人可再次上诉，但是法院不得再次发回重审

E.田家区国税稽查局收到一审判决后应在10日内提出上诉

（4）下列证据材料中，属于书证的有（　　）。

A.用于证明贝尔德电器有限公司经营范围的营业执照

B.用于证实开票单位、金额的盖有发票专用章的发票

C.用于证明收货单位的送货单

D.用于证明系贝尔德电器有限公司持有的发票

E.用于证明数量的内部进销存账

20.4 万盛公司系某省某市一家建筑施工企业。2015年8月，该企业承接该市某单位的一项改建工程。因该公司违反法律及有关规定操作，施工阶段发生生产安全事故。某省建设厅经现场调查后当场作出暂扣该公司安全生产许可证3个月的决定；市安全监督管理局作出对该公司罚款20万元的决定，该公司对市安全监督管理局作出的罚款决定不服，向法院提起行政诉讼。

（1）根据行政诉讼法及其司法解释的规定，下列关于被告确定、出庭应诉事项以及法院做法的说法中，正确的有（　　）。

A.市安全监督管理局作为被告，其正职负责人或者副职负责人依法应当出席应诉

B.若本案市安全监督管理局负责人不能出席应诉，法院应缺席判决

C.若本案市安全监督管理局负责人不能出席应诉，法院应终结诉讼

D.省建设厅作为共同被告，其负责人依法应当出庭应诉

E.省建设厅作为第三人，其负责人依法应当出庭应诉

（2）本案中，省建设厅作出暂扣万盛公司安全生产许可证3个月的决定。下列关于暂扣安全生产许可证这一行为的性质、类型以及适用法律问题的说法中，正确的有（　　）。

A.省建设厅暂扣许可证的行为是行政处罚，属于能力罚，应适用行政处罚法的程序规定

B.省建设厅暂扣许可证的行为是行政事实行为，属于行政指导，应适用行政许可法的程序规定

C.省建设厅暂扣许可证的行为是双方行政行为，应适用行政强制法的程序规定

D.省建设厅暂扣许可证的行为是损益行政行为，应适用行政处罚法的程序规定

E.省建设厅暂扣许可证的行为是没收，应适用行政强制法的程序规定

（3）本案中，市安全监督管理局作出对万盛公司罚款20万元的决定。下列关于该罚款程序及听证程序的说法中，正确的有（　　）。

A.若该公司要求举行听证，应当在安全监督管理局告知其听证后5日内提出

B.若本案依法举行听证，由市安全监督管理局指定非本案调查人员主持听证

C.若本案依法举行听证，则市安全监督管理局调查人员以及万盛公司有关人员可以亲自参加听证，市安全监督管理局和万盛公司也可以各自委托1~2人代理参加听证

D.作出该罚款处罚决定前，市安全监督管理局应事先向万盛公司告知其违法的事实、理由、处罚依据及依法享有的权利

E.市安全监督管理局一般应当自立案之日起90日内作出行政处罚决定

(4) 根据行政许可法的规定，若省建设厅查明万盛公司实际上不符合安全生产许可条件，其安全生产许可证系通过贿赂、欺骗手段取得，则下列关于省建设厅依法采取措施及处理理由的说法中，正确的有（　　）。

A.应当变更该许可，理由是客观情况发生重大变化

B.应当撤回该许可，理由是万盛公司通过贿赂和欺骗手段违法取得该许可

C.应当撤销该许可，理由是万盛公司通过贿赂和欺骗手段违法取得该许可

D.应当撤销该许可，但是对万盛公司基于该许可实施的可获得利益应基于适当补偿，理由是信赖保护原则

E.是否撤销该许可，由省建设厅根据具体情况进行裁量决定，理由是省建设厅基于过错违法授予许可

20.5 陈某和谢某住对门，素有矛盾。某日夜里，陈某酒后猛撞谢某家屋门，持械闯入谢某家并猛砸谢某家电器等物品，谢某夫妇上前阻止，双方发生推搡，此时，隔壁邻居张某也被惊醒，并去谢某家劝阻双方。谢某夫妇当即报案，县公安局派民警姜某、石某立即进入现场调查，对现场物品、痕迹等进行拍照，制作现场笔录，调取谢某儿子（12岁）用手机记录的陈某猛砸谢某家物品的录音资料，向陈某邻居张某了解事发起因和过程，并请县价格鉴证中心作出价格鉴定意见，之后县公安局决定对陈某作出行政拘留10日的处罚。

陈某对拘留决定不服，向法院起诉。法院依法审理，县公安局向法院提交了照片、现场笔录、鉴定意见以及录音资料，陈某要求隔壁邻居张某作证。法院审理期间认定，张某的相关证言系推断性证言。

(1) 根据行政诉讼法的规定，本案中可以作为诉讼证据使用的有（　　）。

A.陈某向法院当庭所作的真实陈述　　B.物品被砸坏的照片

C.谢某儿子的录音证据　　D.县价格中心所作价格鉴定意见

E.隔壁邻居张某所作的推断性证言

(2) 下列与诉讼证据有关的说法中，正确的有（　　）。

A.县公安局提交的鉴定意见应有县价格鉴证中心盖章和鉴定人签名

B.陈某在诉讼中可以对现场笔录的合法性提出异议

C.现场笔录可以由公安局事后补作，当事人签名或盖章即可

D.若县公安局提交的现场笔录没有当事人之外的其他在场人签名，则没有法律效力

E.若陈某当时拒绝在现场笔录上签名，县公安局执法人员写明原因，法院仍应认定现场笔录没有法律效力

(3) 下列关于本案证据收集与补充、证据提供、证据调取与审核的说法中，符合行政诉讼法规定的有（　　）。

A.当事人申请调查与待证事实无关联的证据，人民法院不予准许

B.法院不得为证明公安局处罚决定的合法性调取被告在作出处罚时未收集的证据

C.诉讼期间，县公安局不得自行向原告和证人收集证据，但作为其诉讼代理律师可以

D.陈某可以提供证明县公安局处罚决定违法的证据，其提供的证据若不成立，则县公安局证明处罚决定合法性的举证责任依法免除

E.若陈某提出了在行政处罚程序中没有提出的理由或证据，经法院准许，县公安局可以补充相关证据

(4) 若本案中县公安局对陈某作出的处罚决定是罚款1 000元，陈某不服，向法院起诉，则下列关于适用简易程序的说法中，正确的有（　　）。

A.若一审法院适用简易程序审理此案，则应由审判员一人独任审理，并应当当庭宣判

B.若一审法院认为本案事实清楚，权利义务关系明确，争议不大，则可以适用简易程序审理

C.本案中，被告若同意适用简易程序，一审法院可以适用简易程序审理

D.二审法院审理本案也可以适用简易程序

E.若一审法院适用简易程序审理此案，则应在立案之日起15日内审结

二、民商法专题

20.6　2021年1月6日，甲在其一套房屋上为前妻乙设立居住权，双方签订居住权合同并约定：乙若再婚，则居住权消灭。1月10日，双方办理了居住权登记。

3月5日，甲因急需生意周转资金，遂以该房屋抵押向同乡丙借款500万元，双方签订了借期6个月的借款合同和房屋抵押合同。3月8日，丙将500万元汇入甲的账户。3月10日，双方办理了房屋抵押登记。办理抵押登记时，丙方知晓该房屋上存在乙的居住权，遂要求甲另外再提供一份担保。甲于是找到好友丁和戊，请求2人为其向丙提供担保。3月16日，丙与丁、戊签订保证合同约定：如果甲到期未还款，则由丁、戊2人承担返还本金的保证责任。其余事项未进行约定。

8月9日，甲因车祸离世，其子己继承了上述房屋。8月20日，己将继承的房屋登记到自己名下。借款到期后，丙因追讨欠款与丁、戊、己发生纠纷。

(1) 下列关于乙所享有的居住权性质、效力的说法中，正确的有（　　）。

A.乙的居住权属于用益物权，具有对世性

B.甲为乙设立的居住权附有解除条件

C.乙的居住权属于支配权，可以自己行使，也可以转让他人

D.乙的居住权属于财产权，可以抵押，也可以继承

E.甲为乙设立的居住权因未约定居住权期限，故乙若未再婚即可终生居住

(2) 下列关于涉案房屋物权变动的说法中，正确的有（　　）。

A.3月5日，丙对房屋的抵押权设立

B.1月10日，乙的居住权自登记时设立

C.8月9日，己继承取得房屋所有权

D.1月6日，乙的居住权于合同签订时设立

E.8月20日，己自登记完成时取得继承房屋的所有权

(3) 下列关于丙、丁、戊间保证合同效力的说法中，正确的有（　　）。

A.丁、戊须以各自的全部财产承担保证责任

B.丁、戊对甲的全部借款债务承担保证责任

C.若丁代甲清偿了全部借款，则可以向戊进行全部追偿

D.丙仅在甲无力偿还借款时，方可请求丁或戊代甲清偿所欠借款

E.丙在甲无力偿还借款时，可任意选择丁或戊，请求其代甲清偿借款

(4) 根据民法典及相关规定，己继承房屋的法律效果有（　　）。

A.乙对房屋的居住权当然消灭

B.丙仍可以对房屋行使抵押权

C.丙对房屋的抵押权当然消灭

D.乙仍可以继续在房屋中居住

E.己取得带有居住权和抵押权负担的房屋所有权

20.7 甲与丙房地产公司签订借款合同，向丙出借8 000万元，约定月利率为1.5%。乙是丙房地产公司的供货商，丙房地产公司欠乙5 000万元货款。乙以其对丙房地产公司的5 000万元货款债权质押向丁银行办理了贷款。两个月后，因资金周转需要，乙将其对丙房地产公司的5 000万元货款债权转让给甲。至此，甲对丙房地产公司的债权本金合计1.3亿元。为保障债权如期实现，甲与丙房地产公司签订了一份商品房预购合同，并办理了预告登记。甲丙双方约定：若将来债权到期，丙房地产公司未能偿还货款及借款本息，则商品房预购合同生效，将债权本金及借款利息经对账清算转化为已付购房款。货款债权和借款债权陆续到期后，因丙房地产公司未偿还货款及借款本息，双方经对账确认丙房地产公司欠甲本息合计1.8亿元。

按照双方此前约定，将该欠款本息转为已付购房款后，甲尚欠丙房地产公司购房款2 000万元。甲承诺待办理完所购商品房移转登记后即付清2 000万元尾款。丙房地产公司认为折抵购房款的欠款金额包含高额借款利息，要求与甲重新核算购房款遭甲拒绝，丙房地产公司遂拒绝履行商品房买卖合同致双方涉讼。

已知，借款合同成立时一年期贷款市场报价利率为3.65%。

(1) 下列关于甲与丙房地产公司之间借款合同属性及利率约定效力的说法中，正确的有（　　）。

A.甲与丙房地产公司的借款合同约定的利率仅部分受法律保护

B.甲与丙房地产公司的借款合同属于有偿合同

C.甲与丙房地产公司的借款合同仅在甲向丙提供借款时方能成立

D.甲与丙房地产公司的借款合同约定的利率无效

E.甲与丙房地产公司的借款合同属于民间借贷合同

（2）下列关于本案甲与丙房地产公司之间商品房预购合同属性及效力的说法中，正确的有（　　）。

A.甲与丙房地产公司商品房预购合同属于附始期法律行为

B.甲与丙房地产公司商品房预购合同是借款合同变更的结果

C.甲与丙房地产公司商品房预购合同属于附生效条件法律行为

D.甲与丙房地产公司商品房预购合同有效

E.甲与丙房地产公司商品房预购合同因价款包含高额利息而无效

（3）乙将其对丙房地产公司的5 000万元货款债权转让给甲，须满足的法律条件有（　　）。

A.须乙与甲就债权转让达成合意

B.须乙的债权有效存在

C.须征得丁银行的同意

D.须征得丙房地产公司的同意

E.须乙与丙房地产公司之间无债权不得转让的约定

（4）下列关于丁银行质权设立及甲与丙房地产公司所办理的预告登记效力的说法中，正确的有（　　）。

A.丁银行的质权自乙与丁签订质押合同时设立

B.预告登记后，丙房地产公司未经甲同意以预购商品房为他人设定的抵押权无效

C.预告登记后，预购商品房的所有权即归属于甲

D.预告登记后，丙房地产公司对预购商品房的处分权即丧失

E.丁银行的质权自乙与丁办理出质登记时设立

20.8 骑车爱好者甲因一次交通意外致右腿重度伤残，无法再从事骑行活动，遂有意出售其两辆名牌山地车。6月5日，甲在其"骑友微信群"中发信息："本人有黑色、红色两辆九成新山地车出售，欢迎垂询。"甲还在此条信息下面上传了两辆山地车的图片。

骑友乙于6月6日在微信群中向甲询价，甲当即在微信群中回复："两辆车均卖7 000元"。乙觉得有些贵，犹豫两天后，于6月8日私信甲："若5 000元，我就买一辆。"

6月9日，甲微信回复乙："这样吧，我们各让一步，6 000元，不能再低了。"乙于6月10日微信回复甲："好吧，就6 000元。至于买哪个颜色的，我再考虑考虑，15日之前告知你。"甲当即表示同意，但要求乙支付2 000元定金。

6月11日，乙向甲微信转账1 500元作为定金，甲即刻微信收款1 500元。

6月12日，骑友丙私信甲称："我参加6月13日的骑行活动，借你的山地车应急用一下，活动一结束就还你。"甲微信回复丙同意出借。

6月13日清早，丙到甲家将黑色山地车骑走。当日，丁驾驶货车闯红灯将丙撞伤，丙所骑山地车被货车碾压致报废。6月14日，甲私信乙称："我不想卖红色山地车了，想留作纪念。"乙表示理解，但双方就定金返还数额主张不一，遂引起纠纷。

(1) 下列有关甲、乙意思表示的性质认定的说法中，正确的有（ ）。

A.6月8日乙的意思表示属于要约
B.6月6日甲的意思表示属于要约邀请
C.6月5日甲的意思表示属于要约邀请
D.6月10日乙的意思表示属于承诺
E.6月9日甲的意思表示属于承诺

(2) 下列有关甲、乙间买卖合同成立时间及所生之债类型归属的说法中，正确的有（ ）。

A.甲、乙间买卖合同所生之债在合同成立时属于选择之债
B.甲、乙间买卖合同在乙确定山地车颜色并告知甲时成立
C.甲、乙间买卖合同于6月10日成立
D.甲、乙间买卖合同所生之债在成立时属于任意之债
E.甲、乙间买卖合同所生之债在黑色山地车受损报废之后属于简单之债

(3) 黑色山地车受损报废，对此，下列当事人的索赔主张及其理由中，能获得法律支持的有（ ）。

A.甲基于侵权向丁主张赔偿
B.甲基于侵权向丙主张赔偿
C.甲基于借用合同向丙主张赔偿
D.丙基于侵权向丁主张赔偿
E.乙基于侵权向丁主张赔偿

(4) 本案中，甲、乙基于合同所提出的下列主张中，能获得法律支持的有（ ）。

A.甲主张仅向乙返还1 500元
B.乙主张甲返还3 000元
C.甲以乙未足额交付定金为由，主张乙承担违约责任
D.乙主张甲返还2 700元
E.甲主张仅向乙返还2 400元

20.9 2023年5月7日，种植大户甲向乙租用一架农用无人机并投入使用，租期至2023年10月31日。

6月2日，乙将农用无人机出卖于丙，双方未约定履约期限。

6月20日，乙将对甲的返还请求权让与丙，并约定：由丙继续向甲收取租金，且待丙付清价款后再将无人机的所有权转移。

6月30日，丙付清价款，乙、丙双方达成无人机所有权移转合意。

7月8日，甲将无人机转租给丁并交付，租期至8月20日。

8月10日，丁使用无人机田间作业时，被戊之子（12周岁）用石头击中，导致无人机坠落毁损。

(1) 若甲未经丙同意将农用无人机转租给丁，则丙依法取得一项解除权，下列关于该解除权的行使、效力的说法正确的有（ ）。

A.丙可以行使该项解除权，解除甲、丁农用无人机租赁合同
B.丙行使该项解除权的效力具有溯及力
C.丙行使该项解除权属于形成权

D.丙行使该项解除权的意思表示作出时生效

E.丙行使该项解除权的行为属于单方民事法律行为

(2) 下列关于农用无人机租赁合同形式及效力的说法中，正确的有（　　）。

A.7月8日，甲、丁所签农用无人机租赁合同可采用口头形式，也可采用书面形式

B.7月8日，甲、丁所签农用无人机租赁合同须征得丙同意，方为有效

C.5月7日，甲、乙所签农用无人机租赁合同，在乙向甲交付时成立

D.5月7日，甲、乙所签农用无人机租赁合同，应当采用书面形式

E.6月20日起，甲基于农用无人机租赁合同对乙的抗辩，可以对丙主张

(3) 下列关于乙、丙农用无人机买卖合同效力及农用无人机权利变动的说法中，正确的有（　　）。

A.6月20日，丙基于指示交付而继受取得无人机所有权

B.6月30日起，丙有权请求甲交付无人机

C.6月20日，乙交付义务履行完毕，农用无人机损毁风险由乙转移丙

D.6月2日起，丙有权请求乙交付无人机

E.6月20日起，丙有权请求甲交付无人机

(4) 下列关于无人机坠毁责任承担的说法中，正确的有（　　）。

A.丙有权请求戊承担赔偿责任

B.丙有权请求丁承担赔偿责任

C.甲、戊应对无人机坠毁承担连带责任

D.丙有权请求甲承担赔偿责任

E.戊应对农用无人机坠毁承担无过错责任

20.10 2002年4月3日，甲（女）19周岁生日时，与乙（男，23周岁）在未办理婚姻登记情况下举办了婚礼，开始以夫妻名义共同生活。乙的父母将50万元借给乙，用于购买甲、乙婚后居住房。同年5月，乙购买房屋并登记在自己名下，甲为该房屋装修花费3万元。2002年10月8日，乙为投资获取收益，用其个人工资、奖金、劳务报酬等所得30万元在当地购置一套公寓房并登记在自己名下。2003年7月5日，甲、乙双方办理了婚姻登记。2003年8月，乙将所购公寓房出租。2004年7月，甲、乙的女儿丙出生。2020年5月10日，因感情不和，甲向法院提起离婚诉讼，要求抚养丙并请求分割甲、乙的共同财产。法院审理查明：

（1）甲、乙对婚前和婚后财产归属无书面约定。

（2）甲、乙共有银行存款300万元（其中：25万元是2019年乙因车祸受伤获得的赔偿金）、公寓房所得租金20万元。

（3）2002年8月，乙为购买股票，以个人名义向丁借款10万元未归还。

(1) 下列关于婚姻登记及婚姻效力的说法中，正确的有（　　）。

A.2002年4月3日至2003年4月3日甲、乙婚姻效力待定

B.结婚登记不得委托他人代理

C.被撤销的婚姻自始没有法律约束力

D.2003年7月5日甲、乙补办婚姻登记，甲、乙婚姻属于无效婚姻

E.自愿结婚的男女，双方应亲自到一方户口所在地的婚姻登记管理机关申请结婚登记

(2) 下列关于本案财产和债务归属的说法中，正确的有（   ）。

A.公寓房所得租金20万元属于甲、乙夫妻共同财产

B.公寓房属于甲、乙夫妻共同财产

C.丁的10万元借款属于乙的个人债务

D.乙获赔的25万元人身损害赔偿金属于乙的个人财产

E.乙父母的50万元借款属于乙的个人债务

(3) 若法院判决甲、乙离婚，下列关于抚养和财产处理的说法中，正确的有（   ）。

A.乙享有居住房所有权，其可以在该房上为甲设立居住权

B.若法院判决由甲抚养丙，则乙对丙仍有教育、保护的权利和义务

C.法院应当判决由甲抚养丙，由乙支付部分抚养费

D.乙应偿还甲为居住房投入的3万元装修款及其利息

E.若甲、乙对抚养问题协议不成的，由人民法院根据双方的具体情况，按照最有利于未成年子女的原则判决

(4) 下列关于本案法院受理及裁判的说法中，正确的有（   ）。

A.法院审理本案应当先进行调解，调解无效才能判决离婚

B.若甲、乙在起诉离婚前已因感情不和而分居2年，经法院调解无效的，应当判决离婚

C.本案应由居住房所在地法院管辖

D.法院判决甲、乙离婚的，自判决书生效之日起甲、乙婚姻关系解除

E.若一审法院判决不准离婚，甲、乙双方在分居1年后再次提起离婚诉讼的，则法院应准予甲、乙离婚

20.11 甲公司为丙公司的全资子公司，于1992年11月经乙市市场监督管理局核准成立，注册资本人民币1 000万元。甲公司自开始经营以来内部管理一直存在严重问题，长年亏损，2017年度审计报告显示甲公司资产负债率超出100%。甲公司有签订劳动合同的职工27人，至今拖欠职工工资、社保费用和医疗保险费用。截至2018年4月，甲公司尚欠王某3 000万元、张某和周某各2 000万元无法偿还。王某遂向乙市中级人民法院申请甲公司破产。乙市中级人民法院认为：申请人王某对被申请人甲公司享有债权，事实清楚。现有证据显示，甲公司已不能清偿到期债务且明显缺乏清偿能力。该法院遂裁定受理王某提出的破产申请，并于2018年5月8日向甲公司送达了通知书、破产申请材料等。甲公司于2018年5月15日向该法院提交了书面意见，明确表示同意进行破产清算。该法院指定丁律师事务所作为甲公司破产管理人。经破产管理人核实：甲公司对戊公司有1 000万元到期债权尚未要求戊公司偿还，李某持有甲公司汽车一辆。此外，甲公司债权人周某于2018年3月1日向乙市某基层人民法院起诉，请求甲公司偿还2 000万元借款。该基层人民法院当日受理周某的起诉，并依周某申请对甲公司办公楼进行了财产保全。该案尚未结案。2018年6月10日，陈某因甲

公司合同违约,向该基层法院起诉要求甲公司承担违约赔偿责任。

(1) 除王某外,下列主体中,可以作为甲公司破产申请人的有(　　)。
A.戊公司　　　　　　　　　　B.乙市工商局
C.张某　　　　　　　　　　　D.周某
E.甲公司

(2) 乙市中级人民法院受理破产申请产生的法律后果有(　　)。
A.办公楼的财产保全应当解除　　B.李某应当向管理人交付汽车
C.周某起诉甲公司的诉讼应当终止　D.该基层法院应驳回陈某的诉讼请求
E.戊应当向管理人清偿

(3) 下列主体中,可以申请甲公司破产重整的有(　　)。
A.王某　　　　　　　　　　　B.丙公司
C.周某　　　　　　　　　　　D.丁律师事务所
E.甲公司

(4) 若甲公司破产重整不成功,经乙市中级人民法院裁定甲公司进入破产清算程序。下列费用和债务中,应最优先清偿的有(　　)。
A.甲公司所拖欠的职工医疗保险费
B.甲公司所拖欠的职工社保费
C.应支付给丁律师事务所的破产管理费用
D.欠王某的债务
E.甲公司所拖欠的职工工资

三、刑法专题

20.12 2022年6月,为了通过买卖发票获取资金,吴某遂与好友费某商议共同成立春燕医药咨询有限公司(以下简称"春燕公司"),以医疗咨询服务和市场推广为由,为有需要的医药公司开具增值税普通发票,并收取开票金额6%的手续费。春燕公司成立后,吴某负责寻找客户,费某负责开具发票。2022年8月至2023年4月,在没有实际交易的情况下,两人先后为44家医药公司累计开具增值税普通发票740份,涉及金额6 000万元,实缴税额226.8万元,非法获利120余万元。

在此期间,九通医药公司总经理易某安排员工王某向费某购买医药咨询类增值税普通发票44份,涉及税额85万元;周某作为中贵医药营销有限公司(以下简称"中贵公司")地区代理商,在明知没有真实交易的情况下,帮助中贵公司向费某购买医药咨询类增值税普通发票400份,涉及税额586万元;朱某作为金乡财务公司负责人,在为春燕公司代理记账期间,明知其无实际业务经营,仍安排员工帮助费某代开增值税普通发票。案发后,王某自动投案,如实供述自己的犯罪事实;其他人到案后,亦如实供述自己的犯罪事实。

(1) 本案犯罪嫌疑人费某触犯的罪名有(　　)。
A.非法出售发票罪　　　　　　B.持有伪造发票罪

C.虚开发票罪 D.非法购买发票罪
E.虚开增值税专用发票罪

(2) 下列对本案人员行为的认定中，正确的有（   ）。
A.周某购买发票超过100份，构成非法购买发票罪
B.王某购买44份发票构成虚开发票罪
C.王某购买44份发票构成非法购买发票罪
D.吴某的行为构成非法出售发票罪
E.朱某安排员工帮助他人代开发票的行为构成虚开发票罪

(3) 案发后，王某自动投案，如实供述自己的犯罪事实。王某的行为属于（   ）。
A.认罪认罚 B.自首
C.立功 D.坦白
E.重大立功

(4) 根据刑法的规定，下列对本案犯罪嫌疑人判处刑罚并适用缓刑的做法中，正确的有（   ）。
A.判处王某拘役5个月，缓刑4个月
B.判处费某4年有期徒刑，缓刑4年
C.判处朱某2年有期徒刑，缓刑2年零6个月
D.判处周某3年有期徒刑，缓刑3年零8个月
E.判处易某1年零3个月有期徒刑，缓刑1年零3个月

20.13 丘佛市万亿公司于2010年12月20日成立并办理了税务登记，属一人有限责任公司。法定代表人为汪某，主要从事玻璃制品销售。2022年至2023年期间，万亿公司与税收管理员陈某相互勾结，部分销售收入不开具发票。不按规定入账，未申报纳税。另一税收管理员任某对此知情。任某在接受万亿公司5万元红包后，对万亿公司未申报纳税一直放任不管。2024年12月，税务局检查发现：2022年度，万亿公司瞒报销售收入580万元，逃避缴纳税款110万元，占该公司2022年度应纳税款总额的24%；2023年度，万亿公司瞒报销售收入758万元，逃避缴纳税款142万元，占该公司2023年度应纳税款总额的42%。税务局依法决定追缴，万亿公司及其法定代表人汪某拒不补缴上述税款。

另查明，汪某于2022年1月2日因犯危险驾驶罪被法院判处拘役1个月，缓刑2个月，并处罚金人民币3 000元。

公安机关立案后，万亿公司缴清了上述税款及滞纳金。汪某被逮捕后如实供述，同时表示：税务局决定追缴时，万亿公司已濒临破产、无补缴能力，并非故意拒不补缴。检察机关对万亿公司及汪某以逃税罪提起公诉。

(1) 下列有关税收管理员陈某、任某涉嫌罪名的说法中，正确的有（   ）。
A.任某涉嫌逃税罪
B.陈某涉嫌徇私舞弊不移交刑事案件罪

C.陈某涉嫌逃税罪

D.任某涉嫌受贿罪

E.任某涉嫌徇私舞弊不征、少征税款罪

（2）下列有关万亿公司犯罪及刑事责任的说法中，正确的有（　　）。

A.万亿公司是一人有限责任公司，因此本案逃税罪是自然人犯罪

B.万亿公司是一人有限责任公司，因此本案逃税罪是单位犯罪

C.万亿公司是本案逃税罪的犯罪主体

D.万亿公司具有犯罪的主观故意

E.万亿公司在公安机关立案后补缴了税款和滞纳金，因此不应追究刑事责任

（3）本案中，对万亿公司定罪的影响因素有（　　）。

A.万亿公司瞒报销售收入，对部分收入未申报纳税

B.2023年度逃避缴纳税款占万亿公司2023年度应纳税款总额的42%

C.2022年度逃避缴纳税款占万亿公司2022年度应纳税款总额的24%

D.万亿公司送给税收管理员任某5万元

E.万亿公司与税收管理员陈某勾结

（4）若检察机关指控汪某的罪名成立，下列有关对汪某量刑的说法中，正确的有（　　）。

A.汪某如实供述不属于自首　　　　B.汪某如实供述属于一般自首

C.汪某如实供述属于一般立功　　　D.汪某不属于累犯

E.汪某属于一般累犯

20.14 甲因犯逃税罪，被判处有期徒刑3年。出狱半年后的某日，甲准备到丙家去借钱，恰巧在街上碰到乙。甲遂请乙帮忙，要求乙开车送其到丙家。到丙家门口后，甲让乙在车上等。甲进屋后发现丙不在家，遂翻箱倒柜顺走了丙的一张储蓄卡及身份证。甲出来对乙说，丙不在家。事后，甲通过丙的身份证号码试出储蓄卡密码，到商场刷卡购买了价值两万元的项链。案发后，公安机关认为甲有盗窃犯罪嫌疑，即对其实施拘传。在派出所，甲乘民警应对突发事件、无人看管之机逃跑。半年后，得知甲行踪的乙告诉甲，公安机关正在对甲进行网上通缉。甲因害怕，主动到派出所交代了自己的罪行。

（1）下列关于逃税罪，说法正确的有（　　）。

A.逃税罪主观方面必须是出于直接故意

B.逃税罪的犯罪主体仅有纳税人

C.纳税人5年内因逃避缴纳税款受过刑事处罚，又逃避缴纳税款，数额在10万元以上并且占各税种应纳税总额10%以上的，此行为构成逃税罪

D.单位犯逃税罪的，对单位判处罚金

E.纳税人在公安机关立案后再补缴应纳税款、缴纳滞纳金或者接受行政处罚的，不追究刑事责任

(2) 若本案中甲涉嫌盗窃罪的刑期为5年，下列关于甲的行为属性的说法中，正确的有（　　）。

A.甲到派出所交代自己罪行的行为，属于特别自首

B.甲到派出所交代自己罪行的行为，属于立功

C.甲的盗窃行为，构成特别累犯

D.甲的盗窃行为，构成一般累犯

E.甲到派出所交代自己罪行的行为，属于一般自首

(3) 根据刑法的规定，下列关于累犯的说法中，正确的有（　　）。

A.曾被判处有期徒刑，在刑罚执行完毕5年以内又犯应当判处有期徒刑以上新罪的，构成一般累犯

B.故意犯罪和过失犯罪都可以构成累犯

C.对被假释的人不适用累犯规定

D.前罪或者后罪中有被判处拘役、管制或者单处附加刑情况的，不构成累犯

E.累犯适用于所有犯罪分子

(4) 根据刑法的规定，下列关于甲自首认定的说法中，正确的有（　　）。

A.若甲犯罪事实被发觉后，在亲友规劝下由亲友陪同投案，并如实供述自己罪行，则构成自首

B.若甲犯罪事实虽被发觉，但在未被公安机关采取强制措施时，主动、直接向公安机关投案并如实供述自己罪行，构成自首

C.若甲主动投案，并如实供述自己罪行，但在一审判决前又翻供，则不构成自首

D.若甲被采取强制措施后，如实供述公安机关尚未掌握的本人其他犯罪行为的，不构成特别自首

E.若甲犯罪事实未被发觉，主动、直接向公安机关投案，并如实供述自己罪行的，则构成自首

20.15 2022年2月，东川省东山市开展打击虚开骗税违法行为的行动，东山市公安机关与税务机关、监察机关、海关等多部门配合，破获下列涉税违法犯罪案件：

甲公司虽有货物出口，但通过虚构出口货物品名、数量和单价，骗取国家出口退税款20万元。乙公司利用虚开的增值税专用发票骗取国家出口退税款100万元；丙公司通过伪造出口货物报关单等出口退税单据和凭证，骗取国家出口退税款12万元；丁公司通过虚构交易和银行流水接受外省某公司虚开的增值税专用发票，虚开税款数额18万元；戊公司采取将免税货物作为已税货物出口的方式，骗取国家出口退税款4万元。另外，在调查己公司时发现己公司利用国家留抵退税政策，采用隐匿销售收入、减少增值税销项税额、虚假申报等手段，骗取留抵退税15万元。同时调查了解到己公司采购原材料时，取得庚公司开具的100万元增值税专用发票。后经税务协查查明，庚公司开具的100万元增值税专用发票构成虚开。己公司认为自己属于善意取得虚开的增值税专用发票。

(1) 根据刑法的规定，本案中，涉嫌骗取出口退税罪应予立案追诉的主体有（　　）。

A.甲公司　　　　　　　　　　　　B.乙公司

C.丙公司　　　　　　　　　　　　D.丁公司

E.戊公司

(2) 本案中，涉嫌虚开增值税专用发票罪应予立案追诉的主体有（　　）。

A.甲公司　　　　　　　　　　　　B.乙公司

C.丙公司　　　　　　　　　　　　D.丁公司

E.戊公司

(3) 本案中，其行为构成以假报出口方式骗取国家出口退税的主体有（　　）。

A.甲公司　　　　　　　　　　　　B.乙公司

C.丙公司　　　　　　　　　　　　D.丁公司

E.戊公司

(4) 若要认定己公司构成善意取得虚开增值税专用发票，则必须同时查明的事实有（　　）。

A.己公司不知道庚公司发票为虚开

B.己公司取得发票所记载的内容与其购进的原材料一致

C.己公司取得的发票经税务机关认证为真发票

D.己公司已抵扣了进项税款

E.己公司没有能力知道庚公司发票为虚开

综合分析题

20.16 2020年1月1日，甲、乙、丙、丁签订投资协议设立海虹有限责任公司（以下简称"海虹公司"）、约定每人各认缴出资30万元。2023年3月15日，海虹公司经登记依法成立。甲任董事，乙任经理，丙、丁不参与公司经营管理。

2022年6月，丙以了解公司财务状况和自己不具有会计和法律专业知识为由，向海虹公司提交书面申请，请求由其聘请的律师和会计师代其查阅海虹公司的会计账簿。海虹公司以丙不具备查阅资格为由，拒绝了丙的要求。

2023年3月，根据2022年度经审计的财务会计报告，海虹公司的净利润为20万、法定公积金为15万元（未提取2022年的法定公积金）、以前年度未弥补的亏损为100万元。2023年4月，海虹公司股东会决议用公积金弥补公司亏损和减少注册资本弥补公司亏损。

（1）根据公司法律制度，下列有关海虹公司股东出资和股权转让的说法中，正确的有（　　）。

A. 公司章程可以规定，甲、乙、丙、丁的认缴出资额在公司成立之日起的3年内缴足

B. 甲未按期缴纳出资的，公司应向甲书面催缴，宽限期自公司发出催缴书之日起不少于30日

C. 乙未按期缴纳出资，经公司催缴，宽限期届满仍未出资的，自乙收到公司向其发出的失权通知之日起，丧失其未缴纳出资的股权

D. 海虹公司不能清偿到期债务的，公司有权要求已认缴出资但未届出资期限的股东丙提前缴纳出资

E. 股东丁转让其已认缴出资但未届出资期限的股权给第三人戊，由戊承担缴纳该出资的义务，丁无须承担责任

（2）根据公司法律制度，下列关于海虹公司组织机构的说法中，正确的有（　　）。

A. 设置审计委员会的，不设置监事会，但必须设置1名监事

B. 规模小或股东人数少的公司，可以不设监事会，设1名监事

C. 规模小或股东人数少的公司，经全体股东一致同意，可以不设监事

D. 公司董事会成员为3-13人，其成员中可以有公司职工代表

E. 职工人数300人以上的公司，未设监事会的，董事会中应当有职工代表

（3）下列关于海虹公司股东丙查阅公司会计账簿的说法中，正确的有（　　）。

A. 丙申请查阅无须经过海虹公司同意

B. 连续180日以上单独或者合计持有公司3%以上股权的股东才有权查阅公司会计账簿

C. 丙有权查阅，但是不能聘请律师或会计师帮助查阅

D. 丙有权请求查阅公司会计账簿，复制公司会计凭证

E. 公司拒绝提供查阅的，股东丙可向人民法院提起诉讼

（4）根据公司法律制度的规定，下列关于海虹公司减资补亏和公积金的说法中，正确的有（   ）。

A.资本公积金不得用于弥补公司亏损

B.海虹公司应当先用当年利润弥补亏损

C.以公积金补亏的，应当先使用任意公积金和法定公积金；仍不能弥补的，可以使用资本公积金补亏

D.减少注册资本补亏的，不得免除股东缴纳出资或者股款的义务

E.减少注册资本补亏的，在法定公积金和任意公积金累计额达到公司注册资本25%前，不得向股东分配利润

错题整理页

不要让来之不易的收获被时间偷偷带走，写下你的心得和感悟吧！

逢考必过！

一句话总结……

目 录

第一章　行政法基本理论　　　　　　　　　　　　　1

第二章　行政许可法律制度　　　　　　　　　　　　7

第三章　行政处罚法律制度　　　　　　　　　　　　13

第四章　行政强制法律制度　　　　　　　　　　　　21

第五章　行政复议法律制度　　　　　　　　　　　　25

第六章　行政诉讼法律制度　　　　　　　　　　　　33

第七章　民法总论　　　　　　　　　　　　　　　　39

第八章　物权法　　　　　　　　　　　　　　　　　47

第九章　债　法　　　　　　　　　　　　　　　　　55

第十章　婚姻家庭与继承法　　　　　　　　　　　　67

第十一章　个人独资企业法　　　　　　　　　　　　73

第十二章　合伙企业法　　　　　　　　　　　　　　75

第十三章　公司法　　　　　　　　　　　　　　　　81

第十四章　破产法　　　　　　　　　　　　　　　　91

第十五章	电子商务法	99
第十六章	社会保险法	103
第十七章	民事诉讼法	105
第十八章	刑　法	109
第十九章	刑事诉讼法	119
综合题演练		125

第一章 行政法基本理论
答案与解析

做经典

一、单项选择题

1.1 ▶ C	1.2 ▶ B	1.3 ▶ D	1.4 ▶ B	1.5 ▶ C
1.6 ▶ D	1.7 ▶ A	1.8 ▶ C	1.9 ▶ C	1.10 ▶ C
1.11 ▶ A	1.12 ▶ A	1.13 ▶ C	1.14 ▶ A	1.15 ▶ B

二、多项选择题

| 1.16 ▶ BC | 1.17 ▶ ABC | 1.18 ▶ BDE | 1.19 ▶ ABCD | 1.20 ▶ AC |
| 1.21 ▶ ABCE | 1.22 ▶ BE | 1.23 ▶ ABCD | 1.24 ▶ BCE | 1.25 ▶ BCD |

一、单项选择题

1.1 【斯尔解析】 **C** 本题考查行政法的概述。选项A不当选，行政法规范数量多，且具有多种法律渊源。选项B不当选，行政法规范易于变动，特别是以部门或地方政府规章和行政规范性文件形式表现的具体规范，其稳定性相对较弱。选项D不当选，行政法是规范行政权力运用及行使的法，而不是限制相对人权利的法。

1.2 【斯尔解析】 **B** 本题考查行政合理性原则。选项B当选，行政合理性原则，是指行政行为的内容要客观、适度、符合理性。"平等对待""比例原则"是合理性原则的要求。选项A不当选，行政合法性原则可以概括成"有法可依"和"程序合法"，行政机关作出行政行为时，应当遵循法定程序步骤，体现了"程序合法"，是行政合法性的要求。选项C不当选，"不得超越法定幅度"体现了"有法可依"，是行政合法性原则的要求。选项D不当选，行政行为在内容上既要符合行政实体法的规定，又要符合行政程序法的规定，体现了"有法可依"和"程序合法"，是行政合法性原则的要求。

1.3 斯尔解析 **D** 本题考查行政法渊源中效力冲突的解决方式。选项A不当选，各部门规章之间、各部门规章与地方政府规章之间具有同等效力，它们对同一事项的规定不一致时，由国务院裁决。选项BC不当选，国务院部门规章与地方性法规之间对同一事项的规定不一致，不能确定如何适用时，由国务院提出意见，国务院认为应当适用地方性法规的，应当决定在该地方适用地方性法规的规定；认为应当适用部门规章的，应当提请全国人民代表大会常务委员会裁决。

1.4 斯尔解析 **B** 本题考查行政职权的特征。选项B当选，行政职权作为行政权的法律表现形式，除具有权力的一般属性，如强制性、命令性、执行性等外，还有以下特征：（1）公益性。（2）优益性。（3）支配性。（4）不可自由处分性。

1.5 斯尔解析 **C** 本题考查国务院直属机构。选项C当选，国务院直属机构，是国务院主管某项专门业务的机构。如中国证券监督管理委员会、国家税务总局、国家市场监督管理总局、国家金融监督管理总局、国家国际发展合作署、国家广播电视总局、海关总署、国家体育总局以及国家统计局、国家医疗保障局、国家知识产权局、国家信访局等，其名称多以"某局（署）、某总局（署）"结尾。选项A不当选，其所述情形属于国务院部委管理的国家局。国务院部委管理的国家局包括公安部管理的国家移民管理局、交通运输部管理的国家铁路局、中国人民银行管理的国家外汇管理局、文化和旅游部管理的国家文物局、国家发展和改革委员会管理的国家能源局、自然资源部管理的林业和草原局、应急管理部管理的国家煤矿安全监察局以及国家市场监督管理总局管理的国家知识产权局等，其名称一般为"国家某局"。选项B不当选，其所述情形属于国务院组成部门，多以"部委行署"结尾。选项D不当选，应急管理部管理的国家矿山安全监察局属于国务院部委管理的国家局。中国气象局属于国务院直属事业单位。国家文物局、国家公务员局属于国务院部委管理的国家局。

1.6 斯尔解析 **D** 本题考查中央行政机关。选项D当选，中国证券监督管理委员会是国务院直属机构，具有行政主体资格。

1.7 斯尔解析 **A** 本题考查中央行政机关。选项A当选，国家广播电视总局属于国务院直属机构，且有规章制定权。选项BC不当选，国家发展和改革委员会、司法部属于国务院组成部门，有行政规章制定权。选项D不当选，国务院研究室属于国务院办事机构，不具有行政主体资格。

1.8 斯尔解析 **C** 本题考查法律、法规授权的组织。选项A不当选，被授权组织在行使法律、法规所授职权时，享有与行政机关相同的行政主体地位，它们可以以自己的名义行使所授职权，并对外承担法律责任。选项B不当选，行政机构不具有独立的编制和财政经费，一般不具有行政主体资格。选项C当选，县级以上公安机关内设的交通警察大队以及省以下税务局设立的稽查局等属于内设机构，均已被有关法律、法规授予行政主体资格。选项D不当选，居民委员会和村民委员会等经授权，也可从事一定的行政职能活动，成为行政主体。

1.9 斯尔解析 **C** 本题考查具体行政行为的效力。选项A不当选，行政行为成立后，即对行政主体和行政相对人产生法律上的约束力，相对人申请行政复议，不会直接导致行政行为丧失拘束力。后续根据复议机关的复议决定确定该行政行为是否丧失拘束力。选项B不当选，行政行为具有确定力并不意味着行政行为不能变更，基于法定事由并经过法定程序，行政行为可以依法变更，因此，具体行政行为可以被废止不影响行政行为具有确定力。选项C当选，公定力指行政主体作出的行政行为，不论合法还是违法，都推定为合法有效，相关当事人都应当先予以遵守和服从。选项D不当选，无效行政行为自始无效，可撤销的行政行为自被撤销之日起失去法律效力，撤销的效力可追溯到行政行为作出之日。

1.10 【斯尔解析】 C 本题考查授益行政行为的辨析。选项C当选，授益行政行为，是指行政主体为行政相对人设定权益或免除义务的行为。典型的授益行政行为有行政许可、行政给付、行政奖励以及确认或决定减税免税的行为等。选项A不当选，行政征收不属于授益行政行为。选项BD不当选，行政强制、行政处罚属于典型的损益行政行为。

1.11 【斯尔解析】 A 本题考查行政行为的分类。选项A当选，行政处罚属于外部行政行为、具体行政行为、裁量行政行为、单方行政行为、损益行政行为、依职权行政行为、要式行政行为、作为行政行为、行政执法行为。

1.12 【斯尔解析】 A 本题考查具体行政行为的分类。选项A当选，行政征收，是指行政主体根据法律规定，以强制方式无偿取得行政相对人财产所有权的一种具体行政行为。税务局收取社会保险费属于行政征收。选项B不当选，行政裁决的对象是特定的民事纠纷。行政机关与行政相对人之间的纠纷不属于民事纠纷。稽查局对纳税人实施税务检查属于行政监督。选项C不当选，税务局为增值税一般纳税人办理登记属于行政确认。选项D不当选，行政奖励，是指行政机关对为国家和社会作出一定贡献的行政相对人给予物质、精神奖励的行政行为，是为行政相对人设定权利、给予利益的行政行为，行政相对人因此而得到一定的权利或利益。如给予金钱奖励，给予荣誉称号等。稽查局向税务违法行为举报人颁发奖金属于行政奖励。

1.13 【斯尔解析】 C 本题考查具体行政行为的分类。选项C当选，增值税一般纳税人登记属于行政确认，并非行政许可。选项A不当选，行政事实行为不具有法律的强制性。如行政机关发布信息、公开情报、行政机关采取灵活的方法进行行政疏导等。又如，市场监督管理部门在报纸上发布某些产品不合格的警示。选项B不当选，行政奖励，是指行政机关对为国家和社会作出一定贡献的行政相对人给予物质、精神奖励的行政行为。授予A级纳税人称号，属于行政奖励的范畴。选项D不当选，行政协议，是指行政机关为实现公共利益或者行政管理目标，因行使行政职权或者在行使行政职权过程中，与公民、法人或者其他组织协商订立的具有行政法上权利义务内容的协议。如政府特许经营协议、土地房屋征收补偿协议等均属于行政协议。

1.14 【斯尔解析】 A 本题考查行政程序法的基本制度。选项A当选，教示制度，是指行政机关对行政相对人正式作出某种不利决定时，应当将有关法律救济权利事项明确地告知，教引行政相对人如何获得法律救济的一种行政程序法律制度。

1.15 【斯尔解析】 B 本题考查政府信息公开制度。选项A不当选，选项B当选，涉及个人隐私的政府信息，行政机关不得公开，但是经权利人同意公开的，可以予以公开，意味着，涉及个人隐私的政府信息，政府不能直接作出不予公开的决定，应当先征求所涉个人的意见，所涉个人同意公开的应当公开，所涉个人不同意公开的，再作出不予公开的决定。选项C不当选，行政机关收到政府信息公开申请，能够当场答复的，应当当场予以答复；不能当场答复的，应当自收到申请之日起20个工作日内予以答复；特殊情况下可以延长答复期限的，延长期限最长不得超过20个工作日。因此，县政府不予公开的决定的作出时限最长为收到申请后的40个工作日内。选项D不当选，行政机关依申请提供政府信息，不收取费用，但是，申请人申请公开政府信息的数量、频次明显超过合理范围的，行政机关可以收取信息处理费。

二、多项选择题

1.16 【斯尔解析】 **BC** 本题考查行政法基本原则。选项BC当选，"行政裁量行为""行政裁量权""符合自然规律和社会理性""考虑相关因素"体现行政合理性原则。选项ADE不当选，"应当告知""应当说明理由"体现行政处罚在程序上应当合法，"应当有法律依据"体现"有法可依"，上述均属于合法性原则的体现。

1.17 【斯尔解析】 **ABC** 本题考查行政法的渊源。税种的设立（选项A当选）、税率的确定（选项B当选）和税收征收管理（选项C当选）等税收基本制度，只能由法律规定。

1.18 【斯尔解析】 **BDE** 本题考查行政主体的特征。选项A不当选，任何个人，包括国家机关工作人员，都不能成为行政主体。选项B当选，市、县级人民政府有权作出国有土地上房屋征收决定，因此成为房屋征收行政主体。选项C不当选，受委托的组织不是行政主体，只能以委托机关的名义实施行政行为，而不能以自己的名义实施。选项D当选，原则上行政机关内设机构不得成为行政主体，但某些内设机构经法律、法规授权可以成为行政主体。内部机构与内设机构含义基本相同，故选项D表述"行政机关内部机构在特定情形下可以成为行政主体"当属正确。选项E当选，经法律、法规授权行使一定行政职权的特定组织，也是行政主体。

1.19 【斯尔解析】 **ABCD** 本题考查行政职权的内容。行政职权大致包括以下内容：（1）行政立法权（选项B当选）。（2）行政解释权（选项A当选）。（3）行政决定权。（4）行政许可权。（5）行政命令权。（6）行政执行权（选项C当选）。（7）行政监督检查权（选项D当选）。（8）行政强制权。（9）行政处罚权。（10）行政司法权。选项E不当选，行政职权作为行政权的法律表现形式，除具有权力的一般属性，如强制性、命令性、执行性等外，还具有公益性、优益性、支配性和不可自由处分性的特征，因此，行政优益权属于行政职权的特征。

1.20 【斯尔解析】 **AC** 本题考查行政主体。选项AC当选，选项BDE不当选，行政机构分为内设机构和派出机构，税务所属于税务机关的派出机构，而非派出机关，是法律、法规授权的组织，属于授权行政主体，而非职权行政主体。

1.21 【斯尔解析】 **ABCE** 本题考查行政主体。选项D不当选，消费者权益保护法授权消费者协会对商品和服务进行监督、检查，受理消费者投诉并对投诉事项进行调查、调解等。因此消费者协会属于经法律、法规授权的组织（授权行政主体），并非受市监局委托的组织，成为行政主体。此外，行政机关委托的组织，本身不具有行政主体资格。选项ABCE所述正确，当选。

1.22 【斯尔解析】 **BE** 本题考查行政行为的特征。行政行为具有从属法律性（选项E当选）、裁量性（选项A不当选）、单方意志性（选项B当选）、效力先定性（选项C不当选）和强制性等特点。选项D不当选，意思自治属于民法基本原则，非行政行为的特征。

1.23 斯尔解析 **ABCD** 本题考查行政行为的效力。选项ABCD当选，一般来说，行政行为具有确定力、拘束力、公定力、执行力。

1.24 斯尔解析 **BCE** 本题考查行政立法主体。选项BCE当选，行政立法主体包括国务院，国务院各部、各委员会，审计署、中国人民银行、国务院直属机构，省、自治区、直辖市人民政府，省、自治区人民政府所在地的市的人民政府，国务院批准的较大的市的人民政府，设区的市、自治州的人民政府，经济特区所在地的市的人民政府。选项AD不当选，各级人民代表大会及其常务委员会属于权力机关，其根据宪法规定行使国家立法权，不属于行政立法。

1.25 斯尔解析 **BCD** 本题考查行政程序法的基本原则与基本制度。选项A不当选，行政许可法和行政处罚法，分别要求有关行政处罚、行政许可的规定应当公布，未经公布的不得作为实施行政处罚、行政许可的依据，这体现了公开原则。选项B当选，价格法要求，制定关系群众切身利益的公用事业价格、公益性服务价格、自然垄断经营的商品价格等政府指导价、政府定价，应当建立听证会制度。选项C当选，催告制度首次在行政强制法中得以确立，行政强制法中的催告制度主要体现在行政机关自行强制执行的催告、代履行的催告、申请人民法院强制执行的催告三个方面。选项E不当选，行政处罚法规定，听证结束后，行政机关应当根据听证笔录，依法作出决定。此为行政案卷制度的体现。选项D所述正确。

第二章 行政许可法律制度
答案与解析

做经典

一、单项选择题

| 2.1 | C | 2.2 | B | 2.3 | C | 2.4 | B | 2.5 | D |
| 2.6 | B | 2.7 | A | 2.8 | C | 2.9 | C | 2.10 | A |

二、多项选择题

| 2.11 | DE | 2.12 | ABCD | 2.13 | BE | 2.14 | AD | 2.15 | CE |
| 2.16 | BCE | 2.17 | AB | 2.18 | ABCD |

一、单项选择题

2.1 【斯尔解析】**C** 本题考查行政许可与相关概念的区分。选项A不当选，相对人提出申请是颁发行政许可的前提条件，行政机关依法审查后决定是否准予许可。选项B不当选，行政机关的内部管理审批行为不是基于对外履行社会管理法定职权而作出的，不属于行政许可的范畴。有关行政机关对其他机关或者对其直接管理的事业单位的人事、财务、外事等事项的审批，不适用行政许可法。选项D不当选，收养登记属于行政确认，不属于行政许可。选项C所述正确。

2.2 【斯尔解析】**B** 本题考查行政许可的基本原则。选项B当选，信赖保护原则的基本含义是，行政相对人基于行政机关的行为或承诺所形成的正当期待所产生的信赖利益，应当予以法律保护，行政机关不得擅自改变已经生效的行政行为，确需改变的，由此给相对人造成的损失应当予以补偿。对于信赖保护原则，题干中所示关键词为"补偿"，请大家注意识别。

2.3 【斯尔解析】**C** 本题考查行政许可设定方向。选项ABD不当选，公民、法人或者其他组织能够自主决定的，如涉及人格权（包括个人隐私）、通信秘密、婚姻自主权等活动，完全不应当经过许可。有些权利可能对社会和他人造成权益侵害，但可以通过事后赔偿和承担其他民事责任方式予以补救，如订立合同等行为，也不必经过许可。选项C当选，直接关系公共安全、人身健康、生命财产安全的重要设备、设施、产品、物品，需要按照技术标准、技术规范，通过检验、检测、检疫等方式进行审定的事项，可设定行政许可。家用电器的检验、屠宰生猪的检疫就属于此类。

2.4 🔍斯尔解析 **B** 本题考查行政许可的设定权。行政许可设定权体系如下：（1）法律可以设定行政许可，全国人民代表大会及其常务委员会制定的法律是确定适用行政许可的主要依据。（2）尚未制定法律的，行政法规可以设定行政许可；必要时，国务院可以采用发布决定的方式设定行政许可。（3）尚未制定法律、行政法规的，地方性法规可以设定行政许可。（4）尚未制定法律、行政法规和地方性法规，因行政管理的需要，确需立即实施行政许可的，省、自治区、直辖市人民政府规章可以设定临时性的行政许可（选项B当选）。（5）除上述文件之外，其他规范性文件一律不得设定行政许可。选项ACD不当选，财政部制定的规章、县级人民政府的决定、国家税务总局制定的税收规范性文件均不得设定行政许可。

提示：部门规章一律不得设定行政许可。

2.5 🔍斯尔解析 **D** 本题考查税务行政许可的分类。选项D当选，目前，税务行政许可事项仅保留增值税专用发票（增值税税控系统）最高开票限额审批。选项ABC不当选，延期缴纳税款、延期申报、变更纳税定额的核准以及采取实际利润额预缴以外的其他企业所得税预缴方式的核定，由行政许可事项调整为其他权力事项，简化事项办理程序。

2.6 🔍斯尔解析 **B** 本题考查行政许可的设定与实施。选项B当选，受委托行政机关不具有行政主体资格，其应当在委托范围内，以委托行政机关的名义实施行政许可。

2.7 🔍斯尔解析 **A** 本题考查税务行政许可受理程序。选项A当选，若申请人提交的申请材料不齐全或者不符合法定形式的，应当当场或者在5日内一次告知申请人需要补正的全部内容，逾期不告知的，自收到申请材料之日起即为受理。

2.8 🔍斯尔解析 **C** 本题考查税务行政许可的撤销与注销。选项C当选，选项D不当选，行政许可的撤销是因为许可存在瑕疵，即该许可一开始就不应该存在，所以行政机关依法取消已作出并已开始生效的行政许可行为的效力，使其从成立时起就丧失效力，从而恢复到许可作出之前的状态的行为。选项AB不当选，行政许可的注销，是依法消灭已颁发的行政许可证件之效力的行为，是由于许可的实质效力已不在而依法取消该许可的形式效力的行为。行政许可有效期届满未延续、因不可抗力导致行政许可事项无法实施这两类情形都不属于行政许可有瑕疵，所以行政机关应当"注销"该许可。

提示：

（1）行政许可的撤回，本质是"证没问题"，只是根据当下的情况，该许可不适宜继续存在了。具体包括两种情况：①许可所依据的规范被修改或废止；②许可所依据的客观情况发生重大变化。

（2）行政许可的撤销，本质是一种"纠错行为"，即本不该"发证"，却错误地"发证"；无论是哪一方的错误，错误都应当被改正，改正方式即撤销已经生效的许可（除非撤销会损害公共利益）。

（3）行政许可的注销，是依法消灭已颁发的行政许可证件之效力的行为，是由于许可的实质效力已不在而依法取消该许可的形式效力的行为。注销只是手续办理问题，它与颁发许可相对应，该许可或有瑕疵，或无瑕疵。注销属于程序性行为。

2.9 【斯尔解析】 **C** 本题考查行政许可的注销。行政机关应当依法办理行政许可注销手续的情形有：（1）行政许可有效期届满未延续的。（2）赋予公民特定资格的行政许可，该公民死亡或者丧失行为能力的（选项B不当选）。（3）法人或者其他组织依法被终止的。（4）行政许可依法被撤销、撤回，或者行政许可证件依法被吊销的（选项AD不当选）。（5）因不可抗力导致行政许可事项无法实施的。（6）法律法规规定的应当注销行政许可的其他情形。选项C当选，被许可人申请延续行政许可，行政机关逾期未作决定的，视为准予延续，无须办理注销手续。

2.10 【斯尔解析】 **A** 本题考查行政许可的撤回。选项A当选，行政许可所依据的法律、法规、规章修改或者废止，或者准予行政许可所依据的客观情况发生重大变化，为了公共利益的需要，行政机关可以依法"撤回"已经生效的行政许可。

提示：行政许可撤回主要是因为"依据没了""情况变了"，也就是说这项许可本身没有问题，只是外部环境变了，导致许可不能适应当下的环境了；而"撤销"不是环境变了，而是许可本身出了问题。

二、多项选择题

2.11 【斯尔解析】 **DE** 本题考查行政许可的设定权。地方性法规和省级政府规章这两类"地方性文件"，虽然都可以按照规定设定行政许可，但是，有四项"不得"：（1）不得设定应当由国家统一确定的公民、法人或者其他组织的资格、资质的行政许可（选项D当选）。（2）不得设定企业或者其他组织的设立登记及其前置性行政许可（选项B不当选）。（3）不得限制其他地区的个人或者企业到本地区从事生产经营和提供服务。（4）不得限制其他地区的商品进入本地区市场（选项C不当选）。部门规章一律不得设定行政许可（选项A不当选）。选项E当选，行政许可的设定不能"以下犯上"，即上位法有设定的，下位法不能增设，只能在上位法设定的范围内作出具体规定。

2.12 【斯尔解析】 **ABCD** 本题考查税务行政许可。选项A当选，各级税务机关下属的事业单位一律不得实施行政许可。选项B当选，可以实施行政许可的首先得是行政主体，司法机关不是行政机关，不具有行政主体资格，不能实施行政许可。选项C当选，受委托行政机关不得委托其他组织或个人实施行政许可。选项D当选，除法律、法规、规章另有规定外，税务机关不得委托其他行政机关实施税务行政许可。选项E不当选，经国务院批准，省、自治区、直辖市人民政府根据精简、统一、效能的原则，可以决定一个行政机关行使有关行政机关的行政许可权。

2.13 【斯尔解析】 **BE** 本题考查行政许可的实施程序。选项A不当选，行政机关在申请阶段负有"八项公示"义务，申请人对公示内容有疑问，要求行政机关对公示内容予以说明、解释的，行政机关应当说明、解释并提供准确、可靠的信息，而非"视情况决定"。选项B当选，行政机关应当对申请人提交的申请材料进行形式审查和实质审查，形式审查包括材料是否齐全以及形式是否合法，实质审查包括内容是否真实合法。选项C不当选，不予许可的决定适用于经审查后发现申请人"条件不够",相当于"审查了,没通过",而申请人申请许可的事项不属于本机关职权范围的,应当即时作出不予受理的决定,并告知其向有权机关申请,而不是不予许可。选项D不当选,在审查方式上,原则上书面审查;如果需要对申请材料的实质内容进行核实,也可以进行实地核查,但是应当指派2名以上工作人员进行。选项E当选,行政机关提供行政许可申请书格式文本不得收费。

2.14 **斯尔解析** **AD** 本题考查行政许可听证程序。选项A当选,选项B不当选,行政许可听证程序有关的时间包括提出听证申请应当在被告知听证权利之日起5日内,行政机关应当在收到听证申请后20日内组织听证,并于举行听证的7日前将举行听证的时间、地点通知申请人、利害关系人。选项C不当选,回避制度要求审查该许可申请的工作人员不能担任听证主持人。选项D当选,行政机关应当根据听证笔录,作出行政许可决定。选项E不当选,申请人、利害关系人不承担行政机关组织听证的费用。

2.15 **斯尔解析** **CE** 本题考查行政许可的程序。选项A不当选,行政许可依法由地方人民政府两个以上部门分别实施的,本级人民政府可以确定一个部门受理行政许可申请并转告有关部门分别提出意见后统一办理,或者组织有关部门联合办理、集中办理,并非"必须"联合办理。选项B不当选,申请材料不齐全或者不符合法定形式的,能当场告知则当场告知,不能当场告知的,在5日内一次告知申请人需要补正的全部内容,并非"必须"当场告知。选项C当选,行政许可直接涉及申请人与他人之间重大利益关系的,行政机关在作出行政许可决定前,应当告知申请人、利害关系人享有要求听证的权利,利害关系人有申请听证的权利,故化工厂附近居民有权申请听证。选项D不当选,行政机关工作人员滥用职权、玩忽职守作出准予行政许可决定的,作出行政许可决定的行政机关或者其上级行政机关,根据利害关系人的请求或者依据职权,可以撤销行政许可,而非应当予以撤销。选项E当选,被许可人以欺骗、贿赂等不正当手段取得行政许可的,行政机关应当依法给予行政处罚。

2.16 **斯尔解析** **BCE** 本题考查税务行政许可的程序。选项A不当选,对不能当即办理的税务行政许可事项,先出具受理书(《税务行政许可受理通知书》),审查完毕之后再出具决定书(《准予税务行政许可决定书》);能当即办理的,出于效率原则的考虑,不再出具受理书,直接出具决定书即可。选项B当选,出于便民原则的考虑,有条件的申请人,可以以书面形式上门递交申请,也可以采用现代化通信手段(电子数据等)。选项C当选,税务行政许可的实施按照法律、法规、规章执行。法律、法规、规章没有规定的,省税务机关可以在本机关管理权限内作出补充规定。选项D不当选,代办转报一般应当在5个工作日内完成。选项E当选,申请人可以委托代理人提出申请,税务机关不得拒绝受理。

2.17 **斯尔解析** **AB** 本题考查行政许可的期限和费用制度。选项A当选,行政许可的"不得收费",包括"绝对不得"和"相对不得"。行政机关提供申请书格式文本,绝对不得收费。选项CE不当选,行政机关实施行政许可以及对行政许可事项进行监督检查,不得收取任何费用,但是,法律、行政法规(不含规章、地方性法规等)另有规定的,依照其规定,也就是说法律和行政法规可以对行政许可收费作例外规定,但是其他规范性文件不可以。选项D不当选,一般的行政许可事项,不能当场决定的情况下,期限应当是

"20+10",即行政机关应自受理行政许可申请之日起20日内作出行政许可决定,20日内不能作出决定的,经本机关负责人批准,可以延长10日。选项B当选,作出行政许可的期限不含听证、招标、拍卖、检验、检测、检疫、鉴定和专家评审所需的时间。

2.18 斯尔解析 **ABCD** 本题考查行政许可的注销。行政机关应当依法办理行政许可注销手续的情形有:(1)行政许可有效期届满未延续的(选项A当选)。(2)赋予公民特定资格的行政许可,该公民死亡或者丧失行为能力的(选项D当选)。(3)法人或者其他组织依法被终止的。(4)行政许可依法被撤销、撤回,或者行政许可证件依法被吊销的(选项BC当选)。(5)因不可抗力导致行政许可事项无法实施的。(6)法律法规规定的应当注销行政许可的其他情形。选项E不当选,申请变更行政许可的范围无须办理行政许可的注销。

第三章 行政处罚法律制度
答案与解析

做经典

一、单项选择题

3.1	D	3.2	C	3.3	D	3.4	A	3.5	D
3.6	C	3.7	D	3.8	C	3.9	D	3.10	D
3.11	A	3.12	B	3.13	A	3.14	D	3.15	C
3.16	D	3.17	A	3.18	C

二、多项选择题

| 3.19 | BC | 3.20 | BE | 3.21 | CD | 3.22 | AE | 3.23 | ABC |
| 3.24 | CDE | 3.25 | ACDE |

一、单项选择题

3.1 【斯尔解析】 **D** 本题考查行政处罚的基本原则。选项D当选，"无救济即无处罚"的含义是，如果没有救济措施（保障自己权利的措施），也不应该存在行政处罚。换句话说，既然存在行政处罚这种会影响相对人权益的行政行为，就应当充分保障相对人的权益，比如陈述申辩的权利、申请复议以及提起诉讼的权利以及申请赔偿的权利。因此，保障相对人权益原则又叫"无救济即无处罚"原则。

提示：若题干中出现"不得以罚代刑或以教代罚"，则体现了"处罚与教育相结合原则"。

3.2 【斯尔解析】 **C** 本题考查行政处罚的分类。选项C当选，加处罚款属于行政强制执行。选项ABD不当选，其所述情形均为行政处罚。

提示：需注意区分罚款与加处罚款。加处罚款可理解为在原有罚款的基础上为了促使相关人员尽快缴纳罚款而加处的部分。罚款属于行政处罚，加处罚款属于行政强制执行。

3.3 🅢斯尔解析　D　本题考查税务行政处罚的种类。税务行政处罚主要包括：（1）罚款。（2）没收违法所得。（3）停止出口退税权（选项D当选）。（4）吊销税务行政许可证件。选项AC不当选，税务机关作出的责令限期改正不是税务行政处罚，而是一种行政命令，责令限期改正形式包括责令停止税收违法行为、责令改正税收违法行为、责令限期进行纳税调整等。选项B不当选，责令关闭属于一般行政处罚，不属于税务行政处罚。

3.4 🅢斯尔解析　A　本题考查行政处罚设定权。选项A当选，法律可以设定各种行政处罚；行政法规可以设定除限制人身自由以外的行政处罚；地方性法规可以设定除限制人身自由、吊销营业执照以外的行政处罚；规章只能设定警告、通报批评、一定数额罚款的行政处罚。在本题各选项中，仅法律有权设定限制人身自由的行政处罚。

提示：行政许可和行政处罚的设定权对比如下。

规范性文件	行政许可	行政处罚
法律	√	√
行政法规	√	√除（自由）
地方性法规	√	√除（自由+吊照）
部门规章	×	√只（警通罚）
地方政府规章	√（省级+临时）	√只（警通罚）
国务院决定	√	×

3.5 🅢斯尔解析　D　本题考查行政处罚设定权。选项A不当选，地方性法规可以设定除限制人身自由、吊销营业执照以外的行政处罚。选项B不当选，国务院部门规章可以在法律、行政法规规定的给予行政处罚的行为、种类和幅度的范围内作出具体规定。尚未制定法律、行政法规的，国务院部门规章对违反行政管理秩序的行为，可以设定警告、通报批评或者一定数额罚款的行政处罚。罚款的限额由国务院规定。选项C不当选，行政法规可以设定除限制人身自由以外的行政处罚。选项D当选，地方规章可以设定警告、通报批评或者一定数额罚款的行政处罚。

3.6 🅢斯尔解析　C　本题考查行政处罚实施主体。选项A不当选，受委托组织在委托的范围内以委托机关的名义实施行政处罚（不得再委托）。选项B不当选，委托行政机关对受委托组织实施行政处罚行为进行监督并承担法律责任。选项D不当选，委托行政机关和受委托组织应当将委托书向社会公布。

3.7 🅢斯尔解析　D　本题考查行政处罚的管辖。选项D当选，行政处罚原则上由违法行为发生地的行政机关管辖，但是海关行政处罚可以由发现违法行为的海关管辖，也可以由违法行为发生地海关管辖。

3.8 🅢斯尔解析　C　本题考查行政处罚的实施。选项C当选，违法行为构成犯罪，人民法院判处拘役或者有期徒刑时，行政机关已经给予当事人行政拘留的，应当依法折抵相应刑期。选项A不当选，行政处罚无效情形包括：（1）行政处罚没有依据或者实施主体不具有行政主体资格的，行政处罚无效。（2）违反法定程序构成重大且明显违法的，行政处罚无效。

3.9 【斯尔解析】 D 本题考查行政处罚的追究时效。选项D当选，连续状态，是指行为人基于同一个违法故意，连续实施数个独立的同一种类的行政违法行为。

3.10 【斯尔解析】 D 本题考查不予行政处罚的情形。选项D当选，当事人有证据足以证明自己没有主观过错的，不予行政处罚。法律、行政法规另有规定的，从其规定。根据规定，依法应当从轻或减轻行政处罚的情况有：（1）已满14周岁不满18周岁的未成年人有违法行为的。（2）主动消除或减轻违法行为危害后果的（选项B不当选）。（3）受他人胁迫或者诱骗有违法行为的。（4）主动供述行政机关尚未掌握的违法行为的（选项A不当选）。（5）配合行政机关查处违法行为有立功表现的（选项C不当选）。（6）法律、法规、规章规定其他应当从轻或者减轻行政处罚的。（7）尚未完全丧失辨认或者控制自己行为能力的精神病人、智力残疾人有违法行为的。

提示：关于不予行政处罚、可以不予行政处罚情形的总结。

①不予行政处罚的情形：

a.不满14周岁的未成年人有违法行为的。

b.精神病人、智力残疾人在不能辨认或者不能控制自己行为时有违法行为的。

c.违法行为轻微并及时纠正，没有造成危害后果的。

d.当事人有证据足以证明没有主观过错的。

②可以不予行政处罚的情形：

初次违法且危害后果轻微并及时改正的。

3.11 【斯尔解析】 A 本题考查行政处罚听证程序的适用。行政处罚听证程序的适用范围包括：（1）较大数额罚款。（2）没收较大数额违法所得、没收较大价值非法财物。（3）降低资质等级、吊销许可证件（选项A当选）。（4）责令停产停业、责令关闭、限制从业。（5）其他较重的行政处罚。（6）法律、法规、规章规定的其他情形。选项BCD不当选，注销许可证、责令召回、强制隔离都不属于行政处罚，当然不能适用行政处罚听证程序。

3.12 【斯尔解析】 B 本题考查税务行政处罚听证程序的适用范围。税务行政处罚听证程序的适用范围包括：（1）较大数额的罚款（对公民作出2 000元以上罚款，或者对法人或者其他组织作出1万元以上罚款的行政处罚）。（2）没收较大数额违法所得。（3）吊销税务行政许可证件。选项A不当选，吊销税务行政许可证件既属于行政处罚，又适用听证程序。选项B当选，停止出口退税权属于税务行政处罚的种类，但是不适用听证程序。选项CD不当选，通知有关部门阻止出境和取消一般纳税人资格均不属于行政处罚。

3.13 【斯尔解析】 A 本题考查行政处罚的决定程序。选项A当选，选项C不当选，行政处罚听证程序的适用范围包括：（1）较大数额罚款。（2）没收较大数额违法所得、没收较大价值非法财物。（3）降低资质等级、吊销许可证件。（4）责令停产停业、责令关闭、限制从业。（5）其他较重的行政处罚。（6）法律、法规、规章规定的其他情形。综上，听证程序并非适用于所有行政处罚案件。选项B不当选，简易程序也称当场处罚程序，当场处罚程序出于方便快捷的考虑，可以省略立案阶段，所以立案属于普通程序的必经阶段，但并非简易程序的必经阶段。选项D不当选，财政部门不得以任何形式向作出行政处罚决定的行政机关返还罚款、没收的违法所得或者返还没收非法财物的拍卖款项。

3.14 【斯尔解析】 D 本题考查税务行政处罚听证程序。听证终止的情形主要包括：（1）当事人或者其代理人应当按照税务机关的通知参加听证，无正当理由不出席的，视为放弃听证权利，听证应当终止（选项A不当选）。（2）听证过程中，当事人或者其代理人无正当理由中途退出听证的，听证终止（选项B不当选）。选项C不当选，对应当进行听证的案件，税务机关不组织听证，行政处罚决定不能成立；当事人放弃听证权利或者被正当取消听证权利的除外。选项D当选，当事人要求听证符合条件的，税务机关应当在收到当事人听证申请后15日内举行听证。

提示：行政许可和行政处罚听证程序的对比如下。

项目	行政许可	一般行政处罚	税务行政处罚
启动	依职权/依申请	依申请	依申请
适用	（1）依职权： ①法律、法规、规章规定应举行听证的事项。 ②涉及公共利益的重大事项。 （2）依申请： 涉及他人重大利益的事项	（1）较大数额罚款。 （2）没收较大数额违法所得、没收较大价值非法财物。 （3）降低资质等级、吊销许可证件。 （4）责令停产停业、责令关闭、限制从业。 （5）其他较重的行政处罚。 （6）法律、法规、规章规定的其他情形	（1）较大数额的罚款案件。 （2）没收较大数额违法所得案件。 （3）吊销税务行政许可证件
举行	应公开举行	应公开举行，涉及国家秘密、商业秘密、个人隐私的除外	
时间	"5207" （1）"民"被告知权利起5日内申请。 （2）"官"收到申请20日内组织。 （3）"官"举行听证7日前通知	"57" （1）"民"被告知权利起5日内提出。 （2）"官"举行听证7日前通知	"5157" （1）"民"被告知权利起5个工作日内提出。 （2）"官"收到申请后15日内组织。 （3）"官"举行听证7日前通知
回避	审查人员不能主持	调查人员不能主持	
笔录	行政机关应当根据听证笔录，作出决定	行政机关应当根据听证笔录，依法作出决定	

3.15 【斯尔解析】 C 本题考查行政处罚简易程序。选项AB不当选，行政处罚简易程序的适用条件：（1）违法事实清楚。（2）有法定依据。（3）数额较小的罚款或警告。需要注意的是，所谓"数额较小的罚款"指对公民处200元以下、对法人或其他组织处3 000元以下的罚款。选项D不当选，简易程序中制作的行政处罚决定书由执法人员签名或者盖章。

第三章 行政处罚法律制度 | 答案与解析

3.16 【斯尔解析】 **D** 本题考查行政处罚的执行程序。选项A不当选，依法给予100元以下的罚款，作出处罚决定的行政机关或其他组织及其执法人员可以自行收缴罚款。选项B不当选，行政机关及其执法人员当场收缴罚款的，必须向当事人出具省、自治区、直辖市财政部门统一制发的罚款收据。选项C不当选，财政部门不得以任何形式向作出行政处罚决定的行政机关返还罚款、没收违法所得或者没收非法财物拍卖的款项。

3.17 【斯尔解析】 **A** 本题考查行政执法机关移送涉嫌犯罪案件的规定。选项A当选，公安机关对行政执法机关移送的涉嫌犯罪案件，不属于公安机关管辖的，应当在24小时内转送有管辖权的机关，并书面告知移送机关。选项B不当选，公安机关对行政执法机关移送的涉嫌犯罪案件，应当予以受理，并在涉嫌犯罪案件移送书回执上签字。选项CD不当选，材料不全的，应当在接受案件的24小时内书面告知移送机关在3日内补正，而不能以材料不全为由不接受移送。

3.18 【斯尔解析】 **C** 本题考查税收违法行为及处罚措施。选项C当选，非法印制发票的，由税务机关销毁非法印制的发票，没收违法所得和作案工具，并处1万元以上5万元以下的罚款；构成犯罪的，依法追究刑事责任。

二、多项选择题

3.19 【斯尔解析】 **BC** 本题考查行政处罚的设定权。选项BC当选，部门规章和地方政府规章可以设定警告、通报批评或者一定数额罚款的行政处罚，不得设定其他种类的行政处罚。

3.20 【斯尔解析】 **BE** 本题考查行政处罚的适用。选项A不当选，从年龄上来说，已满14周岁不满18周岁的人有违法行为的，应当依法从轻或减轻处罚，而非"不予处罚"。从"初次"来说，不考虑年龄，初次违法"且"危害后果轻微"并"及时改正的，可以不予行政处罚，而非"只要初次就不予处罚"。选项B当选，不满14周岁的人有违法行为的，不予处罚。选项C不当选，行政处罚法规定，违法行为在2年内未被发现的，不再给予行政处罚，法律另有规定的除外。选项D不当选，"一事不二罚"原则要求，对当事人的同一个违法行为，"不得"给予两次以上罚款的行政处罚。选项E当选，违法行为轻微并及时纠正，没有造成危害后果的，不予处罚。

3.21 【斯尔解析】 **CD** 本题考查税务行政处罚听证程序的适用范围。其包括：（1）较大数额的罚款，即税务机关对公民作出2 000元以上罚款或者对法人或者其他组织作出1万元以上罚款的行政处罚（选项B不当选，选项C当选）。（2）没收较大数额违法所得。（3）吊销税务行政许可证件（选项D当选）。选项AE不当选，停止出口退税权、没收违法所得均属于税务行政处罚但不适用听证程序。

3.22 【斯尔解析】 **AE** 本题考查行政处罚的决定程序。选项A当选，暂扣许可证件属于行政处罚。选项B不当选，"一事不二罚"要求对当事人的同一个违法行为不得给予两次以上罚款的行政处罚，但是罚款加其他种类的行政处罚并不违反该原则。选项C不当选，对于数额较小的罚款或者警告处罚可以适用简易程序，所谓"数额较小的罚款"指对公民处200元以下、对法人或其他组织处3 000元以下的罚款，本案中罚款3万元不能适用简易程序。选项D不当选，选项E当选，听证程序适用范围是：（1）较大数额罚款。（2）没收较大数额

· 17 ·

违法所得、没收较大价值非法财物。（3）降低资质等级、吊销许可证件。（4）责令停产停业、责令关闭、限制从业。（5）其他较重的行政处罚。（6）法律、法规、规章规定的其他情形。

提示：吊销许可证件适用听证程序，但是暂扣许可证件不属于法定听证范围。

3.23 〔斯尔解析〕 **ABC** 本题考查行政处罚当场收缴罚款的程序。选项A当选，行政机关及其执法人员当场收缴罚款的，必须向当事人出具省级（省、自治区、直辖市）财政部门统一制发的罚款收据。选项B当选，当场作出行政处罚决定也就是行政处罚的简易程序，简易程序的一个特点就是"当场制作，当场交付"。选项C当选，选项D不当选，非当场收缴的罚款，当事人应当自收到处罚决定书之日起15日内，到指定的银行或者通过电子支付系统缴纳罚款；而当场收缴的罚款，执法人员应当自收缴之日起2日内，交至行政机关，由行政机关在2日内将罚款缴付指定的银行。选项E不当选，"较大数额的罚款"适用听证程序，而当场罚款当场收缴适用于较小金额的罚款，不可能适用听证程序。

3.24 〔斯尔解析〕 **CDE** 本题考查税收违法行为及其处罚措施。选项A不当选，其所述情形不属于偷税，偷税是指纳税人伪造、变造、隐匿、擅自销毁账簿、记账凭证，或者在账簿上多列支出或者不列、少列收入，或者经税务机关通知申报而拒不申报或者进行虚假的纳税申报，不缴或者少缴应纳税款，选项A中仅表述为"不进行纳税申报"不够严谨。选项B不当选，对纳税人偷税，由税务机关追缴其不缴或者少缴的税款、滞纳金，并处不缴或者少缴的税款50%以上5倍以下的罚款。

3.25 〔斯尔解析〕 **ACDE** 本题考查税务行政处罚的裁量规则。选项A当选，税务机关在作出行政处罚决定前，应当告知当事人作出行政处罚决定的事实、理由、依据及拟处理结果，并告知当事人依法享有的权利。选项B不当选，选项E当选，"一事不二罚"原则要求有二：（1）对当事人的同一个违法行为不得给予两次以上"罚款"的行政处罚；（2）当事人同一个违法行为违反不同行政处罚规定且均应处以罚款的，应当选择适用处罚较重的条款。选项CD当选，对情节复杂、争议较大、处罚较重、影响较广或者拟减轻处罚等税务行政处罚案件，应当经过集体审议决定。

做新变

一、单项选择题

3.26 ▶ B

二、多项选择题

3.27 ▶ ACD

一、单项选择题

3.26 【斯尔解析】 B 本题考查纳税人违反发票管理规定的违法行为及其处罚规定。选项A不当选，对违反发票管理规定两次以上或者情节严重的单位和个人，税务机关可以向社会公告。选项B当选，选项CD不当选，税务机关对违反发票管理法规的行为依法进行处罚的，由县级以上税务机关决定；罚款额在2000元以下的，可由税务所决定。

二、多项选择题

3.37 【斯尔解析】 ACD 本题考查行政处罚的适用之从轻或减轻处罚。根据行政处罚法的规定，依法应当从轻或减轻行政处罚的情况有：（1）已满14周岁不满18周岁的未成年人有违法行为的（选项D当选）。（2）主动消除或减轻违法行为危害后果的（选项A当选）。（3）受他人胁迫或者诱骗有违法行为的。（4）主动供述行政机关尚未掌握的违法行为的。（5）配合行政机关查处违法行为有立功表现的。（6）尚未完全丧失辨认或者控制自己行为能力的精神病人、智力残疾人有违法行为的，可以从轻或者减轻行政处罚（选项C当选）。（7）法律、法规、规章规定其他应当从轻或者减轻行政处罚的。选项BE不当选，属于不予处罚情形。

第四章 行政强制法律制度 答案与解析

一、单项选择题

4.1 B　4.2 D　4.3 A　4.4 B　4.5 A
4.6 C　4.7 C　4.8 C　4.9 B　4.10 D
4.11 B

二、多项选择题

4.12 ABDE　4.13 AC　4.14 BC　4.15 AB　4.16 BDE
4.17 AB　4.18 CDE　4.19 AE　4.20 ACD

一、单项选择题

4.1 【斯尔解析】B　本题考查行政强制措施的种类。行政强制措施是对行政相对人的人身或财物实施的暂时性控制，包括：（1）限制公民人身自由。（2）查封场所、设施或者财物。（3）扣押财物（选项B当选）。（4）冻结存款、汇款。（5）其他，如证据先行登记保存、交通管制、强制进入场所、通信管制等。选项AC不当选，强制拆除、强制清除所达成的是一种终局性的状态，不是暂时性的控制，该情形被称为代履行，属于行政强制执行。选项D不当选，加处罚款属于间接强制执行，是为了迫使行政相对人履行既有的行政罚款的决定而实施。

4.2 【斯尔解析】D　本题考查行政强制执行的方式。行政强制执行包括：（1）加处罚款或者滞纳金。（2）划拨存款、汇款。（3）拍卖或者依法处理查封、扣押的场所、设施或者财物（选项C不当选）。（4）排除妨碍、恢复原状（选项B不当选）。（5）代履行。（6）其他，如强制履行兵役、强制收购、强制教育等（选项A不当选）。选项D当选，查封场所、设施或者财物属于行政强制措施。

4.3　斯尔解析　A　本题考查行政强制的设定。选项A当选，法律可以设定行政许可、行政处罚以及行政强制，基本不受限制。选项B不当选，限制公民人身自由和冻结存款、汇款的行政强制措施是法律保留事项，只能由法律设定。选项CD不当选，行政强制执行对行政相对人人身和财产的影响最直接，只能由法律设定。

4.4　斯尔解析　B　本题考查查封、扣押。选项A不当选，对于违法行为情节显著轻微或者没有明显社会危害的情况，行政机关"可以不"采取行政强制措施，而不是"不得"。选项C不当选，行政强制措施不得委托。选项D不当选，行政强制措施应当由行政机关具备资格的行政执法人员实施，其他人员不得实施。

4.5　斯尔解析　A　本题考查冻结。选项A当选，已被其他国家机关依法冻结的，不得重复冻结。选项B不当选，根据行政强制适当性的原则，查封、扣押、冻结的财物价值应当适当。选项C不当选，冻结存款汇款的，应当向金融机构交付冻结通知书，向当事人交付冻结决定书。选项D不当选，行政强制措施不得委托，且对冻结的要求更严格，只能由法律规定的行政机关实施。

4.6　斯尔解析　C　本题考查行政强制执行的实施。选项A不当选，在催告期间，对有证据证明有转移或者隐匿财物迹象的，行政机关可以作出立即强制执行决定。选项B不当选，行政机关实施行政强制执行，不得在夜间或者法定节假日实施，但是情况紧急的除外，并非一律不得在夜间或者法定节假日实施。选项D不当选，行政机关不得对居民生活采取停止供水、供电、供热、供燃气等方式迫使当事人履行相关行政决定。

4.7　斯尔解析　C　本题考查行政强制执行的实施。选项A不当选，选项C当选，行政强制执行可以适用执行和解协议，行政机关可以在不损害公共利益和他人合法权益的情况下，与当事人达成执行协议。选项B不当选，行政机关作出强制执行决定前，应当事先催告当事人履行义务。选项D不当选，法律、行政法规授权的具有管理公共事务职能的组织在法定授权范围内，以自己的名义实施行政强制执行。

提示：需要注意区分行政强制执行的设定权与实施。行政强制执行的设定权是指就行政强制执行的对象、条件、种类等作出规定的立法权力。只有法律有这种权利。行政强制执行的实施是指行政机关依法作出行政决定后，当事人在行政机关决定的期限内不履行义务的，依照行政强制法的规定强制执行。

4.8　斯尔解析　C　本题考查行政强制执行。选项A不当选，在强制执行阶段，罚款本金、税款本金、行政性收费本金不适用执行和解的减免规定。选项B不当选，执行协议可以约定分阶段履行，当事人采取补救措施的，可以减免加处的罚款或者滞纳金，而非应当减免。选项C当选，对违法的建筑物、构筑物、设施等需要强制拆除的，首先由行政机关予以公告，限期当事人自行拆除；当事人在法定期限内不申请行政复议或者提起行政诉讼，又不拆除的，行政机关可以依法强制拆除。选项D不当选，据以执行的行政决定被撤销的，行政机关应终结执行。

4.9　斯尔解析　B　本题考查执行和解程序。选项B当选，执行协议应当履行，当事人不履行执行协议的，行政机关应当恢复强制执行。

4.10　斯尔解析　D　本题考查代履行。选项A不当选，行政机关可以代履行，或者委托没有利害关系的第三人代履行。选项B不当选，代履行主要适用于行政机关作出依法要求当事人履行排除妨碍、恢复原状等义务的行政决定，不适用于金钱给付义务的决定。选项C不当选，代履行的费用由当事人承担，但法律另有规定的除外。选项D当选，代履行3日前，催告当事人履行，当事人履行的，停止代履行。

4.11　斯尔解析　B　本题考查申请人民法院强制执行。选项AD不当选，行政机关申请人民法院强制执行，不缴纳申请费。强制执行的费用由被执行人承担。人民法院以划拨、拍卖方式强制执行的，可以在划拨、拍卖后将强制执行的费用扣除。选项B当选，行政机关申请人民法院强制执行前，应当催告当事人履行义务。催告书送达10日后当事人仍未履行义务的，行政机关可以向人民法院申请强制执行。行政机关申请人民法院强制执行应当提供下列材料：（1）强制执行申请书。（2）行政决定书及作出决定的事实、理由和依据。（3）当事人的意见及行政机关催告情况。（4）申请强制执行标的情况（选项C不当选）。（5）法律、行政法规规定的其他材料。

二、多项选择题

4.12　斯尔解析　ABDE　本题考查行政强制的基本原则。行政强制基本原则包括：（1）行政强制合法性原则。（2）行政强制适当原则（选项D当选）。（3）教育与强制相结合原则（选项B当选）。（4）禁止利用行政强制权谋取利益原则（选项A当选）。（5）保障当事人程序权利和法律救济权利原则（选项E当选）。

4.13　斯尔解析　AC　本题考查行政强制的设定。选项A当选，选项BDE不当选，行政强制执行只能由法律设定；行政强制措施可由法律设定、行政法规设定、地方性法规设定。选项C当选，行政法规不可设定"限制公民人身自由、冻结存款、汇款"的强制措施，地方性法规只可设定"查封场所、设施或者财物"以及"扣押财物"的强制措施。

4.14　斯尔解析　BC　本题考查行政强制的实施。选项A不当选，冻结存款、汇款应当由法律规定的行政机关实施，不得委托给其他行政机关或者组织；其他任何行政机关或者组织不得冻结存款、汇款。选项B当选，行政强制措施由法律、法规规定的行政机关在法定职权范围内实施。实施行政强制措施不得委托。选项C当选，法律、行政法规授权的具有管理公共事务职能的组织在法定授权范围内，以自己的名义实施行政强制措施，适用行政强制法有关行政机关的规定。选项D不当选，查封、扣押应当由法律、法规规定的行政机关实施，其他任何行政机关或者组织不得实施。选项E不当选，行政强制措施应当由行政机关具备资格的行政执法人员实施，其他人员不得实施。

4.15　斯尔解析　AB　本题考查查封、扣押。选项A当选，行政强制措施应当由两名以上行政执法人员实施。选项B当选，实施行政强制措施应当当场告知当事人采取行政强制措施的理由、依据，以及当事人依法享有的权利、救济途径。选项C不当选，情况紧急，需要当场实施行政强制措施的，行政执法人员应当在"24小时"内向行政机关负责人报告，并补办批准手续，限制人身自由的强制措施才需要"立即"向行政机关负责人报告并补办批准手续。选项D不当选，行政机关不得扣押与违法行为无关的财物，王某的违法行为是未悬挂号牌，跟车上的物品无关。选项E不当选，对扣押物品发生的合理保管费用，由行政机关承担。

4.16 斯尔解析 **BDE** 本题考查查封、扣押的解除。有下列情形之一的，行政机关应当及时作出解除查封、扣押决定：（1）当事人没有违法行为（选项E当选）。（2）查封、扣押的场所、设施或者财物与违法行为无关（选项B当选）。（3）行政机关对违法行为已经作出处理决定，不再需要查封、扣押。（4）查封、扣押期限已经届满（选项D当选）。（5）其他不再需要采取查封、扣押措施的情形。选项A不当选，受托保管的第三人死亡或终止并不影响查封、扣押。选项C不当选，当事人违法行为危害后果不大，并不属于行政机关及时解除查封、扣押的理由。

4.17 斯尔解析 **AB** 本题考查行政强制执行的催告程序。选项AB当选，催告应当以书面形式作出，并载明下列事项：（1）履行义务的期限。（2）履行义务的方式。（3）涉及金钱给付的，应当有明确的金额和给付方式。（4）当事人依法享有的陈述权和申辩权。

提示：催告阶段尚不确定催告之后当事人是否履行义务，尚无法确定强制执行的方式和开始时间，无须载明强制执行的方式和开始时间；同时，催告只是一个程序性的行为，并未对当事人的权利义务产生实质影响，不可诉，无须在催告书中载明复议和诉讼的权利。

4.18 斯尔解析 **CDE** 本题考查冻结决定书载明事项。冻结决定书应当载明下列事项：（1）当事人的姓名或者名称、地址。（2）冻结的理由、依据和期限（选项DE当选）。（3）冻结的账号和数额（选项C当选）。（4）申请行政复议或者提起行政诉讼的途径和期限。（5）行政机关的名称、印章和日期。

4.19 斯尔解析 **AE** 本题考查代履行。选项A当选，行政机关在代履行前送达决定书，代履行决定书应当载明当事人的姓名或者名称、地址，代履行的理由和依据、方式和时间、标的、费用预算以及代履行人。选项B不当选，需要立即清除道路、河道、航道或者公共场所的遗洒物、障碍物或者污染物，当事人不能清除的，行政机关可以决定立即实施代履行。选项C不当选，代履行的费用按照成本合理确定，由当事人承担。但是，法律另有规定的除外。选项D不当选，行政机关可以代履行，或者委托没有利害关系的第三人代履行。选项E当选，代履行时，作出决定的行政机关应当派员到场监督，代履行完毕，行政机关到场监督的工作人员、代履行人和当事人或者见证人应当在执行文书上签名或者盖章。

4.20 斯尔解析 **ACD** 本题考查行政强制执行的中止。有下列情形之一的，中止执行：（1）当事人履行行政决定确有困难或者暂无履行能力的（选项CD当选）。（2）第三人对执行标的主张权利，确有理由的（选项A当选）。（3）执行可能造成难以弥补的损失，且中止执行不损害公共利益的。（4）行政机关认为需要中止执行的其他情形。选项BE不当选，据以执行的行政决定被撤销的以及公民死亡，无遗产可供执行，又无义务承受人的，已无继续执行的可能，应当终结执行。

提示：中止执行可理解为在执行过程中，因发生特殊情况，需要暂时停止执行程序。终结执行可理解为在执行过程中，由于出现某些特殊情况，执行工作无法继续进行或没有必要继续进行的，结束执行程序。

第五章 行政复议法律制度 答案与解析

一、单项选择题

5.1 ▶ B	5.2 ▶ A	5.3 ▶ B	5.4 ▶ A	5.5 ▶ C
5.6 ▶ C	5.7 ▶ D	5.8 ▶ D	5.9 ▶ A	5.10 ▶ C
5.11 ▶ D	5.12 ▶ D	5.13 ▶ B	5.14 ▶ A	

二、多项选择题

| 5.15 ▶ ABCD | 5.16 ▶ ABE | 5.17 ▶ BCDE | 5.18 ▶ AE | 5.19 ▶ ABE |

一、单项选择题

5.1 【斯尔解析】 B 本题考查行政复议的特征、审理。选项B当选，行政复议的审查对象是行政主体作出的行政行为，复议机关同时可以一并审查部分部分规范性文件。选项ACD不当选，所述均正确。

5.2 【斯尔解析】 A 本题考查禁止不利变更原则。选项A当选，选项D不当选，禁止不利变更原则要求行政复议机关在作出变更决定时，不得作出对申请人更为不利的行政复议变更决定。选项B不当选，责令重新作出行政行为不属于更为不利的决定。选项C不当选，驳回行政复议请求决定是行政复议决定的一种，在法定情形之下，行政复议机关应当驳回复议请求。

5.3 【斯尔解析】 B 本题考查行政复议和行政诉讼的关系。选项A不当选，复议前置型，是指行政复议是行政诉讼的必经程序，公民、法人或者其他组织不服行政机关的行政行为，必须先向行政机关申请复议，对行政复议决定不服时，再向人民法院起诉。选项B当选，选项CD不当选，选择型，是指由公民、法人或者其他组织在行政复议与行政诉讼之间自由选择，既可以提出行政复议申请，也可以提起行政诉讼。行政相对人如选择了行政复议，对复议决定不服的，仍可以提起行政诉讼；但行政复议机关已经依法受理的，在行政复议期间不得向人民法院提起行政诉讼。如直接选择了行政诉讼，人民法院已经依法决定立案予以受理的，则不得再申请行政复议。

5.4 [斯尔解析] A 本题考查行政复议附带审查范围。行政复议中，复议机关可以附带审查的规范性文件包括：（1）国务院有关部门的规范性文件（选项A当选）。（2）县级以上地方各级人民政府及其工作部门的规范性文件。（3）乡、镇人民政府的规范性文件。选项BCD不当选，以上"规范性文件"不含部门规章和地方规章。规章的审查依照法律、行政法规的规定办理。

5.5 [斯尔解析] C 本题考查行政复议申请人。选项A不当选，行政复议申请人包括公民、法人或其他组织，也包括外国人、无国籍人。选项B不当选，通常税务行政复议申请人是纳税人、扣缴义务人、纳税担保人以及其他税务当事人。选项C当选，选项D不当选，同一行政复议案件申请人人数众多的，可以由申请人推选代表人参加行政复议；推选的代表人必须是当事人之一，不能推选当事人之外的人。

5.6 [斯尔解析] C 本题考查行政复议被申请人。选项A不当选，行政机关委托的组织作出行政行为的，委托的行政机关为被申请人。选项B不当选，下级行政机关依照规定，经上级行政机关批准作出行政行为的，批准机关为被申请人。选项D不当选，对县级以上人民政府工作部门依法设立的派出机构依法以自己的名义作出的行政行为不服申请行政复议的，该派出机构为被申请人。

5.7 [斯尔解析] D 本题考查行政复议的第三人。选项D当选，行政复议第三人，是指因与被申请行政复议的行政行为或者行政复议案件处理结果有利害关系，通过申请或者复议机构通知，参加到复议中的除申请人以外的公民、法人或者其他组织。选项AC不当选，行政复议中不存在案外人以及共同申请人的说法。选项B不当选，行政行为由两个以上行政主体共同作出的，将共同作出行政行为的行政主体列为共同被申请人。

5.8 [斯尔解析] D 本题考查行政复议机关及行政复议工作人员。选项A不当选，行政复议委员会可以邀请本机关以外的具有相关专业知识人员参加。选项B不当选，行政复议机构中初次从事行政复议工作的人员，应当通过国家统一法律职业资格考试取得法律职业资格，并参加统一职前培训。选项C不当选，选项D当选，行政复议机构是行政复议机关设立的专门负责办理行政复议案件的工作机构。行政复议机构并非行政主体，没有作出行政复议决定的职权，行政复议决定应当由行政复议机关作出。行政复议机关应当支持和保障行政复议机构依法履行行政复议职责。

5.9 [斯尔解析] A 本题考查行政复议的管辖。选项A当选，对海关、金融、外汇管理等实行垂直领导的行政机关、税务和国家安全机关的行政行为不服的，向上一级主管部门申请行政复议。选项BCD不当选，环境保护部门、自然资源部门、交通运输部门所作行政行为应当根据其级别选择复议机关。若上述行政机关为国务院部门，则应当向其自己申请行政复议；若为县级以上政府工作部门，应当向本级人民政府申请行政复议。

5.10 [斯尔解析] C 本题考查行政复议申请期限。选项C当选，因不可抗力或者其他正当理由耽误法定申请期限的，申请期限自障碍消除之日起继续计算。

5.11 〔斯尔解析〕 D 本题考查税务行政复议的期限制度。选项A不当选，税务行政复议期间有关"5日""7日"的规定是指工作日，不含法定休假日。选项B不当选，税务行政复议机关应当自受理申请之日起60日内作出税务行政复议决定。情况复杂，不能在规定期限内作出税务行政复议决定的，经税务行政复议机关负责人批准，可以适当延长，并告知申请人和被申请人，但延长期限最多不超过30日。选项C不当选，税务行政复议机关责令被申请人重新作出行政行为的，被申请人应当在60日内重新作出行政行为，情况复杂的，经行政复议机关批准，可以适当延期，但是延期不得超过30日。选项D当选，行政复议审理期限在和解、调解期间中止计算。

5.12 〔斯尔解析〕 D 本题考查税务行政复议的听证程序。选项D当选，行政复议听证笔录应当附卷，作为行政复议机构审理案件的依据"之一"，而不是唯一。选项ABC不当选，所述均正确。

提示：行政许可、行政处罚、行政复议的听证程序，均应当将听证的有关事项通知相关人员。

5.13 〔斯尔解析〕 B 本题考查行政复议的撤回。选项A不当选，选项B当选，申请人撤回行政复议申请的，不得再以同一事实和理由提出行政复议申请；但是，申请人能够证明撤回行政复议申请违背其真实意思表示的除外。选项C不当选，撤回行政复议的申请在行政复议决定作出前提出即可。选项D不当选，申请人撤回行政复议申请的，经行政复议机构准予，即可发生撤回的效果，行政复议终止，无须经人民法院裁定。

5.14 〔斯尔解析〕 A 本题考查税务行政复议和解与调解制度。税务行政复议和解与调解的适用范围包括：（1）行使自由裁量权作出的税务行政行为，如行政处罚、核定税额、确定应税所得率等（选项BC不当选）。（2）行政赔偿（选项D不当选）。（3）行政奖励。（4）存在其他合理性问题的行政行为。选项A当选，税率由法律规定，税务机关不能自由裁量，不属于行使自由裁量权作出的行政行为，不适用和解和调解制度。

提示：应税所得率是对采取"核定征收"方式的企业计算其应纳税所得额时采用的一项标准，其不同于税率。税率是法律提前规定好的固定的比例（如25%、20%），而应税所得率是根据各行业情况等"测算"出来的，不是法律规定好的确定的比例。因此，确定应税所得率属于税务机关行使自由裁量权的事项，但确定适用税率不能由税务机关自由裁量。

二、多项选择题

5.15 〔斯尔解析〕 ABCD 本题考查税务行政复议。申请人对规定的"征税行为"不服的，应当先向行政复议机关申请行政复议；对行政复议决定不服的，可以向人民法院提起行政诉讼。征税行为，包括确认纳税主体、征税对象、征税范围（选项A当选）、减税、免税、退税、抵扣税款、适用税率（选项C当选）、计税依据、纳税环节、纳税期限、纳税地点和税款征收方式等具体行政行为，征收税款（选项B当选）、加收滞纳金（选项D当选），扣缴义务人、受税务机关委托的单位和个人作出的代扣代缴、代收代缴、代征行为等。选项E不当选，申请人对其他行政行为不服，可以申请行政复议，也可以直接向人民法院提起行政诉讼。罚款不属于"征税行为"，申请人可以申请行政复议，也可以直接提起行政诉讼。

5.16 斯尔解析　**ABE**　本题考查行政复议申请期限。选项AE当选，选项CD不当选，行政复议申请期限的起算，原则是行政相对人"知道或应当知道"行政行为，对于当场作出的，行政相对人应当当场知道，复议申请期限自行政行为作出之日起算。而对非当场作出的行政行为，"知道"的标准亦应当从行政相对人的角度判断，因此，起算点一般是"签收""收到""签名"等（签收是行政相对人的动作），而不是"发出""交邮"等（发出是行政机关的动作）。选项B当选，某些情况下，行政行为的法律文书为依法送达，自然无从通过"签收"等方式判断相对人是否知晓，若被申请人能够证明行政相对人知道行政行为的，自证据材料证明其知道行政行为之日起计算，此规定也是遵从了"知道或应当知道"的原则。

5.17 斯尔解析　**BCDE**　本题考查行政复议的程序。选项A不当选，行政复议期间，被申请人可以改变原行政行为。选项B当选，被申请人不能"事后取证"，即行政复议期间，被申请人不得自行向申请人和其他有关单位或个人收集证据。选项C当选，如果复议申请材料不齐全或不清楚，行政复议机关应当自收到申请之日起在5日内书面通知申请人限期补正，申请人应当自收到补正通知之日起10日内提交补正材料。无正当理由逾期不补正的，视为放弃复议申请，并记录在案。选项D当选，行政复议期间，行政行为不停止执行，但是法律、法规、规章规定停止执行的，应当停止执行。选项E当选，公民、法人或其他组织认为行政行为侵犯其合法权益的，可以自知道或者应当知道该行政行为之日起60日内提出行政复议申请；但是法律规定的申请期限超过60日的除外。选项E单选，所述情形为由专利法规定的特殊情形。《中华人民共和国专利法》规定，专利申请人对国务院专利行政部门驳回申请的决定不服的，可以在收到通知之日起3个月内向国务院专利行政部门请求复审。

5.18 斯尔解析　**AE**　本题考查行政复议的参加人、程序等。选项A当选，同一行政复议案件申请人人数众多的，可以由申请人推选代表人参加行政复议。选项B不当选，行政复议申请材料不齐全或不清楚，无法判断申请是否符合《中华人民共和国行政复议法》有关规定的，行政复议机关应当自收到申请之日起在5日内书面通知申请人补正。补正通知应当一次性载明需要补正的事项。选项C不当选，行政复议决定应当以"行政复议机关"的名义作出，不能以"行政复议机构"的名义作出。选项D不当选，申请人、第三人可以委托1~2名代理人代为参加行政复议，但是被申请人不得委托本机关以外的人员参加行政复议。选项E当选，申请人可以以书面形式，也可以以口头形式申请行政复议。

5.19 斯尔解析　**ABE**　本题考查税务行政复议的审理。选项A当选，行政复议的审查应当从合法性和适当性两方面进行审查。选项B当选，行政复议案件的审理，既包括对事实根据的审查即证据审查，也包括法律上的审查，即对行政行为主体的审查、对权限的审查、对依据的审查、对程序的审查以及对行政行为适当性的审查等。其中在"主体""权限""依据""程序"中均涉及对法律的审查。选项C不当选，税务行政复议审查的依据，包括税收法律、法规、规章和合法有效的其他税收规范性文件。选项D不当选，审理重大、疑难、复杂的行政复议案件，行政复议机构应当组织听证。行政复议机构认为有必要听证，或者申请人请求听证的，行政复议机构可以组织听证。选项E当选，案情重大、疑难、复杂，行政复议机构应当提请行政复议委员会提出咨询意见。

一、单项选择题

5.20 ▶ D   5.21 ▶ B   5.22 ▶ D   5.23 ▶ B

二、多项选择题

5.24 ▶ AD   5.25 ▶ ABDE   5.26 ▶ ACE   5.27 ▶ BCD

一、单项选择题

5.20 【斯尔解析】 D 本题考查行政复议的范围。选项D当选，行政机关对行政机关工作人员的奖惩、任免等决定，不属于行政复议的受案范围。选项ABC不当选，其所述情形均会影响行政相对人权利和义务关系，属于行政复议受案范围。

5.21 【斯尔解析】 B 本题考查行政复议代表人。选项A不当选，一个行政行为涉及相当多的行政相对人时，为了简化程序，节约时间和人力，可以由当事人推选代表人参加行政复议活动。推选的代表人必须是当事人之一，不能推选当事人之外的人。选项B当选，行政复议代表人的行为对其代表的当事人发生效力。选项C不当选，代表人变更行政复议请求、撤回行政复议申请、承认第三人请求的，应当经被代表的申请人同意。选项D不当选，申请人人数众多，不是一定要推选代表人参加行政复议，不同意推选代表人的，也可以自己参加。

5.22 【斯尔解析】 D 本题考查行政复议听证程序。选项A不当选，审理重大、疑难、复杂的行政复议案件，行政复议机构应当组织听证。行政复议机构认为有必要听证，或者申请人请求听证的，行政复议机构可以组织听证。选项B不当选，听证由1名行政复议人员任主持人，2名以上行政复议人员任听证员，1名记录员制作听证笔录。选项C不当选，行政复议机构组织听证的，应当于举行听证的5日前将听证的时间、地点和拟听证事项书面通知当事人。选项D当选，申请人无正当理由拒不参加听证的，视为放弃听证权利。

5.23 【斯尔解析】 B 本题考查提出复议申请的期限。选项A不当选，选项B当选，因不动产提出的行政复议申请自行政行为作出之日起超过20年，其他行政复议申请自行政行为作出之日起超过5年的，行政复议机关不予受理。选项C不当选，公民、法人或其他组织认为行政行为侵犯其合法权益的，可以自知道或者应当知道该行政行为之日起60日内提出行政复议申请；但是法律规定的申请期限超过60日的除外。选项D不当选，行政机关作出行政行为时，未告知公民、法人或者其他组织申请复议的权利、行政复议机关和申请期限的，申请期限自公民、法人或者其他组织知道或者应当知道申请行政复议权利、行政复议机关和申请期限之日起计算，但是自知道或者应当知道行政行为内容之日起最长不得超过1年。

二、多项选择题

5.24 〔斯尔解析〕 **AD** 本题考查行政复议管辖。选项AD当选，对海关、金融、外汇管理等实行垂直领导的行政机关、税务和国家安全机关的行政行为不服的，向上一级主管部门申请行政复议。选项B不当选，申请人对县级以上地方各级人民政府工作部门及其派出机构、授权组织等作出的行政行为不服的，统一向本级人民政府申请行政复议。选项C不当选，对国务院部门作出的行政行为不服的，由国务院部门行使管辖权。选项E不当选，对履行行政复议机构职责的地方人民政府司法行政部门的行政行为不服的，可以向本级人民政府申请行政复议，也可以向上一级司法行政部门申请行政复议。

5.25 〔斯尔解析〕 **ABDE** 本题考查行政复议前置的行政行为。有下列情形之一的，申请人应当先向行政复议机关申请行政复议，对行政复议决定不服的，可以再依法向人民法院提起行政诉讼：（1）对当场作出的行政处罚决定不服（选项A当选）；（2）对行政机关作出的侵犯其已经依法取得的自然资源的所有权或者使用权的决定不服；（3）认为行政机关存在未履行法定职责情形（选项D当选）；（4）申请政府信息公开，行政机关不予公开（选项E当选）。选项B当选，选项C不当选，公民、法人、其他组织对税务机关的征税行为不服的，应当先依法申请复议；对复议决定不服的，可以依法提起行政诉讼。加收滞纳金属于征税行为，而罚款不属于征税行为。

5.26 〔斯尔解析〕 **ACE** 本题考查行政复议简易程序。行政复议机关审理下列行政复议案件，认为事实清楚、权利义务关系明确、争议不大的，可以适用简易程序：

（1）被申请行政复议的行政行为是当场作出的。

（2）被申请行政复议的行政行为是警告或者通报批评。

（3）案件涉及款额3 000元以下。（选项A当选）

（4）属于政府信息公开案件。

（5）除上述四种案件外的其他行政复议案件，当事人各方同意适用简易程序的，可以适用简易程序。（选项B不当选）

选项C当选，适用简易程序审理的行政复议案件，可以书面审理。选项D不当选，适用简易程序审理的行政复议案件，行政复议机构认为不宜适用简易程序的，经行政复议机构的负责人批准，可以转为普通程序审理。选项E当选，适用简易程序审理的行政复议案件，行政复议机关应当自受理申请之日起30日内作出行政复议决定。

5.27 〔斯尔解析〕 **BCD** 本题考查行政复议的决定。选项AE不当选，行政行为有实施主体不具有行政主体资格或者没有依据等重大且明显违法情形，申请人申请确认行政行为无效的，行政复议机关确认该行政行为无效。

行政行为有下列情形之一的，行政复议机关不撤销该行政行为，但是确认该行政行为违法：

（1）依法应予撤销，但是撤销会给国家利益、社会公共利益造成重大损害。

（2）程序轻微违法，但是对申请人权利不产生实际影响。（选项B当选）

行政行为有下列情形之一，不需要撤销或者履行的，行政复议机关确认该行政行为违法：

（1）行政行为违法，但是不具有可撤销内容。（选项C当选）

（2）被申请人改变原违法行政行为，申请人仍要求撤销或者确认该行政行为违法。（选项D当选）

（3）被申请人不履行或者拖延履行法定职责，责令履行没有意义。

第六章 行政诉讼法律制度 答案与解析

做经典

一、单项选择题

6.1 ▶ C	6.2 ▶ A	6.3 ▶ C	6.4 ▶ B	6.5 ▶ D
6.6 ▶ B	6.7 ▶ A	6.8 ▶ D	6.9 ▶ D	6.10 ▶ C
6.11 ▶ A	6.12 ▶ B	6.13 ▶ A	6.14 ▶ D	6.15 ▶ C

二、多项选择题

6.16 ▶ AC	6.17 ▶ ABDE	6.18 ▶ BC	6.19 ▶ ABCD	6.20 ▶ CE
6.21 ▶ CE	6.22 ▶ ABD	6.23 ▶ BDE	6.24 ▶ CDE	6.25 ▶ ACDE
6.26 ▶ CE	6.27 ▶ CD	6.28 ▶ ABCE		

一、单项选择题

6.1 【斯尔解析】 C 本题考查行政诉讼的基本原则。选项C当选，行政诉讼不实行反诉制度，被告具有恒定性。选项ABD不当选，所述均正确。

6.2 【斯尔解析】 A 本题考查行政诉讼的受案范围。选项A当选，行政机关暂扣许可证的行为会对行政相对人的权益产生一定影响，属于行政诉讼的受案范围。选项B不当选，行政机关对行政机关工作人员的奖惩、任免等决定，属于行政处分，行政处分属于内部行政行为，不属于行政诉讼的受案范围。选项C不当选，仲裁委员会不属于行政机关，其就劳动争议作出的仲裁裁决不能被认为是行政行为，不属于行政诉讼的受案范围。选项D不当选，行政机关作出的不具有强制力的行政指导行为，并未对当事人的权益产生实质影响，不属于行政诉讼的受案范围。

6.3 🔍斯尔解析 C 本题考查行政诉讼的受案范围。选项C当选，行政相对人认为行政机关不依法履行、未按照约定履行或者违法变更、解除政府特许经营协议、土地房屋征收补偿协议等协议的案件可诉。选项ABD不当选，其所述情形不属于行政诉讼受理案件的范围。

6.4 🔍斯尔解析 B 本题考查行政诉讼的原告。选项B当选，中外合资的一方认为合资企业权益或者自己一方合法权益受行政行为侵害的，可以自己的名义提起诉讼。选项AC不当选，行政诉讼的原告是与行政行为有利害关系的公民、法人或其他组织（非法人组织也可以成为行政诉讼原告），可能是行政相对人，也可能是其他具有利害关系的人。选项D不当选，与被诉行政行为有利害关系但没有提起诉讼的公民、法人或其他组织，可以作为行政诉讼第三人，并非一定要列为共同原告。

6.5 🔍斯尔解析 D 本题考查行政诉讼的被告。选项D当选，对经上级行政机关批准作出的行政行为不服的，若提起行政诉讼，则应当以署名机关（看文书）为被告，若申请行政复议，应当以批准机关（上级）为被申请人（看实质）。选项A不当选，经复议的案件，复议机关改变原行政行为的，复议机关为被告；复议机关决定维持原行政行为的，作出原行政行为的行政机关和复议机关为共同被告。选项B不当选，行政诉讼被告对原告的诉讼请求没有反诉权。选项C不当选，行政机关工作人员不属于行政主体，其以所在行政机关名义作出行政行为，该行为后果归属于行政机关，应由行政机关作为行政诉讼被告。

6.6 🔍斯尔解析 B 本题考查经复议案件被告的确定。选项B当选，经复议的案件，复议机关决定维持原行政行为的，或者复议决定既有维持原行政行为内容，又有改变原行政行为内容或者不予受理申请内容的，作出原行政行为的行政机关和复议机关为共同被告。

6.7 🔍斯尔解析 A 本题考查行政诉讼的代表人。选项A当选，在行政诉讼中，如果同案原告为10人以上，则由推选产生的2~5名当事人作为诉讼代表人参加诉讼。

提示：行政复议中，同一行政复议案件申请人超过5人的，应当推选1~5名代表参加行政复议。

6.8 🔍斯尔解析 D 本题考查行政诉讼代理人与行政诉讼代表人。选项D当选，没有诉讼行为能力的公民，由其法定代理人代为诉讼。法定代理人互相推诿代理责任的，由人民法院指定其中一人代为诉讼。选项A不当选，在行政诉讼中，法定代理人制度只适用于没有诉讼行为能力或限制诉讼行为能力的公民，即未成年人和精神病人，不适用于法人、组织。选项B不当选，被诉行政机关负责人应当出庭应诉。不能出庭的，应当委托行政机关相应的工作人员出庭。不允许被诉行政机关仅委托律师出庭而自己的工作人员不出庭应诉。选项C不当选，诉讼代理人指以当事人的名义，在代理权限范围内代替或协助当事人进行诉讼活动的人。行政诉讼代理人不同于当事人。

6.9 🔍斯尔解析 D 本题考查行政诉讼的证据。行政诉讼法定证据包括书证、物证、视听资料、电子数据（选项ABC不当选）、证人证言、当事人陈述、鉴定意见、勘验笔录和现场笔录。选项D当选，证人应当陈述其亲历的具体事实，证人根据其经历所作的判断、推测或者评论，不能作为定案的依据。

6.10 🔍斯尔解析 C 本题考查行政诉讼的举证规则。选项C当选，原告或者第三人确有证据证明被告持有的证据对原告或者第三人有利的，可以在开庭审理前书面申请人民法院责令行政机关提交。行政机关无正当理由拒不提交的，人民法院可以推定原告或者第三人基于该证据主张的事实成立。

6.11 [斯尔解析] A　本题考查行政诉讼的起诉期限。选项A当选，选项BC不当选，公民、法人或者其他组织直接向人民法院提起诉讼的，应当自知道或者应当知道作出行政行为之日起6个月内提出；法律另有规定的除外。选项D不当选，复议机关逾期不作决定的，申请人可以在复议期满之日起15日内向人民法院提起诉讼。

6.12 [斯尔解析] B　本题考查行政诉讼的被告。选项B当选，原告提起行政诉讼时，应当有适格的被告，原告所起诉的被告不适格，人民法院应当告知原告变更被告；如果原告不同意变更，人民法院应当裁定驳回起诉。

6.13 [斯尔解析] A　本题考查行政诉讼的判决。选项A当选，行政行为明显不当，应当作出撤销判决，而不是确认无效判决。所谓重大且明显违法指的是下列情形：（1）行政行为实施主体不具有行政主体资格（选项D不当选）。（2）减损权利或者增加义务的行政行为没有法律规范依据（选项C不当选）。（3）行政行为的内容客观上不可能实施（选项B不当选）。（4）其他重大且明显违法的情形。

6.14 [斯尔解析] D　本题考查缺席判决。选项A不当选，选项D当选，原告经传票传唤，无正当理由拒不到庭或者未经法庭许可中途退庭的，按撤诉处理；而"原告或者上诉人申请撤诉，人民法院裁定不予准许的"，原告或者上诉人经传票传唤无正当理由拒不到庭，或者未经法庭许可中途退庭的，可以缺席判决。选项B不当选，第三人经传票传唤无正当理由拒不到庭，或者未经法庭许可中途退庭的，不发生阻止案件审理的效果。选项C不当选，原告死亡，没有近亲属或者近亲属放弃诉讼权利的，行政诉讼终结，而非缺席判决。

6.15 [斯尔解析] C　本题考查行政诉讼的二审程序。选项A不当选，对事实清楚的上诉案件，二审人民法院可以实行书面审理，但是当事人对原审人民法院认定的事实有争议的，或者第二审人民法院认为原审人民法院认定事实不清楚的案件，必须开庭审理。选项B不当选，第二审人民法院审理上诉案件，应当自收到上诉状之日起3个月内作出终审判决。有特殊情况需要延长的，由高级人民法院批准，高级人民法院审理上诉案件需要延长的，由最高人民法院批准。选项C当选，当事人不服一审判决的，上诉期限为15日。不服一审裁定的，上诉期限为10日。选项D不当选，第二审人民法院审理上诉案件，必须组成合议庭，开庭审理，对原审人民法院的裁判和被诉行政行为进行全面审查。

二、多项选择题

6.16 [斯尔解析] AC　本题考查行政诉讼的特征。选项A当选，行政诉讼实行举证责任倒置，即被告对行政行为合法性负举证责任原则。选项B不当选，对抽象行政行为不服的，不能直接起诉，但是部分抽象行政行为可以成为一并审查的对象。选项C当选，选项E不当选，诉讼期间行政行为一般不停止执行，有下列情形的，停止执行：（1）被告认为需要停止执行的。（2）如果行政行为的执行会造成难以弥补的损失，并且停止执行不损害国家利益、社会公共利益，根据原告或者利害关系人的申请，人民法院裁定停止执行。（3）人民法院认为行政行为的执行会给国家利益、社会公共利益造成重大损害的。（4）法律、法规规定停止执行的。选项D不当选，人民法院判决变更，不得加重原告的义务或者减损原告的权益，但是利害关系人同为原告且诉讼请求相反的除外。

6.17 🅢斯尔解析　**ABDE**　本题考查行政诉讼原告资格的确定。与行政行为有利害关系的公民、法人或其他组织对该行政行为不服的，可以依法提起行政诉讼。所谓的利害关系包括：（1）被诉的行政行为涉及其相邻权或者公平竞争权的（选项AD当选）。（2）在行政复议等行政程序中被追加为第三人的（选项E当选）。（3）要求行政机关依法追究加害人法律责任的（选项B当选）。（4）撤销或者变更行政行为"涉及"其合法权益的。（5）为维护自身合法权益向行政机关投诉，具有处理投诉职责的行政机关作出或者未作出处理的。（6）其他与行政行为有利害关系的情形。选项C不当选，与撤销或变更行政行为"没有法律上的利害关系"的主体，不能成为行政诉讼的原告。

6.18 🅢斯尔解析　**BC**　本题考查行政诉讼原告资格的确定。选项BC当选，股份制企业的股东会、董事会认为行政机关作出的行政行为侵犯企业合法权益的，可以以企业的名义申请行政诉讼。

6.19 🅢斯尔解析　**ABCD**　本题考查行政诉讼的被告。选项E不当选，行政许可依法由地方人民政府两个以上部门分别实施的，本级人民政府可以确定一个部门受理行政许可申请并转告有关部门分别提出意见后统一办理，或者组织有关部门联合办理、集中办理。在该情形下，若当事人对行政许可行为不服提起行政诉讼的，以"对当事人作出具有实质影响"的不利行为的机关为被告，而不是以所有行政机关为共同被告。

6.20 🅢斯尔解析　**CE**　本题考查行政诉讼的被告和行政诉讼的管辖。选项AB不当选，选项C当选，经复议的案件，复议机关维持原行政行为的，以作出原行政行为的机关和复议机关为共同被告。本题中，复议机关作出维持决定，应以县市场监督管理局和县政府作为共同被告。选项D不当选，选项E当选，在级别管辖上，作出原行政行为的行政机关和复议机关为共同被告的，以作出原行政行为的行政机关确定案件的级别管辖。本题中，作出原行政行为的行政机关为县市场监督管理局，应由基层人民法院管辖。

6.21 🅢斯尔解析　**CE**　本题考查行政诉讼参加人及行政诉讼的管辖。选项A不当选，10户居民对甲县政府作出的强拆决定不服而起诉，应当以甲县政府为被告。选项B不当选，被告为县级以上人民政府的案件应由中级人民法院管辖，而非基层法院。选项C当选，公民、法人或者其他组织同被诉行政行为有利害关系但没有提起诉讼而由人民法院通知作为第三人参加诉讼，或者同案件处理结果有利害关系的，可以作为第三人申请参加诉讼。选项D不当选，县级以上（不含省级）人民政府作为行政复议被申请人的，行政复议机关为上一级人民政府。本题中，被申请人为甲县政府，复议机关应当为市政府。选项E当选，同案原告为10人以上，应当推选2~5名诉讼代表人参加诉讼；在指定期限内诉讼代表人未选定的，人民法院可以依职权指定。

提示：虽然甲县乙镇政府实施了强拆行为，但10户居民提起行政诉讼时，不能以乙镇政府为被告，乙镇政府实施的强制拆除行为属于受委托所为，对受委托行政机关作出的行政行为不服的，应当以"委托机关（甲县政府）"作为被告，而非"受托机关"。

第六章 行政诉讼法律制度 答案与解析

6.22 【斯尔解析】**ABD** 本题考查行政诉讼证据。选项A当选，出庭作证的证人不得旁听案件的审理。选项B当选，电子数据通常是指电子邮件、电子数据交换、网上聊天记录、网络博客、手机短信、电子签名、域名等证据形式。选项C不当选，被告向人民法院提供的现场笔录，应当载明时间、地点和事件等内容，并由执法人员和当事人签名。当事人拒绝签名或者不能签名的，应当注明原因。有其他人在现场的，可由其他人签名。一般情况下，对于现场笔录没有当事人签名的，不能简单地认定该笔录不具有法律效力。选项D当选，生效的人民法院裁判文书或者仲裁机构裁决文书确认的事实，可以作为定案依据。选项E不当选，证人根据其经历所作的判断、推测或者评论，不能作为定案的依据。

6.23 【斯尔解析】**BDE** 本题考查行政诉讼证据收集及举证责任。选项A不当选，人民法院有权主动调取证据的情况是：（1）涉及国家利益、公共利益或者他人合法权益的事实认定的。（2）涉及依职权追加当事人、中止诉讼、终结诉讼、回避等程序性事项的。选项C不当选，被告对作出的行政行为负有举证责任，应当提供作出该行政行为的证据和所依据的规范性文件。

6.24 【斯尔解析】**CDE** 本题考查行政诉讼证据的证明效力。证明同一事实的数个证据，其证明效力一般可以按照下列情形分别认定：（1）国家机关以及其他职能部门依职权制作的公文文书优于其他书证（选项A不当选）。（2）鉴定意见、现场笔录、勘验笔录、档案材料以及经过公证或者登记的书证优于其他书证视听资料和证人证言（选项B不当选）。（3）原件、原物优于复制件、复制品。（4）法定鉴定部门的鉴定结论优于其他鉴定部门的鉴定意见（选项C当选）。（5）法庭主持勘验所制作的勘验笔录优于其他部门主持勘验所制作的勘验笔录。（6）原始证据优于传来证据。（7）其他证人证言优于与当事人有亲属关系或者其他密切关系的证人提供的对该当事人有利的证言。（8）出庭作证的证人证言优于未出庭作证的证人证言（选项D当选）。（9）数个种类不同、内容一致的证据优于一个孤立的证据（选项E当选）。

6.25 【斯尔解析】**ACDE** 本题考查行政诉讼证据的采纳与采信。选项AD当选，对被告在行政程序中采纳的鉴定意见，原告或第三人提出证据证明有下列情形之一的，人民法院不予采纳：（1）鉴定人不具备鉴定资格。（2）鉴定程序严重违法。（3）鉴定意见错误、不明确或者内容不完整。选项B不当选，以非法手段取得的证据，不得作为认定案件事实的根据。选项CE当选，以非法手段取得的证据包括：（1）严重违反法定程序收集的证据材料。（2）以违反法律强制性规定的手段获取且侵害他人合法权益的证据材料。（3）以利诱、欺诈、胁迫、暴力等手段获取的证据材料。

6.26 【斯尔解析】**CE** 本题考查行政诉讼的举证规则。选项ABD不当选，选项E当选，行政诉讼中，被告对作出的行政行为负有举证责任，应当在收到起诉状副本之日起15日内提交答辩状，并提供据以作出该行政行为的证据和所依据的规范性文件。原告可以提供证明被诉行政行为违法的证据（当然也可以不提供）。选项C当选，在起诉行政机关作出的行政行为案件中，若不涉及行政赔偿和补偿，原告仅需证明自己符合起诉条件，与案件有利害关系属于起诉条件之一。

6.27 【斯尔解析】**CD** 本题考查行政诉讼的简易程序。人民法院审理下列第一审行政案件，认为事实清楚、权利义务关系明确、争议不大的，可以适用简易程序：（1）被诉行政行为是依法当场作出的（选项C当选）。（2）案件涉及款额2 000元以下的（选项B不当选）。（3）属于政府信息公开案件的（选项D当选）。此外，当事人各方同意适用简易程序的，可以适用简易程序。选项A不当选，被告行使行政裁量权作出被诉行政行为的案件不一定适用简易程序审理。

6.28 斯尔解析　**ABCE**　本题考查行政诉讼的执行措施。行政机关拒绝履行判决、裁定、调解书的，第一审人民法院可以采取下列措施：（1）对应当归还的罚款或者应当给付的款额，通知银行从该行政机关的账户内划拨（选项C当选）。（2）在规定期限内不履行的，从期满之日起，对该行政机关负责人按日处50元~100元的罚款（选项A当选）。（3）将行政机关拒绝履行的情况予以公告（选项E当选）。（4）向监察机关或者该行政机关的上一级行政机关提出司法建议。接受司法建议的机关，根据有关规定进行处理，并将处理情况告知人民法院（选项B当选）。（5）拒不履行判决、裁定、调解书，社会影响恶劣的，可以对该行政机关直接负责的主管人员和其他直接责任人员予以拘留；情节严重，构成犯罪的，依法追究刑事责任。选项D不当选，人民检察院在履行职责中发现生态环境和资源保护、食品药品安全、国有财产保护、国有土地使用权出让等领域负有监督管理职责的行政机关违法行使职权或者不作为，致使国家利益或者社会公共利益受到侵害的，应当向行政机关提出检察建议，督促其依法履行职责。行政机关不依法履行职责的，人民检察院依法向人民法院提起诉讼。

第七章 民法总论
答案与解析

做经典

一、单项选择题

7.1	B	7.2	D	7.3	C	7.4	C	7.5	B
7.6	A	7.7	C	7.8	B	7.9	C	7.10	A
7.11	B	7.12	D	7.13	A	7.14	A	7.15	D
7.16	D	7.17	C	7.18	B	7.19	B	7.20	D
7.21	C	7.22	B	7.23	C	7.24	B	7.25	C

二、多项选择题

7.26	ABE	7.27	BCE	7.28	CDE	7.29	ADE	7.30	BD
7.31	ABD	7.32	BC	7.33	BCD	7.34	AC	7.35	BCDE
7.36	BC	7.37	ABD

一、单项选择题

7.1 【斯尔解析】 B 本题考查民法的基本原则。选项A不当选，平等原则中的平等是指形式平等、机会平等，而非实质平等、结果平等。选项C不当选，诚实信用原则是对民事主体从事民事活动的内在要求。选项D不当选，公序良俗原则是对民事主体从事民事活动的外在要求。

7.2 【斯尔解析】 D 本题考查民事责任的分类。选项D当选，民法上，无限责任的意义是"出资人须以其包括出资财产在内的全部财产对企业债务所承担的责任",如普通合伙人对合伙企业债务所承担的责任。民法上,有限责任的意义是"出资人仅以其出资财产为限对企业债务所承担的责任",选项ABC均属于有限责任,不当选。

7.3 斯尔解析 **C** 本题考查民事责任的承担方式。选项C当选,暂扣许可证件属于行政处罚的一种,是行政责任的承担方式,而不是民事责任的承担方式。民事责任承担方式主要有:(1)停止侵害。(2)排除妨碍。(3)消除危险(选项B不当选)。(4)返还财产。(5)恢复原状。(6)修理、重作、更换(选项D不当选)。(7)继续履行。(8)赔偿损失。(9)支付违约金。(10)消除影响、恢复名誉。(11)赔礼道歉(选项A不当选)。

7.4 斯尔解析 **C** 本题考查民事法律行为和事实行为的区分。法律行为以意思表示为核心要素,旨在按照行为人意思表示的内容发生相应民法效果的表意行为;事实行为(非表意行为)无须表示内心意思即依法发生民法效果的行为,如建造房屋、创作作品、拾得遗失物、先占(选项B不当选)、无因管理(选项D不当选)、侵权行为(选项A不当选)等。选项C当选,代理行为属于法律行为,在代理过程中,需要代理人向第三人作出独立意思表示,并根据其意思表示不同产生不同法律效果。

7.5 斯尔解析 **B** 本题考查民事法律行为的界定。选项A不当选,情感表示即行为人感情的表达,如被继承人对继承人的宽恕,属于准法律行为,是由法律直接规定民法效果的表意行为。选项C不当选,观念通知即行为人对客观事实的告知,如承诺迟到通知、债权让与通知,属于准法律行为,是由法律直接规定民法效果的表意行为。选项D不当选,意思通知即行为人内心意愿的告知,如要约拒绝、履行催告,属于准法律行为,是由法律直接规定民法效果的表意行为。选项B当选,对于免除债务行为,需要由债权人向债务人作出免除的意思表示后,原有的债权债务关系即全部或部分消灭。

7.6 斯尔解析 **A** 本题考查民事法律事实构成。选项A当选,法律事实构成,是指须同时具备方能引起某一民事法律关系发生、变更或者消灭的几个法律事实的总和。如遗嘱继承关系的发生,既需要有效的立遗嘱行为,同时又需要有遗嘱人死亡的事件。有效遗嘱和遗嘱人死亡两个法律事实结合,即为引起遗嘱继承关系发生的法律事实构成。

7.7 斯尔解析 **C** 本题考查自然人的民事权利能力和民事行为能力的辨析。选项AB不当选,自然人的民事权利能力是民事行为能力的前提,即二者并非同时产生同时消灭。选项C当选,自然人的民事权利能力始于出生,终于死亡。选项D不当选,自然人的民事权利能力一律平等,而行为能力则根据年龄以及精神智力等不同而有所差异,并非人人平等。

7.8 斯尔解析 **B** 本题考查宣告死亡后法律效力。选项ACD不当选,被宣告死亡的人的婚姻关系,自死亡宣告之日起消灭,死亡宣告被撤销的,婚姻关系自撤销死亡宣告之日起自行恢复;但是,其配偶再婚或者向婚姻登记机关书面声明不愿意恢复的除外。只要再婚,原婚姻关系就不能恢复。选项B当选,同居关系不等同于婚姻关系,同居不影响婚姻关系的恢复。

7.9 斯尔解析 **C** 本题考查法人的特征。选项AD不当选,选项C当选,法人拥有独立的财产,具有独立的人格和独立承担民事责任的能力。选项B不当选,法人一经成立,法律即赋予其民事权利能力和民事行为能力,使其取得享有民事权利和承担民事义务的法律资格,不受法人财产的制约。

7.10 【斯尔解析】 A　本题考查特别法人。选项A当选，特别法人，是指机关法人、农村集体经济组织法人、城镇农村的合作经济组织法人、基层群众性自治组织法人（村民委员会、居民委员会）。选项BC不当选，中国扶贫基金会和民办非营利学校属于非营利法人。选项D不当选，个人独资企业属于非法人组织。

7.11 【斯尔解析】 B　本题考查民事权利的分类。选项B当选，自然人享有生命权、身体权、健康权、姓名权、肖像权、名誉权、荣誉权、隐私权、婚姻自主权等权利；法人、非法人组织享有名称权、名誉权和荣誉权。自然人和法人、非法人组织均享有的是名誉权、荣誉权。

7.12 【斯尔解析】 D　本题考查民事权利的分类。选项D当选，甲未经乙同意擅自出卖乙的字画，属于无权处分，该合同效力待定。但经乙追认，即成为有效合同。追认权属于形成权，仅凭乙单方意思表示即可改变原有合同性质。

7.13 【斯尔解析】 A　本题考查法律行为和事实行为的区分。民事权利原始取得的原因包括：（1）依法律的直接规定取得，如善意取得动产或者不动产物权（选项C不当选）、无主物的法定归属。（2）依事实行为取得，如基于先占而取得无主动产的所有权（选项B不当选）、基于添附而取得添附物的所有权、基于建造而取得不动产的所有权、基于无因管理而取得必要费用的返还请求权（选项D不当选）、基于侵权行为而取得损害赔偿请求权。（3）依事件取得，如基于不当得利而取得不当利益的返还请求权。（4）依民事法律行为取得，如基于合同而取得合同债权（选项A当选）。

7.14 【斯尔解析】 A　本题考查法律行为的形式。选项A当选，特定沉默只有在法律规定、当事人约定或者符合当事人之间的交易习惯时，才可以被视为意思表示。

7.15 【斯尔解析】 D　本题考查附条件法律行为的界定。选项D当选，附条件民事法律行为，是指包含条件附款的法律行为。条件，是指由行为人选定、用以控制民事法律行为效果效力发生或者消灭的、成就与否并不确定的将来事实。"乙在1个月后的奥运会上，打赢某国运动员丙"是不确定的事情，因此属于附条件的民事法律行为。

7.16 【斯尔解析】 D　本题考查附期限法律行为的界定。附条件民事法律行为中所附条件为将来发生的不确定的事实，附期限的民事法律行为中所附期限一定会到来。选项ABC不当选，"明年乙能否获得博士学位""明天是否下雪""儿子大学毕业是否回本市"都是将来发生的不确定的事实，租赁、赠与属于法律行为，其所述情形属于附条件的民事法律行为。选项D当选，"下次下雨时"虽不确定具体哪一天发生，但一定会发生，赠与属于民事法律行为，故该行为属于附期限法律行为。

7.17 【斯尔解析】 C　本题考查可撤销的民事法律行为。选项A不当选，甲将朋友托其保管的相机卖给他人，属于无权处分，该行为属效力待定的民事法律行为。选项B不当选，乙用其盗取的某公司空白合同与他人签订合同，即没有代理权而实施代理行为（狭义的无权代理），属效力待定的民事法律行为。选项C当选，丙误将混纺面料当成纯毛面料高价购买，属于对标的物的性质存在重大误解，基于重大误解实施的民事法律行为为可撤销的民事法律行为。选项D不当选，醉酒不能成为行为人免除民事责任或否定真实意思表示的理由，丁在醉酒神志不清的状态下将其名贵手表卖给他人，属于有效的民事法律行为。

提示：利用盗取的公章以及空白合同等，不属于"有代理权的表象"，不能构成表见代理。

7.18 〖斯尔解析〗 **B** 本题考查民事法律行为的效力。选项AC不当选，其所述情形属于有效的民事法律行为。选项B当选，16岁的丙为限制民事行为能力人，限制民事行为能力人实施的与其年龄、智力、精神健康状况不相适应的、有待其法定代理人同意或者追认的法律行为属于效力待定民事法律行为。选项D不当选，7岁的乙为无民事行为能力人，无民事行为能力人实施的民事法律行为属于无效的民事法律行为。

7.19 〖斯尔解析〗 **B** 本题考查可撤销民事法律行为的撤销权。可撤销民事法律行为中，有下列情形之一的，撤销权消灭：（1）当事人自知道或者应当知道撤销事由之日起1年内、重大误解的当事人自知道或者应当知道撤销事由之日起90日内没有行使撤销权（选项ACD不当选）。（2）当事人受胁迫，自胁迫行为终止之日起1年内没有行使撤销权（选项B当选）。（3）当事人知道撤销事由后明确表示或者以自己的行为表明放弃撤销权。（4）当事人自民事法律行为发生之日起5年内没有行使撤销权。

7.20 〖斯尔解析〗 **D** 本题考查代理的分类。选项A不当选，选项D当选，委托代理中，需要经过被代理人的授权。授权行为可以采用口头或书面形式。法定代理是基于法律规定直接取得代理权所实施的代理，无须被代理人授权。选项B不当选，以未成年人为代理人的代理行为多见于法定代理，但委托代理中，亦可以未成年人为被代理人。选项C不当选，委托代理、法定代理和职务代理都是符合法律规定的代理，该情形并非仅限于法定代理。

7.21 〖斯尔解析〗 **C** 本题考查无效民事法律行为的类型。选项C当选，一方或者第三人以胁迫手段，使对方在违背真实意思的情况下实施的民事法律行为属于可撤销民事法律行为。选项ABD均属于无效民事法律行为中违背公序良俗的民事法律行为，不当选。

7.22 〖斯尔解析〗 **B** 本题考查诉讼时效期间届满的法律效果。选项AC不当选，诉讼时效期间届满，发生义务人永久性抗辩权（非"一时抗辩权"），而除斥期间届满，实体权利消灭。选项B当选，选项D不当选，诉讼时效期间届满后，义务人同意履行的，不得以诉讼时效期间届满为由抗辩；义务人已经自愿履行的，不得请求返还。

7.23 〖斯尔解析〗 **C** 本题考查不适用诉讼时效的情形。下列请求权不适用诉讼时效的规定：（1）请求停止侵害、排除妨碍、消除危险。（2）不动产物权和登记的动产物权的权利人请求返还财产。（3）请求支付抚养费、赡养费或者扶养费。（4）支付存款本金及利息请求权（选项C当选）。（5）兑付国债、金融债券以及向不特定对象发行的企业债券本息请求权。（6）基于投资关系产生的缴付出资请求权。（7）依法不适用诉讼时效规定的债权请求权。选项ABD不当选，损害赔偿请求权、贷款本金和利息的偿付请求权以及股息和红利的支付请求权应适用诉讼时效的规定。

7.24 〖斯尔解析〗 **B** 本题考查诉讼时效期间的性质。选项A不当选，诉讼时效期间是债权人行使权利的法定期间，商品保质期不属于诉讼时效期间。选项B当选，诉讼时效期间届满后，义务人同意履行的，不得以诉讼时效期间届满为由抗辩；义务人已经自愿履行的，不得请求返还。选项CD不当选，撤销权未在法定期间内行使的，撤销权消灭，合同当事人未在法定期间内行使解除权的,解除权消灭。该法定期间为除斥期间,并非诉讼时效期间。

7.25 斯尔解析 C 本题考查诉讼时效期间和除斥期间的辨析。选项A不当选,诉讼时效期间届满,发生债务人永久性抗辩权,而除斥期间届满,实体权利消灭。选项BD不当选,诉讼时效期间为可变期间,适用中止、中断和延长的规定。除斥期间为不可变期间,不适用中止、中断和延长的规定。选项C当选,诉讼时效期间适用于请求权,除斥期间适用于形成权。

二、多项选择题

7.26 斯尔解析 ABE 本题考查法人的成立条件。法人成立的条件包括:(1)依法成立(选项E当选)。(2)有自己的财产或者经费(选项B当选)。(3)有自己的名称、组织机构和住所(选项A当选)。选项C不当选,法人是否有分支机构不作为法人成立的条件。选项D不当选,法人独立承担民事责任属于法人的特征。

7.27 斯尔解析 BCE 本题考查法人。选项A不当选,法律、行政法规规定设立法人须经有关机关批准的,依照其规定,并非所有法人均必须经有关机关批准。选项D不当选,法定代表人因执行职务造成他人损害的,由法人承担民事责任。法人承担民事责任后,依照法律或者法人章程的规定,可以向有过错的法定代表人追偿。

7.28 斯尔解析 CDE 本题考查民事权利的分类。选项CDE当选,专属权,是指只能由权利主体本人享有和行使的权利。专属权不得让与和继承,如人格权、身份权、居住权。

7.29 斯尔解析 ADE 本题考查民事权利的分类。选项A当选,债权属于财产权、请求权、相对权、对人权、非专属权。选项B不当选,物权属于财产权、支配权、绝对权、对世权、非专属权。选项C不当选,人身权属于支配权、绝对权、对世权、专属权。选项D当选,著作权属于支配权、绝对权、对世权。选项E当选,形成权中包括撤销权、解除权、抵销权、选择权、同意权、承认权、追认权等。

7.30 斯尔解析 BD 本题考查民事法律行为的分类。选项AE不当选,侵权行为和无因管理是事实行为,不是法律行为。选项BD当选,双方法律行为要求双方行为人内容相向的意思表示达成一致方可成立,如买卖合同需要买卖双方意思表示达成一致才可成立,赠与行为需要赠与人与受赠人意思表示达成一致才可成立。选项C不当选,遗嘱行为仅由行为人一方的意思表示构成即可,属于单方民事法律行为。

7.31 斯尔解析 ABD 本题考查可撤销的民事法律行为。所谓重大误解是指行为人对行为的性质、对方当事人或者标的物的品种、质量、规格和数量等产生错误认识,按照通常理解如果不发生该错误认识行为人就不会作出相应意思表示的,可以认定为重大误解。选项ABD当选,将真画当成赝品、将1 800元的商品错当成180元的商品属于对标的物的错误认识,误认某人为救命恩人,属于对对方当事人的错误认识,上述合同均可基于重大误解而撤销。选项CE不当选,对购买动机的误解不属于此处的重大误解。不知女友已与他人结婚、误以为自己能分到公寓等情形属于对动机的错误认识,因此订立的合同不能以重大误解为由撤销。

7.32 斯尔解析 BC 本题考查无效的民事法律行为的界定。无效的民事法律行为包括:(1)无民事行为能力人实施的民事法律行为。(2)行为人与相对人恶意串通,损害他人

43

合法权益的民事法律行为（选项C当选）。（3）行为人与相对人以虚假的意思表示实施的民事法律行为。（4）违反法律、行政法规的强制性规定的民事法律行为，但该强制性规定不导致该民事法律行为无效的除外（选项B当选）。（5）违背公序良俗的民事法律行为。选项A不当选，代理人超越代理权限订立的合同属于效力待定的民事法律行为。选项D不当选，因重大误解而订立的合同属于可撤销的民事法律行为。选项E不当选，处分权欠缺的民事行为即为无权处分，无权处分属于效力待定的民事法律行为。

7.33　斯尔解析　**BCD**　本题考查无效民事法律行为的界定。无效民事法律行为包括：（1）无民事行为能力人实施的民事法律行为（选项D当选）。（2）行为人与相对人恶意串通，损害他人合法权益的民事法律行为。（3）行为人与相对人以虚假的意思表示实施的民事法律行为（选项C当选）。（4）违反法律、行政法规的强制性规定的民事法律行为，但该强制性规定不导致该民事法律行为无效的除外。（5）违背公序良俗的民事法律行为（选项B当选）。选项A不当选，第三人实施欺诈行为，使一方在违背真实意思的情况下实施的民事法律行为，且对方知道或者应当知道该欺诈行为的，受欺诈人可以请求撤销。选项E不当选，以虚假的意思表示隐藏的民事法律行为，需要根据行为内容确定该行为的效力。

7.34　斯尔解析　**AC**　本题考查效力待定的民事法律行为。选项A当选，代理人以被代理人的名义与自己实施民事法律行为属于效力待定的民事法律行为，被代理人同意或者追认则有效。选项B不当选，行为人与相对人恶意串通，损害他人合法权益的民事法律行为属于无效的民事法律行为。选项C当选，代理人以被代理人的名义与自己同时代理的其他人实施的民事法律行为属于效力待定的民事法律行为，被代理的双方同意或者追认则有效。选项D不当选，代理人不知道并且不应当知道被代理人死亡的，代理人实施的代理行为有效。选项E不当选，代理权终止之后的代理属于无权代理，但是行为中具有有权代理的表征，即构成表见代理，表见代理产生与有权代理一样的效果。

7.35　斯尔解析　**BCDE**　本题考查诉讼时效的起算。选项A不当选，无民事行为能力人或者限制民事行为能力人对其法定代理人的请求权的诉讼时效期间，自该"法定代理终止"之日起计算。选项B当选，身体受到伤害要求赔偿属于一般民事法律行为，适用普通的诉讼时效，该期间为3年。选项C当选，兑付国债、金融债券以及向不特定对象发行的企业债券本息请求权，不适用诉讼时效的规定。选项D当选，诉讼时效期间届满后，义务人同意履行的，不得以诉讼时效期间届满为由抗辩；义务人已经自愿履行的，不得请求返还。选项E当选，当事人约定同一债务分期履行的，诉讼时效自最后一期履行期限届满之日起计算。

7.36　斯尔解析　**BC**　本题考查诉讼时效的中止和中断。在诉讼时效期间的最后6个月内，因法定障碍事由的发生使权利人无法行使请求权，从而暂时停止计算诉讼时效期间属于诉讼时效期间的中止。具体包括：（1）不可抗力。（2）无民事行为能力人或者限制民事行为能力人没有法定代理人，或者法定代理人死亡、丧失民事行为能力、丧失代理权（选项B当选）。（3）继承开始后未确定继承人或者遗产管理人。（4）权利人被义务人或者其他人控制（选项C当选）。（5）其他导致权利人不能行使请求权的障碍。选项ADE不当选，其所述情形会引起诉讼时效的中断。

7.37 斯尔解析 **ABD** 本题考查诉讼时效的中止和中断。引起诉讼时效中断的事由主要是主观原因。具体包括：（1）权利人向义务人提出履行请求（选项D当选）。（2）义务人同意履行义务，该等情形包括：义务人作出分期履行、部分履行、提供担保、请求延期履行、制定清偿债务计划等（选项B当选）。（3）权利人提起诉讼或者申请仲裁。（4）与提起诉讼或者申请仲裁具有同等效力的其他情形，该等情形包括：申请支付令、申请破产、申报破产债权、为主张权利而申请宣告义务人失踪或者死亡、申请诉前财产保全、申请诉前临时禁令、申请强制执行、申请追加当事人或者被通知参加诉讼、在诉讼中主张抵销等（选项A当选）。选项C不当选，其所述情形会引起诉讼时效中止。选项E不当选，其所述情形既不属于中止的事由，也不属于中断的事由，诉讼时效期间继续计算。

第八章 物权法
答案与解析

一、单项选择题

8.1	D	8.2	D	8.3	B	8.4	C	8.5	B
8.6	D	8.7	B	8.8	D	8.9	A	8.10	A
8.11	B	8.12	B	8.13	C	8.14	A	8.15	B
8.16	B	8.17	C	8.18	B	8.19	A	8.20	B
8.21	C	8.22	C	8.23	B	8.24	D	8.25	C
8.26	D

二、多项选择题

8.27	ADE	8.28	BCE	8.29	CDE	8.30	AB	8.31	AC
8.32	BE	8.33	BCD	8.34	CD	8.35	BCDE	8.36	AD
8.37	ACE	8.38	ADE	8.39	BDE	8.40	ABD

一、单项选择题

8.1 【斯尔解析】 **D** 本题考查先占。遗失物（选项A不当选）、漂流物、埋藏物（选项B不当选）、隐藏物，自发布招领公告之日起1年内无人认领的，归国家所有，不能适用先占。选项C不当选，选项D当选，先占，是指以所有的意思，先于他人占有无主动产（而非不动产）而取得其所有权的法律事实。先占的标的物须为非法律禁止占有的无主动产。所有人抛弃的动产属于无主动产，可以适用先占，且是先占制度的主要适用对象。

8.2 **斯尔解析** D 本题考查物权法的基本原则。选项A不当选，一物之上只有一个所有权，但多人可以共有一物所有权。选项BC不当选，选项D当选，"一物一权原则"，指一个物上只能有一个所有权，不允许同时存在两个以上互不相容的物权。本题中，动产质押是以交付作为公示要件，同一物不可能先后两次向不同的主体进行交付，故禁止同一物上同时设立两个以上质权。但两个以上抵押权、抵押权和质权可在同一物上同时并存，并不冲突。

8.3 **斯尔解析** B 本题考查主物权。选项B当选，主物权，是指不依赖其他权利而可以单独存在的物权，如建设用地使用权。选项ACD不当选，从物权，是指不能单独存在、须依赖其他权利的存在而存在的物权。地役权不能离开需役地而单独存在，属于从物权；担保物权（包含抵押权、质权、留置权），不能脱离所担保的债权单独转让。

8.4 **斯尔解析** C 本题考查原物和孳息。选项A不当选，选项C当选，原物和孳息是两个独立物，小牛还在母牛腹中，仍属一物，故仍在腹中的小牛不属于孳息；但从香蕉树上摘下的香蕉，是原物基于自然法则所产生的，属于天然孳息。选项B不当选，借款所取得的利息，是依据法律关系所产生的，属于法定孳息。选项D不当选，房屋和门窗不存在产出与被产出的关系，门窗不属于孳息。

8.5 **斯尔解析** B 本题考查物权变动的公示方式。选项AC不当选，以不动产抵押的（包括正在建造的建筑物、建设用地使用权），抵押权自登记时设立，登记为其设立要件而非对抗要件。选项B当选，机动车、船舶、航空器的所有权变动以交付时生效，未经登记，不得对抗善意第三人，登记为其对抗要件。选项D不当选，建设用地使用权自登记时设立，登记为其设立要件而非对抗要件。

8.6 **斯尔解析** D 本题考查物权变动的公示方式。选项A不当选，因合法建造、拆除房屋等事实行为设立或者消灭物权的，自事实行为成就时发生效力。甲在其原有的房屋基础上加盖一层楼房，在其建造行为完成时即取得所有权，并非登记取得所有权。选项B不当选，选项D当选，交付为动产物权变动的生效要件，无须登记。但是对特殊动产（船舶、航空器、机动车等）来说，未经登记，不得对抗善意第三人。选项C不当选，交付是动产质权的设立要件，无须登记。

8.7 **斯尔解析** B 本题考查观念交付之简易交付。选项B当选，动产所有权转让之前，受让人已经占有该动产的，属于简易交付，物权自民事法律行为生效时发生效力。本题中，5月20日，乙回复同意时，双方意思表示达成一致，法律行为（合同）生效。

8.8 **斯尔解析** D 本题考查所有权取得的方式。选项ABC不当选，先占、建造、添附是非基于他人既存的权利和意志而取得，属于原始取得。选项D当选，继受取得是基于他人既存的权利和意志而取得物权，受赠人基于赠与人既存的权利和意志取得赠与物的所有权，属于继受取得。

8.9 **斯尔解析** A 本题考查所有权的消灭。所有权的消灭有两类原因：
（1）因民事法律行为而消灭。

①单方民事法律行为：所有权抛弃（选项A当选）。

②双方民事法律行为：所有权出让，如基于赠与、买卖、互易等合同而出让所有权。

（2）因民事法律行为以外的法律事实而消灭。

①作为所有权人的自然人死亡或者法人终止（选项B不当选）。

②标的物灭失（选项D不当选）。

③判决、强制执行、罚款、没收、纳税等（选项C不当选）。

④添附。

8.10 【斯尔解析】 **A** 本题考查所有权的取得与消灭。选项A当选，继受取得，是指基于他人既有的权利和意志而取得物权，乙基于手表所有权人甲交付取得质权，属于继受取得。选项B不当选，乙非手表的所有权人，处分手表的行为属无权处分，丙符合善意取得构成要件，基于善意取得制度取得手表的所有权。在善意取得中，买受人取得物权不是基于有效的买卖合同取得物权，而是基于法律的直接规定取得物权，因此善意取得属于原始取得。选项C不当选，遗失物发布招领公告1年后，无人认领，归国家所有，丁拍得该手表，属于从国家受让该手表的所有权，属于继受取得。选项D不当选，甲丧失手表所有权，而丙、丁先后取得该手表所有权，故甲对该手表的所有权相对消灭。

8.11 【斯尔解析】 **B** 本题考查按份共有。选项B当选，对按份共有的不动产或者动产作重大修缮的，应当经占份额2/3以上的按份共有人同意，但是共有人之间另有约定的除外。本题中，甲、乙二人所占份额合计为2/3，且甲、乙、丙之间并另外无约定，即使丙反对，也可以在该房屋铺上实木地板。

8.12 【斯尔解析】 **B** 本题考查用益物权的特征。选项A不当选，用益物权属于对他人之物享有的物权，为他物权。选项B当选，选项C不当选，用益物权是指他人所有的不动产或动产，依法享有占有、使用和收益的权利，其所享有和行使通常以对物之占有为前提。选项D不当选，用益物权中，建设用地使用权、居住权自登记时设立；而土地承包经营权、地役权自合同生效时设立，未经登记，不得对抗善意第三人。

8.13 【斯尔解析】 **C** 本题考查用益物权的特征。选项A不当选，完全物权是集占有、使用、收益、处分于一身的权利。用益物权人对他人之物只能占有、使用和收益，无权处分，因此，用益物权是限定物权。选项B不当选，用益物权属于物权的一种，物权是对世权，而非对人权。选项C当选，用益物权的客体既包括不动产，也包括动产。选项D不当选，价值权以取得物的交换价值为目的，用益物权是以使用收益为目的，不属于价值权。

8.14 【斯尔解析】 **A** 本题考查地役权、相邻权。选项A当选，选项B不当选，地役权和相邻权的产生方式和取得对价不同。相邻权基于法律的直接规定而产生，其取得和行使通常是无偿的；地役权则基于当事人之间的约定而产生，其取得通常是有偿的。本题中，李某和张某订立有偿的通行合同，其属于地役权合同。选项C不当选，地役权从属于需役地所有权或者使用权，不得与需役地分离而单独让与；土地承包经营权、建设用地使用权等转让的，地役权一并转让。本题中，李某将其土地承包经营权转移给他人的，地役权随需役地的转让一并转让给受让人，其有权在张某承包的土地上通行。选项D不当选，地役权自地役权合同生效时设立。当事人要求登记的，可以向登记机构申请地役权登记；未经登记，不得对抗善意第三人。本题中，供役地人张某将供役地权转让给他人的，因地役权并未进行登记，故善意的受让人有权拒绝李某在自己的土地上通行。

8.15 [斯尔解析] B 本题考查所有权、居住权、占有的分类。选项AC不当选，题目中并未提及房屋是否完成交付占有，故无法确定乙对住房的占有方式。选项B当选，居住权自登记时设立，甲5月3日取得房屋居住权。选项D不当选，不动产物权的设立、变更、转让和消灭，经依法登记，发生效力；未经登记，不发生效力，但是法律另有规定的除外。综上，乙于5月3日取得房屋的所有权。

8.16 [斯尔解析] B 本题考查抵押权的性质。选项A不当选，抵押权属于担保物权，担保物权是从属于主债权而存在，属于从物权。选项B当选，担保物权具有物上代位性，担保期间，担保财产毁损、灭失或者被征收等，担保物权人可以就获得的保险金、赔偿金或者补偿金等优先受偿。选项C不当选，抵押权的客体包括动产，也包括不动产。选项D不当选，担保物权不以担保财产之利用为目的，而是以取得担保财产之交换价值为目的，属于价值权。

8.17 [斯尔解析] C 本题考查担保物权的特征。选项A不当选，担保物权不以担保财产之利用为目的，而是以取得担保财产之交换价值为目的，属于价值权。选项BD不当选，担保物权具有从属性，担保物权是为确保债权的实现而设立，其存在以债权的存在为前提。选项C当选，担保物权具有物上代位性，担保期间，担保财产毁损、灭失或者被征收等，担保物权人可以就获得的保险金、赔偿金或者补偿金等优先受偿。

8.18 [斯尔解析] B 本题考查担保物权的性质。选项ACD不当选，意定担保物权，是指基于当事人的约定而成立的担保物权，如抵押权和质权。选项B当选，法定担保物权，是指基于法律规定而于一定条件下当然发生的担保物权，如留置权。

8.19 [斯尔解析] A 本题考查数个抵押权的清偿顺序。选项A当选，同一财产向两个以上债权人抵押的，抵押权的清偿顺序如下：（1）抵押权已经登记的，按照登记的时间先后确定清偿顺序；（2）抵押权已经登记的先于未登记的受偿；（3）抵押权均未登记的，按照债权比例清偿。本题中，乙、丙的抵押权均未登记，应当按照债权比例清偿，乙的债权比例为60%，丙的债权比例为40%，因此，在9 000元的拍卖款中，乙应分得5 400元，丙应分得3 600元。

8.20 [斯尔解析] B 本题考查抵押权。选项A不当选，以动产抵押的，抵押权自抵押合同生效时设立；未经登记，不得对抗善意第三人。3月6日，乙对轿车的抵押权设立。选项B当选，选项CD不当选，抵押期间，抵押人可以转让抵押财产。当事人另有约定的，按照其约定。根据《最高人民法院关于适用〈中华人民共和国民法典〉有关担保制度的解释》第43条规定：当事人约定禁止或者限制转让抵押财产但是未将约定登记，抵押人违反约定转让抵押财产，抵押权人请求确认转让合同无效的，人民法院不予支持；抵押财产已经交付或者登记，抵押权人请求确认转让不发生物权效力的，人民法院不予支持，但是抵押权人有证据证明受让人知道的除外；抵押权人请求抵押人承担违约责任的，人民法院依法予以支持。本题中，甲、乙间禁止转让轿车的约定合法有效，无论该约定是否登记，均不影响甲、丙间的轿车转让合同的效力。至于丙能否取得轿车的所有权，关键在于甲、乙间的禁止转让约定是否登记。本题中，甲、乙间的禁止转让约定未登记，且丙对于甲、乙间的禁止转让约定并不知情，因此丙在甲交付轿车时（即4月5日）继受取得轿车的所有权。

8.21 🔍斯尔解析　**C**　本题考查抵押权的效力。选项A不当选，同一财产可向两个以上债权人抵押。选项B不当选，选项C当选，以不动产抵押的，抵押权自登记时设立，本题中，两个抵押权均已登记，二者均有效。但是在清偿顺序上，先登记的先受偿，乙银行的抵押权优先于丙银行的抵押权，两个抵押权的受偿权并不平等。选项D不当选，抵押权是否有效与抵押财产价值涨跌无关，即使该大楼的价值跌到5 000万元，丙银行的抵押权仍有效。

8.22 🔍斯尔解析　**C**　本题考查质押财产。选项AD不当选，以可以转让的基金份额、股权和现有的以及将有的应收账款出质的，质权自办理出质登记时设立。选项B不当选，选项C当选，以汇票、本票、支票、债券、存款单、仓单、提单（"三票三单一债券"）出质的，有权利凭证的，质权自权利凭证交付质权人时设立；没有权利凭证的，质权自办理出质登记时设立。法律另有规定的，依照其规定。

8.23 🔍斯尔解析　**B**　本题考查抵押权和质权。选项AD不当选，抵押权和质权是否设立不影响抵押和质押合同的效力。选项B当选，以不动产（建筑物和其他土地附着物、建设用地使用权、海域使用权、正在建造的建筑物）抵押的，抵押权自登记时设立，未办理抵押登记的，抵押权不能设立。本题中，丙提供的房屋抵押未办理抵押登记，抵押权未设立。选项C不当选，以汇票出质的，质权自交付权利凭证时设立，本题中，甲公司已经将汇票交付给了乙企业，质权已经设立。

8.24 🔍斯尔解析　**D**　本题考查留置权。选项A不当选，选项D当选，债务人不履行到期债务，债权人可以留置因同一法律关系而合法占有的债务人或第三人的动产，本题中，丙修理中心将电动自行车修好后，乙拒付维修费，因此丙修理中心对该自行车享有留置权。选项BC不当选，债权人留置动产后，债务人在催告期内仍不履行债务，债权人可行使变价处分权，因此，丙修理中心变卖自行车的行为有效。

8.25 🔍斯尔解析　**C**　本题考核占有的分类。选项A不当选，自主占有是指以所有的意思而为的占有。本题中，丁租用电脑，并非以所有的意思占有，属于他主占有。选项BD不当选，区分善意占有和恶意占有的前提是占有人无权占有，有权占有中不分善意或恶意。而有权占有是指基于本权（物权、债权、监护权等权利）而产生的占有。本题中，丁是基于其与丙之间的租赁合同占有该电脑。对丙而言，丁属于有权占有。选项C当选，丁事实上占有租赁物，所以丁对租赁物的占有属于直接占有。

8.26 🔍斯尔解析　**D**　本题考查占有的分类。选项A不当选，甲在将字画出售给丁前为字画所有权人，其对字画的占有为有权占有。选项B不当选，乙受甲所托保管该字画，为他主占有。选项C不当选，乙将该字画送交丙装裱，此时丙基于法律上的原因对字画具有管理和控制的事实，故丙为有权占有。而只有在无权占有的情况下，才会谈及善意占有或恶意占有。选项D当选，在字画装裱完成时，丁基于与甲的买卖关系有权向丙请求返还字画，属于间接占有。

二、多项选择题

8.27 🔍斯尔解析　**ADE**　本题考查所有权的原始取得。原始取得，指非依他人既存的权利而是基于法律规定直接取得，如先占、生产、收取孳息（选项E当选）、添附物的归属、无主物和罚没物的法定归属、善意取得（选项D当选）、没收（选项A当选）。选项BC不当选，继承、受遗赠等是基于他人既存的权利和意志而取得，属于继受取得。

8.28 **斯尔解析** **BCE** 本题考查不动产物权变动的公示方式。选项A不当选，选项C当选，因继承取得物权的，自继承开始时取得房屋所有权，因此，继承是导致物权变动的原因，而继承以后的登记不会导致物权变动。但是继承房屋之后，再转让的，受让人取得房屋时应以登记为物权变动的要件。选项B当选，设立居住权的，应当向登记机构申请居住权登记，居住权自登记时设立。选项D不当选，地役权自地役权合同生效时设立。当事人要求登记的，可以向登记机构申请地役权登记；未经登记，不得对抗善意第三人。因此，地役权的登记只是对抗要件，而非生效要件，不会导致物权变动。选项E当选，以不动产抵押的，抵押权自办理抵押登记时设立。

8.29 **斯尔解析** **CDE** 本题考查先占。选项AB不当选，选项CD当选，先占，是指以所有的意思，先于他人占有无主动产（不动产不适用）而取得其所有权的法律事实。因事实行为的法律效果由法律直接规定，与行为人意思表示无关。因此，法律对行为人的主体资格并无严格要求，即完全民事行为能力人、限制民事行为能力人、无民事行为能力人皆可实施。选项E当选，我国民法典未规定先占规则。

8.30 **斯尔解析** **AB** 本题考查所有权、居住权。选项CD不当选，善意取得的前提是无权处分，而甲在为乙办理房屋权属的变更登记前是该房屋的所有权人，有权为丙设立居住权，故不适用善意取得。选项AB当选，不动产物权的设立、变更、转让和消灭，经依法登记，发生效力；未经登记，不发生效力，但是法律另有规定的除外。丙是在基于甲既存的所有权而取得居住权，居住权自登记时设立。题述情形中，甲在为乙办理房屋过户登记前，为丙办理了居住权登记，故丙已经继受取得居住权。之后甲与乙办理了房屋权属的变更登记，故乙取得了负担居住权的房屋的所有权。选项E不当选，居住权人有权按照合同约定，对他人的住宅享有占有、使用的用益物权，以满足生活居住的需要，一般情况下居住权人不得利用房屋进行收益。

8.31 **斯尔解析** **AC** 本题考查共有的性质。选项A当选，D不当选，共有是多人共享同一个所有权，无论是动产还是不动产，共有是所有权的联合，而不是所有权排他性的例外。选项B不当选，按份共有的共有人对其份额享有自由处分权，可以在其份额上设定担保物权。选项C当选，共有人对共有物的分割没有约定或者约定不明确的，按份共有人可以随时请求分割，共同共有人在共有的基础丧失或者有重大理由需要分割时可以请求分割。选项E不当选，按份共有人对共有的不动产或动产的处分行为，应当经占份额2/3以上的按份共有人同意，但是另有约定的除外；共同共有人对共有的不动产或动产的处分行为应经全体共同共有人同意，另有约定除外。

8.32 **斯尔解析** **BE** 本题考查业主的建筑物区分所有权。选项A不当选，选项B当选，业主共同决定事项，应当由专有部分面积占比2/3以上的业主且人数占比2/3以上的业主参与表决。业主共同决定的事项，一般应当经参与表决专有部分面积过半数的业主且参与表决人数过半数的业主同意，而对于以下三类事项，应当经参与表决专有部分面积3/4以上的业主且参与表决人数3/4以上的业主同意：（1）筹集建筑物及其附属设施的维修资金（选项CD不当选，选项E当选）；（2）改建、重建建筑物及其附属设施；（3）改变共有部分的用途或者利用共有部分从事经营活动。

8.33 **斯尔解析** **BCD** 本题考查地役权。选项A不当选，选项D当选，自物权只有所有权，地役权属于用益物权，属于他物权。选项BC当选，设立地役权，当事人应当采用书面形式订立地役权合同，地役权自地役权合同生效时设立。选项E不当选，地役权是需役地所有人或使用人享有的权利。

8.34 **斯尔解析** **CD** 本题考查地役权。选项A不当选，土地承包经营权、建设用地使用权等转让的，地役权一并转让。乙将自己的土地承包经营权转让于丁，无论地役权是否登记，丁法定取得地役权。因此，5月25日之后，丙无权拒绝丁在其受让的承包地上行使取水地役权。选项B不当选，选项C当选，地役权自地役权合同生效时设立。乙的取水地役权于3月9日地役权合同生效时设立。选项D当选，选项E不当选，甲将土地承包经营权转让给丙，该项地役权已经登记，丙法定负担为乙设立的地役权，因此，5月25日之前，乙有权在丙受让的承包地上行使取水地役权。

提示：地役权自地役权合同生效时设立。当事人要求登记的，可以向登记机构申请地役权登记；未经登记，不得对抗善意第三人。本题中已经登记，且未提及丁对登记事项是否已知，无法判断丁是否属于善意第三人，故不适用此法条，切勿混淆。

8.35 **斯尔解析** **BCDE** 本题考查抵押担保的债权范围。选项A不当选，选项BCDE当选，担保物权的担保范围可由当事人约定。若无约定，则应当包括主债权及其利息、违约金、损害赔偿金、保管担保财产和实现担保物权的费用，此为原则性规定，但是抵押权不同于质权和留置权，设立抵押权不转移抵押物的占有，抵押权人更不会因此而发生保管抵押物的费用，因此，抵押担保的债权范围不包括保管抵押物的费用。

8.36 **斯尔解析** **AD** 本题考查浮动抵押。选项A当选，设立抵押权，当事人应当采用书面形式订立抵押合同。选项B不当选，以动产抵押的，抵押权自抵押合同生效时设立，而非完成抵押登记时设立。选项C不当选，抵押人在其特定财产上为债权人设定抵押权之后，仍可保有对抵押财产之占有，且可对其进行使用和收益。选项D当选，选项E不当选，以现有及将有的设备等设定抵押，意味着抵押时抵押财产的范围尚未确定，处于浮动之中，此种抵押为动产浮动抵押。

8.37 **斯尔解析** **ACE** 本题考查抵押权和质权。选项A当选，选项B不当选，同一财产既设立抵押权又设立质权的，拍卖、变卖该财产所得的价款按照登记、交付的时间先后确定清偿顺序，本题中，乙的抵押权未登记，因此，丁的质权优先。选项CE当选，选项D不当选，动产抵押权自抵押合同生效时设立，而动产质押自交付质押财产时设立。

8.38 **斯尔解析** **ADE** 本题考查抵押权的设立与动产抵押的正常买受人规则。选项A当选，选项C不当选，本题适用动产"正常经营买受人规则"，以动产抵押的，不得对抗正常经营活动中已经支付合理价款并取得抵押财产的买受人，本题中，丙是正常经营买受人。选项B不当选，选项DE当选，以动产抵押的，抵押权自抵押合同生效时设立，未经登记，不得对抗善意第三人。5月10日办理抵押登记后，乙可以对抗善意第三人。

提示："正常经营买受人规则"作用于买受人，"登记对抗"作用于善意第三人，不同法条适用不同情形，并不相悖，现实生活中善意第三人和买受人并一定是会是同一人。

8.39 斯尔解析　**BDE**　本题考查质权的客体。选项AC不当选，只有动产与权利可设立质权，建设用地使用权和土地经营权可以抵押，但是不能出质。债务人或者第三人有权处分的下列权利可以出质：（1）汇票、本票、支票；（2）债券、存款单；（3）仓单、提单；（4）可以转让的基金份额、股权（选项B当选）；（5）可以转让的注册商标专用权、专利权、著作权等知识产权中的财产权；（6）现有的以及将有的应收账款（选项DE当选）；（7）法律、行政法规规定可以出质的其他财产权利。

8.40 斯尔解析　**ABD**　本题考查占有。选项AB当选，乙擅自将三轮车出质给丙属于无权处分，而丙对该三轮车不属于乙一事并不知情，丙可以善意取得质权，故丙对三轮车的占有属于有权占有，而丁偷偷骑走了该自行车，侵害了丙的占有，丙可基于占有返还请求权请求丁返还三轮车，也可基于其善意取得质权的物权请求权请求丁返还三轮车。选项C不当选，区分善意占有和恶意占有的前提是无权占有，本题中，乙对三轮车的占有属于有权占有，无善意或恶意之分。选项D当选，丁对三轮车的占有属于明知无权占有却仍然占有，属于恶意占有。选项E不当选，合法占有为留置权成立的条件之一，丁对三轮车的占有属于非法占有，不能取得留置权。

第九章 债 法
答案与解析

一、单项选择题

9.1 C	9.2 B	9.3 A	9.4 C	9.5 D
9.6 C	9.7 D	9.8 B	9.9 D	9.10 C
9.11 C	9.12 B	9.13 B	9.14 B	9.15 B
9.16 A	9.17 A	9.18 B	9.19 D	9.20 C
9.21 B	9.22 C	9.23 C	9.24 D	9.25 C
9.26 C	9.27 B	9.28 B	9.29 B	9.30 A
9.31 B	9.32 A			

二、多项选择题

9.33 AC	9.34 BE	9.35 BCD	9.36 ACE	9.37 BDE
9.38 AE	9.39 CD	9.40 ADE	9.41 BCD	9.42 BCE
9.43 BCD	9.44 AC	9.45 ACD	9.46 CE	9.47 ABD

一、单项选择题

9.1 【斯尔解析】**C** 本题考查债的发生原因及债的分类。选项C当选，意定之债，是指债的发生及其内容由当事人依其自由意思而决定的债，如合同之债、单方允诺之债。选项ABD不当选，法定之债，是指债的发生及其内容均由法律直接规定的债，包括缔约过失之债、侵权行为之债、无因管理之债、不当得利之债。

9.2 【斯尔解析】**B** 本题考查连带之债的细化规定。选项B当选，连带债务人之间的份额难以确定的，视为份额相同。部分连带债务人的债务被债权人免除的，在该连带债务人应当承担的份额范围内，其他债务人对债权人的债务消灭。题述情形下，甲、乙对债务承担的份额难以确定，视为份额相同，即甲、乙各承担5万元。丙免除乙的赔偿5万元，所以甲只需就剩余的5万元医药费进行赔偿。

9.3 【斯尔解析】**A** 本题考查不当得利。不当得利（法定之债）是指没有合法根据，致他人受损而获得的利益。不当得利发生后，即在得利人与受损人之间依法发生以不当利益返还为内容的债权债务关系。选项A当选，不当得利的类型分为给付不当得利和非给付不当得利。该选项所述事项是自然事件，属于因给付之外的法律事实而发生的非给付不当得利。选项B不当选，为履行道德义务而进行的给付不适用不当得利。选项C不当选，诉讼时效期间届满不影响债权，乙取得甲清偿的欠款有合法依据，不引起不当得利之债。选项D不当选，债务到期之前的清偿不适用不当得利。

9.4 【斯尔解析】**C** 本题考查债的发生。选项A不当选，其所述情形属于单方允诺（意定之债）的悬赏广告。选项BD不当选，其所述情形均为"好意施惠"，并未实质产生相应的债权债务关系。选项C当选，其所述情形，乙的行为构成侵权行为。非营运机动车发生交通事故造成无偿搭乘人损害，属于该机动车一方责任的，应当减轻其赔偿责任，但是机动车使用人有故意或者重大过失的除外。双方因此形成以损害赔偿为主要内容的债权债务关系，甲有权请求乙承担侵权责任。

9.5 【斯尔解析】**D** 本题考查缔约过失责任。选项D当选，甲公司实施了"假借订立合同，恶意进行磋商"的行为，给丙公司造成信赖利益损失，应当承担缔约过失责任。

9.6 【斯尔解析】**C** 本题考查债务的效力。选项C当选，附随义务，是指根据诚实信用原则，依债的关系发展情形所发生的对相对人的告知、照顾、保护等义务。附随义务指随债发生的进程中对相对人所产生的义务。如当事人在履行合同过程中，应当根据合同的性质、目的和交易习惯履行通知、协助、保密等义务。

9.7 【斯尔解析】**D** 本题考查债的效力。选项A不当选，选项D当选，从给付义务，是指辅助主给付义务的义务，它并不决定债的关系类型，但债权人可以就从给付义务独立诉请履行。题述情形中甲公司交付和田玉的品质鉴定书属于辅助买卖和田玉（主给付义务）的义务，从给付义务未履行，不影响主给付义务的履行，故王某仍须支付和田玉的价款。选项B不当选，次给付义务，是指当原给付义务在履行过程中，因特定事由发生变化而产生的义务。题述情形中交付品质鉴定书是一开始便与主给付义务同时存在的次给付义务，并不是中途才产生义务，故不属于次给付义务。选项C不当选，给付迟延的效力一般是各种赔偿，不包含解除合同。

第九章 债 法 | 答案与解析

9.8 〖斯尔解析〗 **B** 本题考查债的保全之债权人代位权。选项A不当选，债权人须在其债权已届履行期时，才能行使代位权。选项B当选，代位权须由债权人以自己的名义，通过诉讼方式行使。专属于债务人自身的债权不得行使代位权。所谓专属于债务人自身的债权，是指基于：（1）抚养费、赡养费或者扶养费请求权（选项C不当选）；（2）人身损害赔偿请求权（选项D不当选）；（3）劳动报酬请求权，但是超过债务人及其所扶养家属的生活必需费用的部分除外；（4）请求支付基本养老保险金、失业保险金、最低生活保障金等保障当事人基本生活的权利；（5）其他专属于债务人自身的权利。

9.9 〖斯尔解析〗 **D** 本题考查债权人撤销权。选项AC不当选，撤销权自债权人知道或者应当知道撤销事由之日起1年内行使，自债务人的行为发生之日起5年内没有行使撤销权的，该撤销权消灭。选项B不当选，撤销权属于"债的保全"，而非"债的担保"。选项D当选，债权人撤销权的适用情形包括：债务人放弃其债权、放弃债权担保、无偿转让财产等方式无偿处分财产权益，或者恶意延长其到期债权的履行期限，以明显不合理的低价转让财产、以明显不合理的高价受让他人财产或者为他人的债务提供担保。

9.10 〖斯尔解析〗 **C** 本题考查保证。选项A不当选，丙提供的是连带责任保证，不享有先诉抗辩权，甲有权直接请求丙承担保证责任。选项B不当选，债权人与债务人变更主债权债务合同的履行期限，未经保证人书面同意的，保证期间不受影响。选项C当选，选项D不当选，保证期间，是指确定保证人承担保证责任的期间。债权人与保证人对保证期间没有约定或约定不明确的，保证期间为主债务履行期限届满之日起6个月。本题中，保证期间届满日为2021年9月1日（主债务履行期限届满日2021年3月1日起6个月）。甲未在保证期间内请求丙承担保证责任，因此甲对丙不享有保证债权，也不存在诉讼时效的问题。

9.11 〖斯尔解析〗 **C** 本题考查定金和预付款。选项A不当选，选项C当选，定金合同属于实践合同，自实际交付定金时成立。选项BD不当选，定金不同于预付款，定金属于债的担保的一种，具有担保性质，预付款属于合同价款的一部分，不具有担保性质。

9.12 〖斯尔解析〗 **B** 本题考查债权转让。选项B当选，当事人约定非金钱债权不得转让的，不得对抗善意第三人。

提示：当事人约定金钱债权不得转让的，不得对抗第三人。

9.13 〖斯尔解析〗 **B** 本题考查合同的履行。选项B当选，在不改变债的内容的前提下，债务人可以将其债务的全部或者部分移转于第三人，但是法律规定不得移转的债务不能移转给第三人，如建设工程主体结构的施工必须由承包人自行完成。除此之外，根据合同性质不得移转的债务，如承揽合同中承揽方的义务；以及按照当事人的约定不得移转的债务不得移转。其他债务可以按照法律规定转让。选项ACD不当选，在上述情形中，经债权人同意，债务人可以转让债务。

9.14 〖斯尔解析〗 **B** 本题考查债务承担。选项B当选，选项ACD不当选，债务人将债务的全部或者部分转移给第三人的，应当经债权人同意，而不是口头或书面通知即可（法律并未对同意的形式作出限制）。

9.15 〖斯尔解析〗 **B** 本题考查承诺。选项A不当选，承诺是由受要约人向要约人作出。选项B当选，承诺自到达要约人时生效。选项C不当选，撤回承诺的通知在承诺到达要约人前或者与承诺同时到达要约人，均可发生撤回承诺的效力。选项D不当选，承诺一般应当以通知的方式作出，但是，根据交易习惯或者要约表明可以通过行为作出承诺的除外。

9.16 【斯尔解析】 A 本题考查物权和合同的关系。选项A当选，当事人之间订立有关设立不动产物权的合同，除法律另有规定或者合同另有约定外，自合同成立时生效；未办理物权登记的，不影响合同效力。

9.17 【斯尔解析】 A 本题考查双务合同履行中的抗辩权。选项A当选，没有先后履行顺序的，双方应当同时履行，一方不履行的，另一方可以主张同时履行抗辩权。选项BC不当选，不安抗辩权和后履行抗辩权适用于合同有先后履行顺序的情形，选项D不当选，对请求权的拒绝体现"抗辩权"，而非"形成权"。

9.18 【斯尔解析】 B 本题考查买卖合同。选项A不当选，缔约过失责任产生于缔约阶段，即合同订立过程中，本题中合同已经成立，不涉及缔约过失。选项B当选，选项C不当选，遥控器对于电视机来说起辅助配合作用，故电视机和遥控器分别属于主物和从物。一般情况下，主物所有权转移的，从物所有权也随之转移，即对主物的处分及于从物，因此，商场应当在交付电视机的同时交付遥控器。选项D不当选，选择之债，指债的标的有数宗，当事人可以选择其中之一为履行标的。可供选择的数宗给付须是内容相异、并列待选的。本题中的电视与遥控器并不属于并列待选的标的，商场应当交付电视机及遥控器，并无选择的权利。

9.19 【斯尔解析】 D 本题考查所有权保留买卖合同。选项D当选，当事人可以在买卖合同中约定买受人未履行支付价款或者其他义务的，标的物所有权属于出卖人。该等合同为所有权保留买卖合同。此类约定有效，货款付清之前，干洗机所有权仍归属于债权人甲。

9.20 【斯尔解析】 C 本题考查买卖合同的风险负担。选项AB不当选，标的物毁损灭失的风险，在标的物交付之前由出卖人承担，交付之后由买受人承担。法律另有规定或者当事人另有约定除外。题述情形下，吉他已交付甲演艺公司，同时风险也转移给甲演艺公司，即使吉他因在运输途中遭遇泥石流报废，甲演艺公司也应当支付价款。选项C当选，种类物之债，是指以种类物为标的的债，即标的物在债之关系成立时未加特定，因此是可以替代的。6月3日，订立买卖合同时，甲演艺公司并未指定乙公司交付特定的10把吉他。因此，甲、乙之间所订立买卖合同属于种类物之债。选项D不当选，依法成立的合同一般成立即生效。

提示：所有权保留买卖合同中的风险承担问题同样遵循标的物毁损灭失的风险，在标的物"交付之前由出卖人承担，交付之后由买受人承担"的原则。

9.21 【斯尔解析】 B 本题考查保证及保证合同。选项A不当选，保证，是指第三人和债权人约定，当债务人不履行到期债务或者发生当事人约定的情形时，由第三人按照约定履行债务或者承担责任，属于人的担保。选项B当选，选项D不当选，保证合同属于单务、无偿、诺成、要式合同，也属于从合同。选项C不当选，保证属于信用担保。

9.22 【斯尔解析】 C 本题考查民间借贷合同。选项AB不当选，民间借贷合同包括自然人之间的借款合同和其他借款合同，自然人之间的借款合同属于践成合同，自贷款人提供借款时成立；其他借款合同属于诺成合同，自合同成立时生效。选项C当选，民间借贷合同约定利率的上限为合同成立时一年期贷款市场报价利率的4倍,超过部分无效。选项D不当选,民间借贷合同的借款的利息不得预先在本金中扣除。利息预先在本金中扣除的,应当按照实际借款数额返还借款并计算利息

9.23 斯尔解析 C 本题考查租赁合同。选项A不当选,租赁合同中,出租人应当履行租赁物的维修义务,但当事人另有约定的除外。选项B不当选,租赁合同是不要式合同,租赁期限6个月以上的,应当采用书面形式;当事人未采用书面形式,无法确定租赁期限的,视为不定期租赁。该等事由不会影响租赁合同效力。选项C当选,租赁期限可由当事人约定,但约定的租赁期限不得超过20年,超过20年的,超过部分无效。选项D不当选,租赁合同是双务、有偿、诺成合同,而非实践合同。

9.24 斯尔解析 D 本题考查承揽合同。选项A不当选,题述情形下,甲、乙签订的合同为定作合同(承揽合同),即承揽人按照定作人的具体指定,用自己的材料制成成品交付定作人,取得定作物价金的合同,因此,制作材料应由乙公司提供。选项B不当选,承揽人交付的工作成果不符合质量要求的,应当承担修理、重作、减少报酬、赔偿损失等违约责任,甲大学不得请求强制履行。选项C不当选,承揽人应当以自己的设备、技术和劳力,完成主要工作,但当事人另有约定的除外。选项D当选,定作人享有任意解除权,但定作人应当赔偿因解除造成的承揽人损失。

提示:加工合同中,定作人提供材料或半成品,由承揽人加工;在定作合同中,承揽人提供材料并制成成品交付定作人。

9.25 斯尔解析 C 本题考查保管合同责任承担。选项C当选,保管期间,因保管人保管不善造成保管物毁损、灭失的,寄存人有权请求保管人承担赔偿责任。题述情形下,房屋烧毁并非因乙保管不善造成,甲只能请求侵权人丙赔偿。

提示:无偿保管中,保管人证明自己没有故意或者重大过失的,不承担赔偿责任。

9.26 斯尔解析 C 本题考查行纪合同。选项AD不当选,选项C当选,行纪人以自己的名义为委托人从事贸易活动,行纪人与第三人订立合同的,行纪人对该合同直接享有权利、承担义务,第三人不履行义务致使委托人受到损害的,行纪人应当承担赔偿责任,但行纪人与委托人另有约定的除外。选项B不当选,行纪人低于委托人指定的价格卖出或者高于委托人指定的价格买入的,应当经委托人同意。未经委托人同意,行纪人补偿其差额的,该买卖对委托人发生效力。

9.27 斯尔解析 B 本题考查中介合同。选项B当选,中介人促成合同成立的,委托人应当按照约定支付报酬。中介人未促成合同成立的,可以按照约定请求委托人支付从事中介活动支出的必要费用。题述情形中,合同未订立,交易未促成,因此,乙不能请求甲支付报酬。至于是否支付必要费用,题中未提及是否有约定,则不予考虑。

9.28 斯尔解析 B 本题考查合同的性质。选项A不当选,建设工程合同是诺成、双务、有偿、要式合同。选项B当选,委托合同为双务、不要式合同。选项CD不当选,赠与合同和借用合同属于单务、不要式合同。

提示:单务合同中,仅一方当事人负担给付义务,即合同成立生效后,主要由一方承担义务,另一方并不负有相对义务的合同。借用合同,是出借人将借用物提供给借用人,借用

合同生效后，只存在借用人按照约定使用并按期返还借用物的义务，出借人不需要承担任何义务，故属于单务合同。

9.29 【斯尔解析】 B 本题考查侵权责任的归责原则。过错责任，即行为人因其过错而承担责任，其构成要件有：（1）损害（选项A不当选）。（2）加害行为违法（选项C不当选）。（3）加害行为与损害之间存在因果关系。（4）行为人的过错（选项D不当选）。选项B当选，违反合同义务并不属于过错责任的构成要件。

9.30 【斯尔解析】 A 本题考查雇主责任。选项A当选，用人单位的工作人员因执行工作任务造成他人损害的，由用人单位承担侵权责任。本题中，司机简某是在送旅客前往景点途中致游客张某受伤，即因执行工作任务造成的他人损害，应由旅游公司对张某承担赔偿责任。

9.31 【斯尔解析】 B 本题考查建筑物和物件损害责任。选项B当选，建筑物的搁置物坠落造成他人损害，所有人、管理人或者使用人不能证明自己没有过错的，应当承担侵权责任。因此，该等情形适用过错推定原则。

提示：无过错责任原则与过错推定原则不同的是，不论行为人有无过错（无须"自证清白"），法律规定应承担侵权责任的，即承担。

9.32 【斯尔解析】 A 本题考查损害赔偿的适用。选项A当选，明知产品存在缺陷仍然生产、销售，或者没有依法采取有效补救措施造成他人死亡或者健康严重损害的，被侵权人有权请求相应的惩罚性赔偿。题述情形下，明知产品存在品质缺陷仍然生产、销售且造成严重后果，受害人有权请求相应的惩罚性赔偿。选项B不当选，乙汽车生产商虽未采取措施，但题述情形下并未表明是否造成他人死亡或者健康严重损害，因此，受害人不能请求惩罚性赔偿。选项C不当选，侵权人违反法律规定故意污染环境、破坏生态造成严重后果的，被侵权人有权请求相应的惩罚性赔偿。题述情形下，"一定程度污染"并非严重后果，此种情形下，受害人不得请求惩罚性赔偿。选项D不当选，故意侵害他人知识产权，情节严重的，被侵权人有权请求相应的惩罚性赔偿。题述情形下，"一定损害"并非情节严重，专利权人不能请求惩罚性赔偿。

二、多项选择题

9.33 【斯尔解析】 AC 本题考查债的发生原因。债发生的原因包括合同、缔约过失、单方允诺、侵权行为、无因管理以及不当得利。选项A当选，甲盗用乙的设计图属于侵权行为。选项C当选，由于天气原因，甲鱼塘的鱼游到乙鱼塘，乙获得了财产利益而甲受到了损失，属于不当得利。选项BDE不当选，选项所述情形分别属于纳税、生产和先占，均不会引起债的发生。

9.34 【斯尔解析】 BE 本题考查侵权责任。选项A不当选，根据民法典的规定，因保护他人民事权益使自己受到损害的，由侵权人承担民事责任，受益人可以给予适当补偿。没有侵权人、侵权人逃逸或者无力承担民事责任，受害人请求补偿的，受益人应当给予适当补偿（不是赔偿）。选项B当选，行为人因过错侵害他人民事权益造成损害的，应当承担侵权责任。选项C不当选，因自愿实施紧急救助行为造成受助人损害的，救助人不承担民事责任（紧急救助）。选项D不当选，因紧急避险造成损害的，由引起险情发生的人承担民事责任，题述情形中，甲紧急扭转方向盘是为躲避横穿马路的骑车人，故乙无权请求甲进行赔偿。选项E当选，保管期内，因保管人保管不善造成保管物毁损、灭失的，保管人应当承担赔偿责任。但是，无偿保管人证明自己没有故意或者重大过失的，不承担赔偿责任。题述情形中，是由于甲酒店的工作人员管理不当丢失乙的行李，因此，甲酒店应当承担赔偿责任。

9.35 斯尔解析 **BCD** 本题考查受领迟延。选项AE不当选，选项C当选，受领迟延，是债权人对债务人已提出的给付，未受领或者未为给付完成提供必要协助的事实，是债权人（而非债务人）对协助义务的违反。债权人受领迟延的构成要件包括：（1）须有履行上需要债权人协助的债务；（2）须债务人已按债的内容提出给付，使债权人处于可予受领的状态（选项B当选）；（3）须债权人未予受领，包括不能受领和拒绝受领两种情况（选项D当选）。

9.36 斯尔解析 **ACE** 本题考查给付义务的类型。选项A当选，后合同义务和前合同义务相对，前合同义务是合同生效前的义务，后合同义务是合同关系消灭后的义务，甲、乙完成交易后对交易所涉商业秘密的保密义务属于后合同义务。选项B不当选，当事人为订立合同而进行接触、磋商阶段所负担的说明、告知、保护、注意等义务属于前合同义务，不属于从给付义务。选项CE当选，甲公司交付货船的义务和乙公司支付货款的义务属于主给付义务。选项D不当选，交付货船相关文件或者资料为从给付义务，而非附随义务。

提示：从给付义务与随附义务的主要区别，从给付义务的目的在于辅助主给付义务的实现，且其内容在债的发生时通常可以得到确定；附随义务的作用在于弥补给付义务的不足，且在债发生之后才可能确定。

9.37 斯尔解析 **BDE** 本题考查债的保全之代位权。债权人不得就专属于债务人自身的债权行使代位权。专属于债务人自身的债权包括：（1）抚养费、赡养费或者扶养费请求权（选项C不当选）。（2）人身损害赔偿请求权（选项A不当选）。（3）劳动报酬请求权，但是超过债务人及其所扶养家属的生活必需费用的部分除外。（4）请求支付基本养老保险金、失业保险金、最低生活保障金等保障当事人基本生活的权利。（5）其他专属于债务人自身的权利。选项BDE当选，货款给付请求权、租金给付请求权以及运费给付请求权非专属于债务人自身的债权，债权人可以代位行使。

9.38 斯尔解析 **AE** 本题考查债务违反之给付迟延。给付迟延的构成要件包括：（1）债务已届满履行期（选项C不当选）。（2）给付须为可能（选项A当选）。（3）须有可归责于债务人的事由（选项E当选）。（4）债务人未为给付。选项B不当选，债务人拒绝给付可能构成给付拒绝，而非给付迟延。选项D不当选，标的物灭失会导致不可能给付，构成的是给付不能，而非给付迟延。

9.39 斯尔解析 **CD** 本题考查法定抵销。法定抵销应具备下列条件：（1）须双方互享债权、互负债务。（2）须双方互负债务属于同一种类。（3）须主动债权已届至清偿期。（4）须债权债务依其性质或者法律规定可以为抵销。选项A不当选，本题中，甲公司和乙公司互享债权、互负债务，双方互负的债务均属于金钱之债，属于同一种类，甲公司欠乙公司的货款与乙公司欠甲公司的加工费均已至清偿期，且该债权债务非禁止抵销的债权债务，因此，当事人双方均可以主张抵销。选项BE不当选，选项CD当选，对于法定抵销，当事人主张抵销的，应当通知对方，无须对方同意。通知自到达对方时生效，双方对等数额的债权债务即归于消灭。

9.40 ⓢ斯尔解析　**ADE**　本题考查要约和要约邀请。选项A当选，选项C不当选，招标是招标人向数个相对人公开发出缔约的愿望，即希望他人向自己发出要约的意思表示，属于要约邀请。选项B不当选，选项D当选，投标是受招标人许可的人以接受标书为条件向招标人发出缔约意思表示，即希望与他人订立合同的意思表示，属于要约。选项E当选，定标是招标人对所有投标进行评估，选择最优投标人承诺与之缔约，属于承诺。

9.41 ⓢ斯尔解析　**BCD**　本题考查格式条款。选项A不当选，选项C当选，对格式条款的理解发生争议的，应当按照通常理解予以解释；对格式条款有两种以上解释的，应当作出不利于提供格式条款一方的解释。选项B当选，提供格式条款的一方在合同订立时应当采用通常足以引起对方注意的文字、符号、字体等明显标识，提示对方注意免除或者减轻其责任、排除或者限制对方权利等与对方有重大利害关系的异常条款，并且应当按照对方的要求，就与对方有重大利害关系的异常条款的概念、内容及其法律后果以书面或者口头形式向对方作出通常能够理解的解释说明。提供格式条款的一方未履行提示或者说明义务，致使对方没有注意或者理解与其有重大利害关系的条款的，对方可以主张该条款不成为合同的内容。选项D当选，格式条款和非格式条款不一致的，应当采用非格式条款。选项E不当选，提供格式条款一方排除对方主要权利的条款无效，而不是一律无效。

9.42 ⓢ斯尔解析　**BCE**　本题考查民事法律行为的效力及买卖合同的成立等。选项A不当选，选项B当选，题述情形下，甲未向乙披露（无论是甲不清楚该房屋为"凶宅"，抑或是故意未披露），该合同均可撤销。只不过若甲故意不披露，则构成欺诈；而甲不知情则可能构成重大误解。该等情形均属于可撤销合同。可撤销合同被撤销前为生效合同，撤销后自始无效。选项CE当选，选项D不当选，一般情况下，当事人意思表示一致合同即成立并生效。登记不影响合同生效与否，而是会产生物权变动的效力。

9.43 ⓢ斯尔解析　**BCD**　本题考查合同的效力等。选项A不当选，选项BC当选，乙能否考上音乐学院是一件不确定的事情，甲和乙之间的合同属于附条件的买卖合同，附条件的合同自条件成就时生效，因此，甲和乙之间的买卖合同在乙考上音乐学院后才生效；而甲和丙之间的买卖合同为一般买卖合同，成立即生效。故甲、丙之间的买卖合同先于甲、乙之间的买卖合同生效。选项D当选，甲和乙之间的买卖合同有效，但是甲未能按约将小提琴交付给乙，甲应承担违约责任。选项E不当选，甲将小提琴卖给丙时属于有权处分，不涉及善意取得的问题，丙基于买卖合同而继受取得小提琴所有权。

9.44 ⓢ斯尔解析　**AC**　本题考查定金与违约金的适用。选项AC当选，选项BDE不当选，当事人既约定违约金，又约定定金的，一方违约时，对方可以选择适用违约金或者定金条款。定金的数额可以由当事人约定，但是不得超过主合同标的额的20%，超过部分不产生定金的效力。本题中，定金数额应为20万元，超过部分10万元为预付款，不发生定金效力。因此，当甲厂违约时，乙厂可以拒绝返还20万元定金（但超过定金上限的10万元预付款，应当返还）或返还30万元后，请求甲厂支付20万元违约金。

9.45 🔍斯尔解析　**ACD**　本题考查合同性质。选项ACD当选，以标的物的交付作为成立要件的合同为践成合同。其主要包括保管合同、定金合同、自然人之间的借款合同、借用合同。选项BE不当选，租赁合同、仓储合同为诺成合同。

9.46 🔍斯尔解析　**CE**　本题考查提存。选项A不当选，提存成立的，视为债务人在其提存范围内已经交付标的物。甲提存后，藏品的所有权归属于乙。选项B不当选，自提存之日起，甲的对待给付义务消灭。题中并未提及乙是否支付价款，故无法确定乙的对待给付义务是否消灭。选项C当选，提存后，应由乙承担藏品毁损灭失的风险。因此，若提存期间藏品意外损坏灭失，乙仍应支付50万元价款。选项D不当选，提存期间，债权人对债务人负有到期债务的，在债权人未履行债务或者提供担保之前，提存部门根据债务人的要求应当拒绝其领取提存物。选项E当选，债权人领取提存物的权利，自提存之日起5年内不行使而消灭，提存物扣除提存费用后归国家所有。

9.47 🔍斯尔解析　**ABD**　本题考查侵权责任的归责原则。选项AD当选，"被广告牌砸伤""被外墙墙砖砸坏"均属于建筑物和物件损害责任，此种情形大多为过错推定责任。选项B当选，个人饲养动物损害责任属于无过错责任。但动物园的动物损害责任属于过错推定责任。选项C不当选，网络用户、网络服务提供者责任均属于过错责任。选项E不当选，雇主责任，也称"用人者责任"，属于无过错责任、替代责任。

一、单项选择题

9.48 ▶ B   9.49 ▶ A

二、多项选择题

9.50 ▶ BD   9.51 ▶ ACDE

一、单项选择题

9.48 【斯尔解析】 **B** 本题考查给付义务的类型。选项A不当选，给付行为，是指当债的类型或性质确定，给付内容只考虑给付行为本身，而不考虑是否有预期利益即发生履行效力的给付。如律师代理，律师只要依约完成代理行为，即完成了给付义务。选项B当选，给付效果，是指依债的类型或性质确定，给付内容不仅要考虑行为本身，还要谋求相对人预期利益的给付。如承揽，承揽人不仅要完成承揽行为，还要使该行为达到定作人预期的效果。否则，即使有承揽行为，亦属未完成给付。选项C不当选，主给付义务，是指债的关系所固有的、必备的并决定债的关系类型的基本义务。从给付义务，是指辅助主给付义务的义务，它并不决定债的关系类型，但债权人可以就从给付义务独立诉请履行。买卖合同中出卖人交付标的物使用说明书的义务是从给付义务。选项D不当选，附随义务是指根据诚实信用原则，依债的关系发展情形所发生的对相对人的告知、照顾、保护等义务。宾馆对旅客财产的安全保障义务是附随义务。

9.49 【斯尔解析】 **A** 本题考查定金类型和定金罚则。选项A当选，当事人交付留置金、担保金、保证金、订约金、押金或者订金等，但是没有约定定金性质，一方主张适用定金罚则的，人民法院不予支持。选项B不当选，当事人约定了定金性质，但是未约定定金类型或者约定不明，一方主张为违约定金的，人民法院应予支持。选项C不当选，当事人约定定金性质为解约定金，交付定金的一方主张以丧失定金为代价解除合同的，或者收受定金的一方主张以双倍返还定金为代价解除合同的，人民法院应予支持。选项D不当选，双方当事人均具有致使不能实现合同目的的违约行为，其中一方请求适用定金罚则的，人民法院不予支持。当事人一方仅有轻微违约，对方具有致使不能实现合同目的的违约行为，轻微违约方主张适用定金罚则，对方以轻微违约方也构成违约为由抗辩的，人民法院对该抗辩不予支持。

二、多项选择题

9.50 **斯尔解析** **BD** 本题考查债权的多重转让。选项AC不当选，选项B当选，让与人将同一债权转让给两个以上受让人，债务人以已经向最先通知的受让人履行为由主张其不再履行债务的，人民法院应予支持。本题中，债权多重转让的，转让人和受让人的合同均有效，即甲与丙、甲与丁的转让合同均有效。甲于1月1日通知乙将债权转让给了丁；于2月1日通知乙将债权转让给了丙，因此丁属于最先通知的受让人，乙应向丁履行债务。选项D当选，选项E不当选，债务人明知接受履行的受让人不是最先通知的受让人，最先通知的受让人请求债务人继续履行债务或者依据债权转让协议请求让与人承担违约责任的，人民法院应予支持；选项E不当选，最先通知的受让人请求接受履行的受让人返还其接受的财产的，人民法院不予支持，但是接受履行的受让人明知该债权在其受让前已经转让给其他受让人的除外。

9.51 **斯尔解析** **ACDE** 本题第三人代为履行。根据《合同编通则解释》第30条规定，《民法典》第524条规定的对履行债务具有合法利益的第三人包括：

（1）保证人或者提供物的担保的第三人。（选项A当选）

（2）担保财产的受让人、用益物权人、合法占有人。

（3）担保财产上的后顺位担保权人。（选项C当选）

（4）对债务人的财产享有合法权益且该权益将因财产被强制执行而丧失的第三人。（选项E当选）

（5）债务人为法人或者非法人组织的，其出资人或者设立人。

（6）债务人为自然人的，其近亲属。（选项D当选）

（7）其他对履行债务具有合法利益的第三人。

第十章 婚姻家庭与继承法
答案与解析

做经典

一、单项选择题

| 10.1 ▶ C | 10.2 ▶ D | 10.3 ▶ B | 10.4 ▶ C | 10.5 ▶ B |
| 10.6 ▶ D | 10.7 ▶ A | 10.8 ▶ C | 10.9 ▶ C | 10.10 ▶ C |

二、多项选择题

| 10.11 ▶ DE | 10.12 ▶ CE | 10.13 ▶ ADE | 10.14 ▶ CDE | 10.15 ▶ AB |
| 10.16 ▶ BD | 10.17 ▶ ACDE | 10.18 ▶ AE |

一、单项选择题

10.1 **斯尔解析** C 本题考查婚姻无效。选项AB不当选，选项C当选，对婚姻效力的审理不适用调解，应当依法作出判决；但涉及财产分割和子女抚养的，可以调解，调解达成协议的，另行制作调解书；未达成协议的，应当一并作出判决。选项D不当选，法院受理请求确认婚姻无效案件后，原告申请撤诉的，不予准许。

10.2 **斯尔解析** D 本题考查无效婚姻和可撤销婚姻的辨析。选项ABC不当选，其所述情形均属于无效婚姻。选项D当选，可撤销婚姻的事由：（1）因受胁迫而主张撤销的婚姻。（2）因对方隐瞒重大疾病而主张撤销的婚姻。

10.3 **斯尔解析** B 本题考查夫妻共同财产。选项AD不当选，夫妻一方个人财产在婚后产生的孳息和自然增值属于个人财产。利息（法定孳息）、玉石婚后升值（自然增值）当属一方个人财产。选项B当选，由一方婚前承租、婚后用共同财产购买的房屋，登记在一方名下的，应当认定为夫妻共同财产。选项C不当选，一方的婚前财产，当属一方个人财产。

10.4 **斯尔解析** C 本题考查夫妻共同债务清偿。选项AB不当选，夫妻一方在婚姻关系存续期间以个人名义为家庭日常生活需要所负的债务，属于夫妻共同债务。离婚时，夫妻共同债务，应当共同偿还。即使题述情形约定夫妻离婚后对夫妻共同债务的清偿方式，该约定对债权人丙不发生效力。丙仍然有权要求甲或乙承担全部清偿责任。选项C当选，选项D不当选，按甲、乙双方约定，婚姻关系存续期间的债务全部由乙偿还，若甲清偿10万元债务，则有权向乙追偿10万元。

10.5 　斯尔解析　　**B**　本题考查离婚的法律后果。选项B当选，男女双方可以约定婚姻关系存续期间所得的财产以及婚前财产归各自所有、共同所有或者部分各自所有、部分共同所有。约定应当采用书面形式。该约定属于王大毛与张小喵真实意思表示，该约定合法有效。张小喵不得主张约定无效。

10.6 　斯尔解析　　**D**　本题考查收养。选项A不当选，因双方协议而解除收养关系的，双方当事人应向公证机关或基层政权机关提出申请，以公证机关发给的收养关系解除的公证书或者基层政权机关办理解除收养关系的登记为准。选项B不当选，收养人在被收养人成年以前，原则上不得解除收养关系，但是收养人、送养人双方协议解除的除外。选项C不当选，收养关系自登记之日起成立。选项D当选，收养人必须具有抚养、教育和保护被收养人的条件。有配偶者收养子女，应当夫妻共同收养。

10.7 　斯尔解析　　**A**　本题考查收养的解除。选项A当选，选项BCD不当选，收养关系解除后，养子女与养父母及其他近亲属间的权利义务关系即行消除，与其生父母及其他近亲属之间的权利义务关系自行恢复。但是，成年养子女与生父母及其他近亲属之间的权利义务关系是否恢复，可以协商确定。

10.8 　斯尔解析　　**C**　本题考查继承。选项C当选，根据规定，相互有继承关系的数人在同一事件中死亡，难以确定死亡时间的，推定没有其他继承人的人先死亡。都有其他继承人，辈分不同的，推定长辈先死亡；辈分相同的，推定同时死亡，相互不发生继承。

10.9 　斯尔解析　　**C**　本题考查遗赠。选项A不当选，遗赠属于单方民事法律行为，只要将遗赠内容载入遗嘱，不需要受遗赠人同意即可产生法律效力。选项BD不当选，受遗赠人既可以是自然人，也可以是非自然人，但作为受遗赠人的自然人必须是法定继承人以外的人。选项C当选，遗赠人生前所为的遗赠行为只有到他死亡时才发生法律效力，受遗赠人才有权取得遗嘱中所指定的遗赠给他的遗产。

10.10 　斯尔解析　　**C**　本题考查遗产管理人。选项A不当选，对遗产管理人的确定有争议的，利害关系人可以向法院申请指定遗产管理人。选项BD不当选，没有继承人或者继承人均放弃继承的，由被继承人生前住所地的民政部门或者村民委员会担任遗产管理人。选项C当选，没有遗嘱执行人的，继承人应当及时推选遗产管理人；继承人未推选的，由继承人共同担任遗产管理人。

二、多项选择题

10.11 　斯尔解析　　**DE**　本题考查婚姻无效和可撤销的区分。选项A不当选，法定婚龄为男性不早于22周岁，女性不早于20周岁。未达到法定婚龄的，婚姻无效，而非可撤销。选项B不当选，直系血亲或者三代以内的旁系血亲禁止结婚。表兄妹属于三代以内旁系血亲，该等婚姻无效。选项C不当选，夫妻一方被宣告死亡的，婚姻关系自动消除，另一方再结婚的，一般为有效婚姻。选项D当选，因胁迫结婚的，受胁迫的一方可以自胁迫行为终止之日起1年内提出请求撤销婚姻。选项E当选，一方患有重大疾病的，应当在结婚登记前如实告知另一方；未如实告知的，另一方可以向法院请求撤销婚姻。

10.12 【斯尔解析】 **CE** 本题考查夫妻共同财产。夫妻在婚姻关系存续期间所得的下列财产为夫妻共同财产，为夫妻共同所有：（1）工资、奖金、劳务报酬。（2）生产、经营、投资的收益。（3）知识产权的收益（选项E当选）。（4）继承或者受赠的财产（选项C当选），但民法典特别规定的属夫妻一方的个人财产除外。（5）其他应当归于共同所有的财产。选项ABD不当选，婚姻关系存续期间，一方因受到人身损害获得的赔偿和补偿、一方专用的生活用品属于个人财产。

10.13 【斯尔解析】 **ADE** 本题考查诉讼离婚。选项A当选，法院审理离婚案件，应当进行调解；如果感情确已破裂，调解无效，应当准予离婚。选项B不当选，因感情不和分居满2年，调解无效的，应当准予离婚。选项C不当选，一方被宣告失踪，另一方提出离婚诉讼的，应准予离婚。选项D当选，完成离婚登记，或者离婚判决书、调解书生效，即解除婚姻关系。选项E当选，经法院判决不准离婚后，双方又分居满1年，一方再次提起离婚诉讼的，应当准予离婚。

10.14 【斯尔解析】 **CDE** 本题考查法定继承。选项A不当选，选项D当选，配偶、子女、父母为第一顺序继承人。兄弟姐妹、祖父母、外祖父母为第二顺序继承人。选项B不当选，对公婆、岳父母尽了主要赡养义务的丧偶儿媳、丧偶女婿可以作为第一顺序继承人。选项CE当选，所述均正确。

10.15 【斯尔解析】 **AB** 本题考查遗嘱继承。选项A当选，无民事行为能力人、限制民事行为能力人以及其他不具有见证能力的人不能作为遗嘱见证人；除此之外，继承人、受遗赠人以及与继承人、受遗赠人有利害关系的人（债权人、债务人、共同经营的合伙人）也不能作为遗嘱见证人。选项B当选，遗嘱人可以在遗嘱中指定法定继承人中的一个或数个执行遗嘱，也可以指定在法定继承人以外的人执行遗嘱，还可以指定某些单位或组织充当遗嘱执行人。选项C不当选，遗嘱人立遗嘱时具有完全民事行为能力，后来成为无民事行为能力人或者限制民事行为能力人的，不影响遗嘱的效力。选项D不当选，公证遗嘱无须两个以上见证人在场见证。选项E不当选，遗嘱被篡改的，篡改的内容无效。

10.16 【斯尔解析】 **BD** 本题考查遗嘱的效力。选项ACE不当选，选项B当选，立有数份遗嘱，内容相抵触的，以最后的遗嘱为准。选项D当选，遗嘱未处分的遗产，应当按法定继承处理。

10.17 【斯尔解析】 **ACDE** 本题考查遗产归属和处理规则。遗产管理人应当履行下列职责：（1）清理遗产并制作遗产清单。（2）向继承人报告遗产情况（选项A当选）。（3）采取必要措施防止遗产毁损。（4）处理被继承人的债权债务（选项B不当选）。（5）按照遗嘱或者依照法律规定分割遗产（选项E当选）。（6）实施与管理遗产有关的其他必要行为。选项C当选，继承人可以在继承开始后随时请求分割遗产。选项D当选，继承开始后，遗产转归全体继承人共同共有。

10.18 斯尔解析　AE　本题考查遗赠抚养协议与遗赠。选项A当选，遗赠扶养协议是有偿、诺成、双方民事法律行为。选项B不当选，自然人可以与继承人以外的组织或者个人签订遗赠扶养协议。选项C不当选，继承开始后，如果遗赠扶养协议与遗嘱没有抵触，遗产分别按协议和遗嘱处理；如果有抵触，按协议处理。选项D不当选，选项E当选，遗赠扶养协议是生前行为和死后行为的统一。遗赠扶养协议从协议成立之日起开始发生法律效力，而遗赠是从遗赠人死亡之日起发生法律效力。

一、单项选择题

10.19 ▶ D   10.20 ▶ A

二、多项选择题

10.21 ▶ CE   10.22 ▶ ABD

一、单项选择题

10.19 斯尔解析 **D** 本题考查结婚的程序。选项AB不当选，结婚程序，是指法律规定的缔结婚姻所必须采取的方式。结婚登记的程序分为申请、审查和登记三个环节。选项C不当选，自愿结婚的男女，双方应当亲自到一方户口所在地的婚姻登记管理机关申请结婚登记。选项D当选，婚姻登记员应当询问当事人的结婚意愿、审查当事人出具的证件、证明材料并监督当事人各自在《申请婚姻登记声明书》上签字、按指纹，认定当事人是否符合结婚条件。婚姻登记员对当事人提交的证件和证明材料进行形式审查，无须进行实质审查。

10.20 斯尔解析 **A** 本题考查夫妻财产关系。选项A当选，选项BCD不当选，婚前或者婚姻关系存续期间，当事人约定将一方所有的房产赠与另一方的，不属于夫妻财产制的约定。赠与方在赠与房产变更登记之前可以依据《中华人民共和国民法典》第658条的规定撤销赠与，即赠与合同为有效合同，赠与方在赠与房产变更登记之前可以主张撤销该赠与合同。

二、多项选择题

10.21 斯尔解析 **CE** 本题考查可撤销婚姻。选项AD不当选，选项E当选，因胁迫结婚的，受胁迫的一方可以向法院请求撤销婚姻。请求撤销婚姻的，应当自胁迫行为终止之日起1年内提出。一方患有重大疾病的，应当在结婚登记前如实告知另一方；不如实告知的，另一方可以向法院请求撤销婚姻。请求撤销婚姻的，应当自知道或者应当知道撤销事由之日起1年内提出。选项B不当选，在当事人行使撤销权之前，婚姻关系有效，双方当事人之间产生夫妻人身和财产方面的权利和义务，但婚姻因撤销权的行使自始没有法律拘束力。选项C当选，可撤销婚姻中，撤销权在性质上属于以诉讼方式实施的形成权。撤销权作为形成权，受到除斥期间的限制。

10.22 斯尔解析 **ABD** 本题考查遗产债务清偿的原则。遗产债务清偿的原则如下：
（1）遗产债务的清偿遵循遗产债务限定继承原则。该原则是指继承人对遗产债务的偿还以所得遗产实际价值为限的原则。（选项A当选）

（2）保留必留份份额原则。必留份是指被继承人在遗嘱处分自己的遗产时，必须依法留给特定继承人、不得自由处分的遗产份额，遗嘱非法处分必留份的，该部分遗嘱内容无效。（选项B当选）

（3）遗产债务优先于执行遗赠的原则。（选项D当选）

第十一章 个人独资企业法 答案与解析

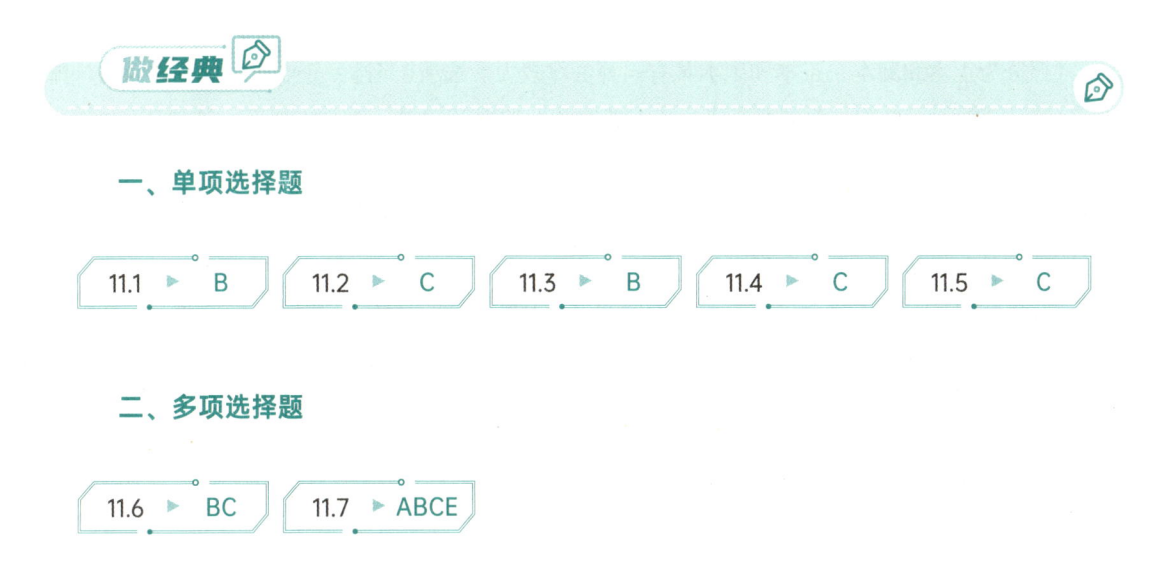

一、单项选择题

| 11.1 | B | 11.2 | C | 11.3 | B | 11.4 | C | 11.5 | C |

二、多项选择题

| 11.6 | BC | 11.7 | ABCE |

一、单项选择题

11.1 【斯尔解析】 B 本题考查个人独资企业的概念。选项A不当选,个人独资企业是一个经营实体,但不具有法人资格。选项B当选,个人独资企业的出资人可以自行管理企业事务,也可以委托或者聘用其他具有民事行为能力的人担任企业事务管理。选项C不当选,个人独资企业投资人的个人财产与企业财产不分离,投资人对企业债务承担无限责任。选项D不当选,个人独资企业是由一个自然人投资设立的企业,企业的出资人是一个自然人,并且仅指中国公民。

11.2 【斯尔解析】 C 本题考查个人独资企业的特征和事务管理等。选项A不当选,个人独资企业的名称中不得使用"有限""有限责任"或者"公司"等字样。选项B不当选,个人独资企业适用个人独资企业法。选项D不当选,投资人对受托人或者被聘用的人员职权的限制,不得对抗善意第三人。选项C当选,其所述为正确表述。

11.3 【斯尔解析】 B 本题考查个人独资企业成立时间。选项B当选,个人独资企业营业执照的签发日期为个人独资企业成立日期。

11.4 【斯尔解析】 C 本题考查个人独资企业的特征。选项A不当选,个人独资企业是由一个自然人投资设立的企业,企业的出资人是一个自然人,并且仅指中国公民。选项B不当选,选项C当选,个人独资企业是一个经营实体,但不具有法人资格。选项D不当选,个人独资企业的内部机构设置简单,经营管理方式灵活。

11.5 【斯尔解析】 C 本题考查个人独资企业的变更登记和清算。选项A不当选,个人独资企业存续期间登记事项发生变更的,应当办理变更登记。选项B不当选,登记机关应当在收到投资人所提交且符合法律规定的全部文件并符合法定条件的予以核准，换发营业执照。选项C当选，选项D不当选，个人独资企业解散，由投资人自行清算或者由债权人申请法院指定清算人进行清算。投资人自行清算的，应当在清算前15日内书面通知债权人，无法通知的，应当予以公告。

二、多项选择题

11.6 【斯尔解析】 **BC** 本题考查个人独资企业的特征等。选项A不当选，个人独资企业营业执照分为正本和副本，正本和副本具有同等法律效力。选项B当选，企业应当依法设置会计账簿，进行会计核算。选项C当选，个人独资企业的财产归投资人个人所有。选项D不当选，个人独资企业的投资人为一个自然人，即使以家庭财产出资，也只能以一个自然人的名义设立。选项E不当选，个人独资企业投资人可以自行管理企业事务，也可以委托或者聘用其他具有民事行为能力的人负责企业的事务管理。

11.7 【斯尔解析】 **ABCE** 本题考查个人独资企业解散的情形。有下列情形之一的，个人独资企业解散：（1）投资人决定解散（选项C当选）。（2）投资人死亡或者被宣告死亡，无继承人或者继承人放弃继承（选项BE当选）。（3）被依法吊销营业执照（选项A当选）。（4）法律、行政法规规定的其他情形。选项D不当选，投资者丧失行为能力并不必然导致个人独资企业解散。

第十二章 合伙企业法
答案与解析

一、单项选择题

12.1	C	12.2	C	12.3	B	12.4	A	12.5	A
12.6	D	12.7	C	12.8	C	12.9	D	12.10	C
12.11	A	12.12	A	12.13	B	12.14	D

二、多项选择题

| 12.15 | DE | 12.16 | ABE | 12.17 | CDE | 12.18 | ABE | 12.19 | BE |
| 12.20 | ABCD | 12.21 | ABD | 12.22 | ACDE | 12.23 | ACDE | 12.24 | ABC |

一、单项选择题

12.1 【斯尔解析】 C 本题考查合伙企业的特征。选项AB不当选，合伙企业属于商事合伙，不具有法人资格。选项C当选，合伙协议应当依法由全体合伙人协商一致，以书面形式订立。选项D不当选，合伙企业具有人合的团体性。

12.2 【斯尔解析】 C 本题考查普通合伙企业的设立。选项AB不当选，普通合伙企业应有2个以上合伙人，合伙人可以是自然人，也可以是法人或者其他组织。选项D不当选，普通合伙企业的合伙人全部为普通合伙人，普通合伙人可以以劳务出资。

12.3 【斯尔解析】 B 本题考查合伙企业的财产及财产份额的转让及出质。选项A不当选，合伙企业的财产包括原始财产和积累财产。原始财产是指全体合伙人的出资，积累财产包括：合伙企业成立以后以合伙企业的名义依法取得的全部收益以及依法取得的其他财产。选项B当选，选项D不当选，合伙人之间转让在合伙企业中的全部或者部分财产份额时，应当通知其他合伙人，但无须经全体合伙人一致同意；合伙人向合伙人以外的人转让其在合伙企业中的财产份额时，除合伙协议另有约定外，须经其他合伙人一致同意。选项C不当选，合伙人以其在合伙企业中的财产份额出质的，须经其他合伙人一致同意。合伙协议对此约定无效。

12.4 【斯尔解析】 A 本题考查合伙事务的执行。选项A当选，执行合伙事务由全体合伙人共同执行。这是合伙企业事务执行的基本形式。选项B不当选，自然人、法人、其他组织均可执行合伙事务。作为合伙人的法人、其他组织执行合伙事务的，由其委派的代表执行。选项C不当选，合伙人有查阅合伙企业会计账簿等财务资料的权利。选项D不当选，合伙人分别执行合伙事务的，执行事务合伙人可以对其他合伙人执行的事务提出异议。

12.5 【斯尔解析】 A 本题考查合伙企业的决议。除合伙协议另有约定外，合伙企业的下列事项应当经全体合伙人一致同意：（1）改变合伙企业的名称。（2）改变合伙企业的经营范围、主要经营场所的地点。（3）处分合伙企业的不动产（选项B不当选，处分动产无须经全体合伙人一致同意）。（4）转让或者处分合伙企业的知识产权和其他财产权利。（5）以合伙企业名义为他人提供担保（选项C不当选，合伙人为他人或合伙企业提供担保无须经全体合伙人一致同意）。（6）聘任合伙人以外的人担任合伙企业的经营管理人员（选项A当选）。选项D不当选，普通合伙企业中对于"聘请会计师事务所承办合伙企业的审计业务"是否需要经过全体合伙人一致同意未作要求。但在有限合伙企业中，有限合伙人参与选择承办审计业务的会计师事务所，不视为有限合伙人执行合伙事务。

12.6 【斯尔解析】 D 本题考查执行事务合伙人对外代表的限制。选项D当选，合伙企业对合伙人执行合伙事务以及对外代表合伙企业权利的限制，不得对抗善意第三人。题述情形下，乙公司对甲超越权限并不知情，表明乙公司属于善意第三人，因此，甲公司不得主张该合同无效。

12.7 【斯尔解析】 C 本题考查合伙人身份转换时责任承担。选项C当选，有限合伙人转变为普通合伙人（丙）的，对其作为有限合伙人期间有限合伙企业发生的债务承担无限连带责任；普通合伙人转变为有限合伙人（甲）的，对其作为普通合伙人期间合伙企业发生的债务承担无限连带责任，甲和丙对50万元的债务均承担无限连带责任；乙为普通合伙人，对企业债务承担无限连带责任；丁为有限合伙人，以其出资额为限承担责任。

12.8 【斯尔解析】 C 本题考查入伙。选项A不当选，新入伙的普通合伙人对入伙前合伙企业的债务承担无限连带责任；新入伙的有限合伙人对入伙前有限合伙企业的债务，以其认缴的出资额为限承担责任。选项B不当选，在普通合伙企业中，入伙的新合伙人与原合伙人享有同等权利，承担同等责任。入伙协议另有约定的，从其约定。选项C当选，选项D不当选，新合伙人入伙，除合伙协议另有约定外，应当经全体合伙人一致同意，并依法订立书面入伙协议。订立入伙协议时，原合伙人应当向新合伙人如实告知原合伙企业的经营状况和财务状况。

12.9 【斯尔解析】 D 本题考查普通合伙人资格的继承。选项D当选，普通合伙人死亡或者被依法宣告死亡，其继承人为无民事行为能力人或者限制民事行为能力人的，经全体合伙人一致同意（不能自动取得资格），可以依法成为有限合伙人，普通合伙企业依法转为有限合伙企业。

12.10 🔍斯尔解析 C 本题考查特殊普通合伙企业。选项AD不当选，特殊普通合伙企业，是指以专业知识和专门技能为客户提供有偿服务的专业机构性质的合伙企业；非专业服务机构不能采取特殊的普通合伙企业形式。选项B不当选，特殊普通合伙企业中，一个合伙人或者数个合伙人在执业活动中因故意或者重大过失造成合伙企业债务的，应当承担无限责任或者无限连带责任，其他合伙人以其在合伙企业中的财产份额为限承担责任。选项C当选，特殊的普通合伙企业应当建立执业风险基金、办理职业保险，执业风险基金用于偿付合伙人执业活动造成的债务。

12.11 🔍斯尔解析 A 本题考查有限合伙人的权利与义务。选项A当选，有限合伙人不参与合伙事务的处理，不得对外代表有限合伙。选项B不当选，有限合伙人可以用货币、实物、知识产权、土地使用权或者其他财产权利作价出资。需要注意的是，有限合伙人不得以劳务出资。选项CD不当选，有限合伙人不执行合伙事务，不得对外代表有限合伙企业，但其可以参与决定普通合伙人入伙、退伙，该等情形不视为执行合伙事务。

12.12 🔍斯尔解析 A 本题考查有限合伙人当然退伙的情形。有限合伙人出现下列情形之一时当然退伙：（1）作为合伙人的自然人死亡或者被依法宣告死亡，宣告失踪不属于当然退伙情形（选项C不当选）。（2）作为合伙人的法人或者其他组织依法被吊销营业执照、责令关闭、撤销，或者被宣告破产（选项A当选）。（3）法律规定或者合伙协议约定合伙人必须具有相关资格而丧失该资格。（4）合伙人在合伙企业中的全部财产份额被人民法院强制执行。选项B不当选，普通合伙企业中规定了除名的情形，若因普通合伙人重大过失导致合伙企业的重大损失，经其他合伙人一致同意，该合伙人被除名。该等规定在有限合伙企业中亦适用。选项D不当选，无民事行为能力人和限制民事行为能力人可以成为有限合伙人，作为有限合伙人的自然人丧失民事行为能力，不会导致其退伙。

12.13 🔍斯尔解析 B 本题考查合伙人的义务。选项A不当选，合伙协议没有约定的情况下，有限合伙人可以同本有限合伙企业进行交易。选项B当选，有限合伙人不执行合伙事务，不得对外代表有限合伙企业，因此，王某不能以合伙企业的名义签订合同。选项C不当选，合伙协议没有约定的情况下，有限合伙人可以将其在合伙企业中的财产份额出质。选项D不当选，有限合伙人可以按照合伙协议的约定向合伙人以外的人转让其在有限合伙企业中的财产份额，但应当提前30日通知其他合伙人。

12.14 🔍斯尔解析 D 本题考查合伙企业的解散。选项A不当选，选项D当选，合伙企业解散，是指合伙企业因某种法律事实的发生而使其民事主体资格归于消灭的法律行为。选项B不当选，当合伙企业出现法定情形的时候，合伙企业自然应当解散，无须得到2/3以上合伙人的同意。选项C不当选，全体合伙人决定解散合伙企业的，合伙企业应当解散。也就是说，合伙人在经营亏损时可以通过协议解散合伙企业。

二、多项选择题

12.15 🔍斯尔解析 DE 本题考查普通合伙人的资格。选项ABC不当选，国有独资公司、国有企业、上市公司以及公益性的事业单位、社会团体不得成为普通合伙人。选项DE当选，个人独资企业、一人有限责任公司可以成为普通合伙人。

12.16 🅢斯尔解析　**ABE**　本题考查普通合伙企业的特征。选项A当选，普通合伙人可以以劳务出资。选项B当选，除合伙企业法另有规定外，合伙人在合伙企业清算前，不得请求分割合伙企业的财产。选项C不当选，合伙企业财产由原始财产和积累财产两个部分组成，原始财产即全体合伙人的出资。积累财产包括：（1）合伙企业成立以后以合伙企业的名义依法取得的全部收益。（2）依法取得的其他财产。选项D不当选，除合伙协议另有约定外，普通合伙人向合伙人以外的人转让其在合伙企业中的全部或者部分财产份额时，须经其他合伙人一致同意。选项E当选，普通合伙人以其在合伙企业中的财产份额出质的，须经其他合伙人一致同意，未经其他合伙人的同意，其行为无效。

12.17 🅢斯尔解析　**CDE**　本题考查合伙事务执行和合伙企业管理。选项A不当选，执行事务合伙人作为普通合伙人不得自营或者同他人合作经营与本合伙企业相竞争的业务。选项E当选，按照合伙协议的约定或者经全体合伙人决定，可以委托一个或数个合伙人对外代表合伙企业，执行合伙事务。选项B不当选，除合伙协议另有约定或者经全体合伙人一致同意外，普通合伙人不得同本合伙企业进行交易，并非一律不得交易。选项CD当选，合伙人分别执行合伙事务的，执行事务合伙人可以对其他合伙人执行的事务提出异议；其他合伙人提出异议时，应当暂停该项事务的执行。

12.18 🅢斯尔解析　**ABE**　本题考查合伙企业财产份额的转让。选项AB当选，合伙人向合伙人以外的人转让其在合伙企业中的财产份额时，除合伙协议另有约定外，须经其他合伙人一致同意，其他合伙人享有同等条件下的优先购买权。选项C不当选，普通合伙人退伙的，退伙人对基于其退伙前的原因发生的合伙企业债务，承担无限连带责任。选项D不当选，普通合伙企业的新入伙的合伙人对入伙前合伙企业的债务承担无限连带责任。选项E当选，合伙人之间转让在合伙企业中的全部或者部分财产份额时，应当通知其他合伙人，但无须经全体合伙人一致同意。

12.19 🅢斯尔解析　**BE**　本题考查合伙企业的债务与合伙人的债务清偿。选项ACD不当选，合伙人发生与合伙企业无关的债务，相关债权人不得以其债权抵销其对合伙企业的债务，也不得代位行使合伙人在合伙企业中的权利，更不能直接取得合伙人的资格。选项BE当选，合伙人的自有财产不足清偿其与合伙企业无关的债务的，该合伙人可以以其从合伙企业中分取的收益用于清偿；债权人也可以依法请求人民法院强制执行该合伙人在合伙企业中的财产份额用于清偿。

12.20 🅢斯尔解析　**ABCD**　本题考查除名退伙。合伙人有下列情形之一的，经其他合伙人一致同意，可以决议将其除名：（1）未履行出资义务（选项D当选）。（2）因故意或者重大过失给合伙企业造成损失（选项AB当选）。（3）执行合伙事务时有不正当行为（选项C当选）。（4）发生合伙协议约定的事由。选项E不当选，其所述属于普通合伙人当然退伙的情形。

12.21 🅢斯尔解析　**ABD**　本题考查有限合伙企业及有限合伙人。选项ABD当选，有限合伙企业必须同时存在普通合伙人和有限合伙人，仅剩有限合伙人的，企业应当解散；仅剩普通合伙人的，应当转为普通合伙企业。选项CE不当选，有限合伙人不能执行合伙事务，不得对外代表合伙企业。基于此，有限合伙企业的合伙人不享有平等的管理权、经营权、表决权和代表权。

12.22 **斯尔解析** **ACDE** 本题考查有限合伙企业。选项B不当选，有限合伙人不得以劳务出资，需要注意的是，普通合伙人可以以劳务出资。选项ACDE当选，所述均正确。

提示：有限合伙人未足额缴付出资的，要承担两个责任，一是补缴义务，二是违约责任。

12.23 **斯尔解析** **ACDE** 本题考查有限合伙企业合伙事务的执行。有限合伙人的下列行为，不视为执行合伙事务：（1）参与决定普通合伙人入伙、退伙（选项A当选）。（2）对企业的经营管理提出建议（选项E当选）。（3）参与选择承办有限合伙企业审计业务的会计师事务所（选项C当选）。（4）获取经审计的有限合伙企业财务会计报告。（5）对涉及自身利益的情况，查阅有限合伙企业财务会计账簿等财务资料。（6）在有限合伙企业中的利益受到侵害时，向有责任的合伙人主张权利或者提起诉讼。（7）执行事务合伙人怠于行使权利时，督促其行使权利或者为了本企业的利益以自己的名义提起诉讼。（8）依法为本企业提供担保（选项D当选）。选项B不当选，参与对外签订买卖合同属于执行合伙事务，有限合伙人不得实施。

12.24 **斯尔解析** **ABC** 本题考查合伙企业的清算。选项A当选，全体合伙人过半数同意，可以自合伙企业解散事由出现15日内指定一个或者数个合伙人，或者委托第三人，担任清算人。选项B当选，自合伙企业解散事由出现之日起15日内未确定清算人的，合伙人或者其他利害关系人可以申请人民法院指定清算人。选项C当选，清算人的职责之一是代表合伙企业参加诉讼或者仲裁活动。选项D不当选，清算人应自被确定之日起10日内将合伙企业解散事项通知债权人，并于60日内在报纸上公告。选项E不当选，清算期间，合伙企业存续，合伙企业经注销登记后消灭。

做新变

单项选择题

12.25 ▶ B

单项选择题

12.25 斯尔解析　B　本题考查入伙。选项A不当选，入伙的新合伙人与原合伙人享有同等权利，承担同等责任。入伙协议另有约定的，从其约定。新合伙人对入伙前合伙企业的债务承担无限连带责任。即使入伙协议中约定新合伙人对合伙前合伙企业债务不承担责任，也不能对抗合伙企业的债权人。选项B当选，选项CD不当选，入伙协议中约定新合伙人对合伙前合伙企业债务不承担责任的，新合伙人应当向合伙企业的债权人清偿债务，但在清偿后有权依据入伙协议的约定向其他合伙人追偿。本题中，丙应当对其入伙前的债务承担责任，向债权人丁清偿债务。丙清偿后有权根据入伙协议的约定，向其他合伙人全部追偿。

第十三章 公司法 答案与解析

做经典

一、单项选择题

13.1 ▶ C	13.2 ▶ A	13.3 ▶ A	13.4 ▶ A	13.5 ▶ C
13.6 ▶ D	13.7 ▶ D	13.8 ▶ D	13.9 ▶ B	13.10 ▶ C
13.11 ▶ C	13.12 ▶ B	13.13 ▶ A	13.14 ▶ B	13.15 ▶ D
13.16 ▶ A	13.17 ▶ B	13.18 ▶ D	13.19 ▶ B	13.20 ▶ C
13.21 ▶ C	13.22 ▶ C			

二、多项选择题

13.23 ▶ AE	13.24 ▶ ABCE	13.25 ▶ BC	13.26 ▶ BD	13.27 ▶ ABD
13.28 ▶ ADE	13.29 ▶ ACD	13.30 ▶ BCDE		

一、单项选择题

13.1 【斯尔解析】 C 本题考查人格混同的认定。下列情形应认定为"法人人格混同"：（1）股东无偿使用公司资金或者财产，不作财务记载的。（2）股东用公司的资金偿还股东的债务，或者将公司的资金供关联公司无偿使用，不作财务记载的。（3）公司账簿与股东账簿不分，致使公司财产与股东财产无法区分的。（4）股东自身收益与公司盈利不加区分，致使双方利益不清的（选项C当选）。（5）公司的财产记载于股东名下，由股东占有、使用的。选项ABD不当选，其所述均为公司控制股东对公司过度支配与控制的表现。

13.2 【斯尔解析】 A 本题考查公司经营范围的规定。选项A当选，公司的经营范围由公司章程规定。选项B不当选，公司申请登记的经营范围中属于法律、行政法规规定须经批准的项目，应当依法经过批准。选项C不当选，如果当事人超越经营范围订立合同，为了保护善意相对人的利益，人民法院不因此认定合同无效。选项D不当选，公司可以修改公司章程，改变经营范围，但是应当办理变更登记。

13.3 【斯尔解析】 A 本题考查公司资本原则。选项A当选，资本不变原则，是指公司资本总额一旦确定，非经法定程序变更章程，不得改变。此原则强调的是资本不能随意变动。

13.4 【斯尔解析】 A 本题考查公司章程。选项A当选，有限责任公司章程由股东共同制定，并在公司章程上签名、盖章，公司章程方可生效。选项B不当选，股份有限公司章程由发起人制定，采用募集方式设立的，须经成立大会出席会议的认股人所持表决权过半数通过，无须全体认股人同意。选项C不当选，累积投票制仅适用于股东会选举董事和监事。修改公司章程为股东会特别决议事项，须经代表2/3以上表决权的股东或出席会议的股东所持表决权2/3以上通过。选项D不当选，公司章程对公司、股东、董事、监事、高级管理人员具有约束力。公司章程作为公司的内部规章，效力仅及于公司和相关当事人，不具有普遍约束力，故对实际控制人无约束力。

13.5 【斯尔解析】 C 本题考查公司设立。选项AB不当选，以发起设立方式设立股份有限公司的，发起人应当认足公司章程规定的公司设立时应发行的股份；以募集设立方式设立股份有限公司的，发起人认购的股份不得少于公司章程规定的公司设立时应发行股份总数的35%；但是，法律、行政法规另有规定的，从其规定。选D不当选，采取募集设立方式设立公司的，自股款缴足之日起30日内，发起人应当主持召开公司成立大会，成立大会由发起人、认股人组成。

13.6 【斯尔解析】 D 本题考查公司设立登记。选项A不当选，设立公司，应当依法向公司登记机关申请设立登记。法律、行政法规规定设立公司必须报经批准的，应当在公司登记前依法办理批准手续。选项B不当选，公司营业执照签发日期为公司成立日期。选项C不当选，公司登记事项发生变更的，应当依法办理变更登记。公司登记事项未经登记或者未经变更登记，不得对抗善意相对人。

13.7 【斯尔解析】 D 本题考查股东出资的规定。选项D当选，股东可以用货币出资，也可以用实物、知识产权、土地使用权等可以用货币估价并可以依法转让的非货币财产作价出资，但不得以劳务、信用、自然人姓名、商誉、特许经营权或者设定担保的财产等作价出资。

13.8 【斯尔解析】 D 本题考查公司的设立及出资规定。选项A不当选，有限责任公司股东无须实缴资本，自然登记时不需要提交验资机构的证明。以募集方式设立的股份有限公司且向社会公开募集股份的，股款缴纳后，应当经依法设立的验资机构验资并出具证明。选项B不当选，公司股东不得以特许经营权出资。选项C不当选，股东可以用货币出资，也可以用实物、知识产权、土地使用权等可以用货币估价并可以依法转让的非货币财产作价出资。

13.9 【斯尔解析】 B 本题考查股东抽逃出资的认定和效力。公司成立后，相关股东的行为符合下列情形之一且损害公司权益的，为股东抽逃出资：（1）制作虚假财务会计报表虚增利润进行分配。（2）通过虚构债权债务关系将其出资转出（选项D不当选）。（3）利用关联交易将出资转出（选项A不当选）。（4）其他未经法定程序将出资抽回的行为。选项B当选，选项C不当选，股东抽逃出资的，应当返还抽逃的出资；给公司造成损失的，负有责任的董事、监事、高级管理人员应当与该股东承担连带赔偿责任。

13.10 【斯尔解析】 C 本题考查公司股东资格丧失的情形。选项AB不当选，股东将部分股权转让给他人，以及部分股权被强制执行，意味着该股东还持有部分股权，仍享有股东资格。选项C当选，法人股东终止，意味着股东主体已经不存在了，该等情形会导致股东资格丧失。选项D不当选，法人股东设立分支机构并不影响其股东权利。

13.11 【斯尔解析】 C 本题考查有限责任公司股东会的职权。选项C当选，其所述情形属于董事会职权，而不是股东会职权。在人事任免方面，股东会可以选举和更换非由职工代表担任的董事、监事，并决定有关董事、监事的报酬事项。董事会可以决定聘任或解聘公司经理及其报酬事项。选项ABD不当选，其所述情形均为股东会职权。

13.12 【斯尔解析】 B 本题考查股东会。选项A不当选，董事会和监事会成员中的职工代表必须通过民主选举产生。选项B当选，有限责任公司股东对股东会职权范围内的事项以书面形式一致表示同意的，可以不召开股东会会议，直接作出决定，并由全体股东在决定文件上签名、盖章。选项C不当选，股东会选举董事和监事可以实行累积投票制。选项D不当选，公司持有的本公司股份不享有表决权。

13.13 【斯尔解析】 A 本题考查董事会的职权。选项A当选，董事会会议由董事长召集和主持。选项BD不当选，决定非职工代表担任董事的报酬以及公司合并事项，属于股东会职权，而非董事会职权。选项C不当选，董事会、监事会中的职工代表由公司职工代表大会、职工大会或者其他形式民主选举产生。

13.14 【斯尔解析】 B 本题考查公司担保的规定。选项AD不当选，选项B当选，公司可以为股东或实际控制人提供担保，公司为股东或实际控制人提供担保，应当经股东会决议；该项表决由出席会议的其他股东所持表决权的过半数通过。选项C不当选，公司为他人提供担保，应当按照公司章程的规定由董事会、股东会作出决议。

13.15 【斯尔解析】 D 本题考查国有独资公司。选项A不当选，国有独资公司的董事会成员中，应当过半数为外部董事，并应当有公司职工代表。国有独资公司的董事会成员由履行出资人职责的机构委派；但是，董事会成员中的职工代表由公司职工代表大会选举产生。选项B不当选，国有独资公司设经理，由董事会聘任或者解聘。选项C不当选，国有独资公司在董事会中设置由董事组成的审计委员会行使本法规定的监事会职权的，不设监事会或者监事。选项D当选，国有独资公司不设股东会，由履行出资人职责的机构行使股东会职权；履行出资人职责的机构可以授权公司董事会行使股东会的部分职权。

13.16 【斯尔解析】 A 本题考查股东诉讼。选项A当选，董事、高级管理人员违反法律、行政法规或者公司章程的规定，损害股东利益的，股东可以向人民法院提起诉讼。选项BC不当选，董事、监事、高级管理人员或者他人的违反法律、行政法规或者公司章程的行为给公司造成损失，股东可以提起股东代表诉讼。股东代表诉讼的前置程序为书面请求监事会或董事会起诉，并非股东直接起诉。选项D不当选，首先，公司3年不分配利润，未达到5年，股东不能行使异议股东股份回购权，请求公司以合理价格回购其股份。其次，若股东提起分红权诉讼，须提交有效的股东会利润分配的决议。若无该等决议，则人民法院应当裁定驳回起诉。因此，股东不能直接向人民法院提起诉讼。

13.17 斯尔解析　B　本题考查股东诉讼。选项A不当选，选项B当选，股东会、董事会的决议内容违反法律、行政法规的无效。股东会、董事会的会议召集程序、表决方式违反法律、行政法规或者公司章程，或者决议内容违反公司章程的，属于可撤销决议。股东自决议作出之日起60日内，可以请求人民法院撤销。未被通知参加股东会会议的股东自知道或者应当知道股东会决议作出之日起60日内，可以请求人民法院撤销；自决议作出之日起1年内没有行使撤销权的，撤销权消灭。选项CD不当选，董事、监事、高级管理人员或者他人的违反法律、行政法规或者公司章程的行为给公司造成损失，股东可以提起股东代表诉讼。股东代表诉讼的前置程序为书面请求监事会或董事会起诉，并非股东直接起诉。但高级管理人员执行公司职务时损害了股东利益的，股东为维护自身利益可以直接向人民法院起诉，无须经过监事会。

13.18 斯尔解析　D　本题考查强制解散公司之诉。选项A不当选，股东以知情权、利润分配请求权等权益受到损害，或者公司亏损、财产不足以偿还全部债务，以及公司被吊销企业法人营业执照未进行清算等为由，提起解散公司诉讼的，人民法院不予受理。选项BC不当选，当公司出现了解散事由时，单独或者合计持有公司全部股东表决权10%以上的股东，可以向人民法院提起解散公司的诉讼。选项D当选，股东提起解散公司诉讼，同时又申请人民法院对公司进行清算的，人民法院对其提出的清算申请不予受理。

13.19 斯尔解析　B　本题考查股权转让。选项AD不当选，有限责任公司的股东之间可以相互转让其全部或者部分股权；股东向股东以外的人转让股权的，应当将股权转让的数量、价格、支付方式和期限等事项书面通知其他股东，无须征得其他股东过半数同意，其他股东在同等条件下有优先购买权。股东自接到书面通知之日起30日内未答复的，视为放弃优先购买权。公司章程对股权转让另有规定的，从其规定。选项B当选，法院依照强制执行程序转让股东的股权时，应当通知公司及全体股东，其他股东在同等条件下有优先购买权。其他股东自人民法院通知之日起满20日不行使优先购买权的，视为放弃优先购买权。选项C不当选，有限责任公司的自然人股东死亡后，其合法继承人可以继承股东资格；但是，公司章程另有规定的除外。

13.20 斯尔解析　C　本题考查股份转让。选项A不当选，发起人持有的本公司股份，自公司成立之日起1年内不得转让。选项BD不当选，公司董事、监事、高级管理人员在任职期间每年转让的股份不得超过其所持有本公司股份总数的25%，离职后半年内，不得转让其所持有的本公司股份。选项C当选，公司董事、监事、高管所持有的本公司股份，自公司股票上市交易之日起1年内不得转让。

13.21 斯尔解析　C　本题考查公司财务会计制度。选项A不当选，公司持有的本公司股份不得分配利润。选项B不当选，公积金弥补公司亏损，应当先使用任意公积金和法定公积金；仍不能弥补的，可以按照规定使用资本公积金。选项D不当选，公司从税后利润中提取法定公积金后，经股东会决议，还可以从税后利润中提取任意公积金。

13.22 【斯尔解析】 C　本题考查公司合并。选项AD不当选，公司合并属于股东会特别决议事项，有限责任公司的合并决议，须经代表全体2/3以上表决权的股东通过。股份有限公司的合并决议，须经出席会议的股东所持表决权的2/3以上通过。选项B不当选，选项C当选，公司应当自作出合并决议之日起10日内通知债权人，并于30日内在报纸上公告。债权人自接到通知书之日起30日内，未接到通知书的自公告之日起45日内，可以要求公司清偿债务或者提供相应的担保。

二、多项选择题

13.23 【斯尔解析】 AE　本题考查公司章程。选项A当选，有限责任公司的章程由全体股东共同制定。选项B不当选，公司的经营范围由公司章程规定，并依法登记。选项CD不当选，有限责任公司修改公司章程属于股东会特别决议事项，须经代表2/3以上表决权的股东通过。选项E当选，公司章程变更涉及公司登记事项的，公司应当向原公司登记机关申请变更登记。

13.24 【斯尔解析】 ABCE　本题考查股权出资。具有下列情形的，股权不得用作出资：（1）已被设立质权（选项D不当选）。（2）股权所在公司章程约定不得转让（选项E当选）。（3）法律、行政法规或者国务院决定规定，股权所在公司股东转让股权应当报经批准而未经批准。（4）法律、行政法规或者国务院决定规定不得转让的其他情形。选项AB当选，选项C不当选，股东可以用货币出资，也可以用实物、知识产权、土地使用权等可以用货币估价并可以依法转让的非货币财产作价出资，但不得以劳务、信用、自然人姓名、商誉、特许经营权或者设定担保的财产等作价出资。选项B当选，出资人合法持有并依法可以转让的股权符合股东以非货币性财产出资的条件。

13.25 【斯尔解析】 BC　本题考查股权代持。选项A不当选，如无法律规定的无效情形，实际出资人与名义股东签订的合同为有效合同。选项B当选，名义股东将登记于其名下的股权转让、质押或者以其他方式处分的，实际出资人可以其对股权享有实际权利为由请求认定处分股权行为无效，法院可以参照善意取得的规定处理。本题中，王五满足善意取得的条件，可以善意取得股权。选项C当选，选项D不当选，名义股东处分股权造成实际出资人损失的，应当承担赔偿责任。选项E不当选，实际出资人实际履行了出资义务，可向名义股东主张权利；名义股东不能以公司股东名册记载、公司登记机关登记为由否认实际出资人权利。

13.26 【斯尔解析】 BD　本题考查公司董事会会议。选项A不当选，选项B当选，董事会应当对所议事项的决定作成会议记录，出席会议的董事应当在会议记录上签名，无论投了赞成票或反对票。选项CE不当选，有限责任公司董事会的议事方式和表决程序，除公司法另有规定外，由公司章程规定。选项D当选，董事会会议应当有过半数的董事出席方可举行。董事会作出决议，应当经全体董事的过半数通过。董事会决议的表决，应当一人一票。

13.27 【斯尔解析】 ABD　本题考查异议股东的回购请求权。有限责任公司存在下列情形之一的，对股东会决议投反对票的股东可以请求公司按照合理的价格收购其股权：（1）公司连续5年不向股东分配利润，而公司该5年连续盈利，并且符合公司法规定的分配利润条件的（选项A当选）。（2）公司合并、分立、转让主要财产的（选项B当选）。（3）公司章程规定的营业期限届满或者章程规定的其他解散事由出现，股东会会议通过决议修改章程使公司存续的（选项D当选）。选项CE不当选，其所述情形出现时，股东不得要求公司回购其股份。

13.28 斯尔解析   **ADE**   本题考查决议撤销之诉。选项ADE当选，股东会、董事会的会议召集程序、表决方式违反法律、行政法规或者公司章程，或者决议内容违反公司章程的，股东可以自决议作出之日起60日内，请求人民法院撤销。未被通知参加股东会会议的股东自知道或者应当知道股东会决议作出之日起六十日内，可以请求人民法院撤销；自决议作出之日起一年内没有行使撤销权的，撤销权消灭。选项BC不当选，董事、监事均无权提起决议撤销之诉。

13.29 斯尔解析   **ACD**   本题考查解散公司之诉。有下列情形之一的，单独或合计持有公司表决权10%以上的股东可以提起公司解散之诉：（1）公司持续2年以上无法召开股东会，公司经营管理发生严重困难的（选项B不当选）。（2）股东表决时无法达到法定或者公司章程规定的比例，持续2年以上不能作出有效的股东会决议，公司经营管理发生严重困难的。（3）公司董事长期冲突，且无法通过股东会或者股东大会解决，公司经营管理发生严重困难的（选项E不当选）。（4）经营管理发生其他严重困难，公司继续存续会使股东利益受到重大损失的情形。选项ACD当选，股东以知情权、利润分配请求权等权益受到损害，或者公司亏损、财产不足以偿还全部债务，以及公司被吊销企业法人营业执照未进行清算等为由，提起解散公司诉讼的，人民法院不予受理。

13.30 斯尔解析   **BCDE**   本题考查股份回购。股份有限公司不得收购本公司的股份。但是，有下列情形之一的除外：（1）减少公司注册资本（选项A不当选）。（2）与持有本公司股份的其他公司合并（选项B当选）。（3）股东因对股东会作出的公司合并、分立决议持异议，要求公司收购其股份。（4）将股份用于员工持股计划或者股权激励（选项C当选）。（5）股份用于转换上市公司发行的可转换为股票的公司债券（选项D当选）。（6）上市公司为维护公司价值及股东权益所必需（选项E当选）。

一、单项选择题

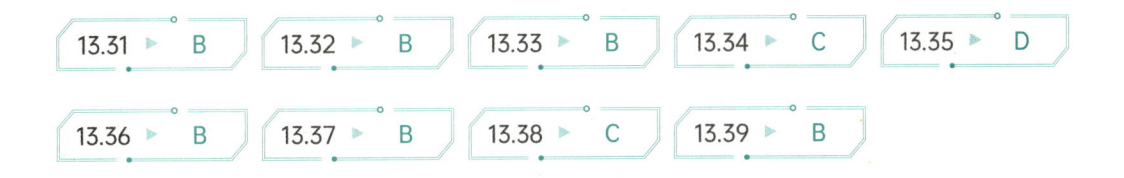

| 13.31 ▶ B | 13.32 ▶ B | 13.33 ▶ B | 13.34 ▶ C | 13.35 ▶ D |
| 13.36 ▶ B | 13.37 ▶ B | 13.38 ▶ C | 13.39 ▶ B | |

二、多项选择题

| 13.40 ▶ ABE | 13.41 ▶ ABD | 13.42 ▶ CE | 13.43 ▶ ABCD |

一、单项选择题

13.31 斯尔解析 **B** 本题考查有限责任公司股东出资。选项A不当选，有限责任公司的注册资本为在公司登记机关登记的全体股东认缴的出资额。全体股东认缴的出资额由股东按照公司章程的规定，自公司成立之日起5年内缴足。选项B当选，有限责任公司不能清偿到期债务的，公司或已到期债权的债权人有权要求已认缴出资但未届出资期限的股东提前缴纳出资。选项C不当选，公司成立后，股东或者出资人不得抽逃出资。违反规定的，股东或者出资人应当返还；给公司造成损失的，负有责任的董事、监事、高级管理人员应当与该股东或者该出资人承担连带赔偿责任。选项D不当选，有限责任公司设立时，股东未按照公司章程规定实际缴纳出资，或者实际出资的非货币财产的实际价额显著低于所认缴的出资额的，设立时的其他股东与该股东在出资不足的范围内承担连带责任。

13.32 斯尔解析 **B** 本题考查股东权利——临时提案权。选项ACD不当选，单独或者合计持有公司1%以上股份的股东，可以在股东会召开10日前提出临时提案并书面提交董事会；董事会应当在收到提案后2日内通知其他股东，并将该临时提案提交股东会审议；但临时提案违反法律、行政法规或者公司章程的规定，或者不属于股东会职权范围的除外。选项B当选，公司不得提高提出临时提案股东的持股比例。

13.33 斯尔解析 **B** 本题考查股东权利——知情权。选项B当选，选项A不当选，股份有限公司的股东有权查阅、复制公司章程、股东名册、股东会会议记录（非股东会会议决议）、董事会会议决议、监事会会议决议、财务会计报告。选项C不当选，股份有限公司中，连续180日以上单独或者合计持有公司3%以上股份的股东有权要求查阅公司的会计账簿、会计凭证，公司章程对持股比例有较低规定的，从其规定。选项D不当选，公司股东有权要求查阅、复制公司全资子公司（非控股子公司）相关材料。

13.34 斯尔解析 **C** 本题考查决议撤销之诉。选项A不当选，股东会、董事会的会议召集程序、表决方式违反法律、行政法规或者公司章程，或者决议内容违反公司章程的，股东可以自决议作出之日起60日内，请求人民法院撤销。选项B不当选，选项C当选，未被通知参加股东会会议的股东自知道或者应当知道股东会决议作出之日起60日内，可以请求人民法院撤销；自决议作出之日起1年内没有行使撤销权的，撤销权消灭。选项D不当选，股东会或董事会决议撤销或无效的诉讼中，被告为公司。

13.35 斯尔解析　　D　本题考查有限责任公司的组织机构。选项AB不当选，有限责任公司和股份有限公司规模较小或者股东人数较少情况下，可以不设监会，只需设1名监事，行使公司法规定的监事会职权；经全体股东一致同意，有限责任公司也可以不设监事。选项C不当选，有限责任公司和股份有限公司按照公司章程规定，可以在董事会中设置由董事组成的审计委员会，行使公司法规定的监事会职权，不设监事会或者监事。选项D当选，职工人数300人以上的公司，除依法设监事会并有公司职工代表的外，其董事会成员中应当有公司职工代表。董事会中的职工代表由公司职工通过职工代表大会、职工大会或者其他形式民主选举产生。

13.36 斯尔解析　　B　本题考查股份有限公司的审计委员会。选项AC不当选，公司可以按照公司章程的规定在董事会中设置由董事组成的审计委员会，行使本法规定的监事会的职权，不设监事会或者监事。公司董事会成员中的职工代表可以成为审计委员会成员。选项B当选，股份有限公司审计委员会成员为3名以上，过半数成员不得在公司担任除董事以外的其他职务，且不得与公司存在任何可能影响其独立客观判断的关系。选项D不当选，审计委员会决议的表决，应当一人一票，经审计委员会成员的过半数通过。

13.37 斯尔解析　　B　本题考查股份的发行。选项A不当选，公司可以根据公司章程的规定择一采用面额股或者无面额股，将已发行的面额股全部转换为无面额股或者将无面额股全部转换为面额股。选项B当选，选项D不当选，公司采用面额股的，每一股的金额相等。采用无面额股的，应当将发行股份所得股款的1/2以上计入注册资本。选项C不当选，面额股股票的发行价格可以按票面金额，也可以超过票面金额，但不得低于票面金额。

13.38 斯尔解析　　C　本题考查公司财务会计。选项AB不当选，公司的公积金（包括资本公积金、法定公积金和任意公积金）用于弥补公司的亏损、扩大公司生产经营或者转为增加公司注册资本。公积金弥补公司亏损的，应当先使用任意公积金和法定公积金；仍不能弥补的，可以按照规定使用资本公积金。选项C当选，选项D不当选，减少注册资本弥补亏损的，公司不得向股东分配，也不得免除股东缴纳出资或者股款的义务。用公司公积金仍不能弥补亏损而减少注册资本的，在法定公积金和任意公积金累计额达到公司注册资本50%前，不得分配利润。

13.39 斯尔解析　　B　本题考查公司清算。选项B当选，董事为公司清算义务人，应当在解散事由出现之日起15日内组成清算组进行清算。

二、多项选择题

13.40 斯尔解析　　ABE　本题考查授权资本制。选项AB当选，股份有限公司实行授权资本制。在授权资本制下，对首期认购的股份有实缴要求。选项C不当选，在授权资本制下，董事会决定股份发行，以非现金支付方式支付股款的除外。根据规定，公司章程或者股东会可以授权董事会在3年内决定发行不超过已发行股份50%的股份。选项D不当选，授权董事会决定发行新股的，董事会决议应当经全体董事2/3以上通过。选项E当选，董事会决定发行股份导致公司注册资本、已发行股份数发生变化的，对公司章程该项记载事项的修改不需再由股东会表决。但股份发行以非现金支付方式支付股款的，应当经股东会决议。

13.41 【斯尔解析】 **ABD** 本题考查有限责任公司股东的股权转让。选项A当选，有限责任公司中，股东之间可以相互转让其全部或者部分股权。股东向股东以外的人转让股权的，应当将股权转让的数量、价格、支付方式和期限等事项书面通知其他股东，其他股东在同等条件下享有优先购买权。选项B当选，股权转让的，受让人自记载于股东名册时起可以向公司主张行使股东权利。选项C不当选，股东转让已认缴出资但未届出资期限的股权的，由受让人承担缴纳该出资的义务；受让人未按期足额缴纳出资的，转让人对受让人未按期缴纳的出资承担补充责任。选项D当选，选项E不当选，未按照公司章程规定的出资日期缴纳出资或者作为出资的非货币财产的实际价额显著低于所认缴的出资额的股东转让股权的，转让人与受让人在出资不足的范围内承担连带责任；受让人不知道且不应当知道存在上述情形的，由转让人承担责任。

13.42 【斯尔解析】 **CE** 本题考查股东失权制度。选项A不当选，公司成立后，董事会应当对股东的出资情况进行核查，发现股东未按期足额缴纳公司章程规定的出资的，应当由公司向该股东发出书面催缴书，催缴出资。未及时履行前款规定的义务，给公司造成损失的，负有责任的董事应当承担赔偿责任。选项B不当选，股东未按照公司章程规定的出资日期缴纳出资，公司按照规定发出书面催缴书催缴出资的，可以载明缴纳出资的宽限期；宽限期自公司发出催缴书之日起，不得少于60日。选项C当选，选项D不当选，书面催缴书载明的宽限期届满，股东仍未履行出资义务的，公司经董事会决议可以向该股东发出失权通知，通知应当以书面形式发出。自通知发出之日起，该股东丧失其未缴纳出资的股权。丧失的股权应当依法转让，或者相应减少注册资本并注销该股权；6个月内未转让或者注销的，由公司其他股东按照其出资比例足额缴纳相应出资。选项E当选，股东对失权有异议的，应当自接到失权通知之日起30日内，向人民法院提起诉讼。

13.43 【斯尔解析】 **ABCD** 本题考查公司收购股份。股份有限公司（公开发行股份的公司除外）有下列情形之一的，对股东会该项决议投反对票的股东可以请求公司按照合理的价格收购其股权：

（1）公司连续5年不向股东分配利润，而公司该5年连续盈利，并且符合分配利润条件（选项C当选）。

（2）公司转让主要财产（选项A当选）。

（3）公司章程规定的营业期限届满或者章程规定的其他解散事由出现，股东会通过决议修改章程使公司存续（选项D当选）。

选项B当选，股份有限公司的股东因对股东会作出的公司合并、分立决议持异议的，有权要求公司收购其股份。

第十四章　破产法
答案与解析

做经典

一、单项选择题

14.1 ▶ A	14.2 ▶ C	14.3 ▶ A	14.4 ▶ D	14.5 ▶ D
14.6 ▶ D	14.7 ▶ A	14.8 ▶ D	14.9 ▶ B	14.10 ▶ B
14.11 ▶ B	14.12 ▶ A	14.13 ▶ C	14.14 ▶ B	14.15 ▶ A
14.16 ▶ C	14.17 ▶ C	14.18 ▶ A	14.19 ▶ D	14.20 ▶ B
14.21 ▶ A				

二、多项选择题

14.22 ▶ ADE	14.23 ▶ BC	14.24 ▶ ABCE	14.25 ▶ ABCE	14.26 ▶ ABDE
14.27 ▶ BCDE	14.28 ▶ ABC	14.29 ▶ ABCE	14.30 ▶ ABCE	14.31 ▶ ABCD
14.32 ▶ BCE				

一、单项选择题

14.1 〖斯尔解析〗 A　本题考查破产申请人。选项A当选，债务人不能清偿到期债务，并且明显缺乏清偿能力，主要适用于债权人提出破产申请的案件。选项BD不当选，债务人的债务人与出资人无权提出破产申请。选项C不当选，依法负有清算责任的人（包括未清算完毕情形下已经成立的清算组，以及应清算未清算情形下依法负有启动清算程序的清算义务人），应当在企业法人已解散但未清算或者未清算完毕，资产不足以清偿债务的情况下向人民法院申请破产清算。

提示：债务人不能清偿到期债务，并且资产不足以清偿全部债务，主要适用于债务人自己提出破产申请且其资不抵债状况通过形式审查即可判断的案件。

14.2 【斯尔解析】 **C** 本题考查破产案件的管辖。选项A不当选，债务人、债权人等主体均可在特定情形下向人民法院申请破产。选项B不当选，申请人可以在人民法院受理破产申请前请求撤回申请。选项C当选，选项D不当选，破产案件由债务人住所地人民法院管辖。

14.3 【斯尔解析】 **A** 本题考查破产申请人。选项A当选，债务人的出资人在满足一定条件时可以提出重整申请，但不能申请破产。选项BCD不当选，破产申请人包括债务人、债权人、依法对债务人负有清算责任的人以及国务院金融监督管理机构。

14.4 【斯尔解析】 **D** 本题考查可以担任管理人的对象。选项A不当选，对于事实清楚、债权债务关系简单、债务人财产相对集中的企业破产案件，可以指定管理人名册中的个人为管理人。选项BC不当选，选项D当选，管理人可以由依法设立的律师事务所、会计师事务所、破产清算事务所等社会中介机构以及中介机构中具备相关专业知识并取得执业资格的人员或有关部门、机构的人员组成的清算组担任，不包括财政、审计部门。

14.5 【斯尔解析】 **D** 本题考查不得担任管理人的情形。不得担任管理人的情形包括：（1）因故意犯罪受过刑事处罚。（2）曾被吊销相关专业执业证书。（3）与本案有利害关系。（4）人民法院认为不宜担任管理人的其他情形。

需要注意的是"利害关系"的认定，社会中介机构、清算组成员以及清算组成员的派出人员、社会中介机构的派出人员、个人管理人有下列情形之一，可能影响其忠实履行管理人职责的，人民法院可以认定为存在上述的"利害关系"，不得担任破产管理人：

（1）与债务人、债权人有未了结的债权债务关系。（选项A不当选）

（2）在人民法院受理破产申请前3年内，曾为债务人提供相对固定的中介服务。（选项C不当选）

（3）现在是或者在人民法院受理破产申请前3年内曾经是债务人、债权人的控股股东或者实际控制人。

（4）现在担任或者在人民法院受理破产申请前3年内曾经担任债务人、债权人的财务顾问、法律顾问。（选项B不当选）

此外，现在担任或者在人民法院受理破产申请前3年内曾经担任债务人、债权人的董事、监事、高级管理人员或者与债务人或者债权人的控股股东、董事、监事、高级管理人员存在夫妻关系、直系血亲、三代以内旁系血亲或者近姻亲关系的清算组成员的派出人员、社会中介机构的派出人员、个人管理人也不得担任破产管理人。

提示：按照题目导向，"常年提供中介服务"，应当被界定为"相对固定的中介服务"。

14.6 【斯尔解析】 **D** 本题考查管理人的确定。选项D当选，管理人由人民法院在裁定受理破产申请的同时指定，对人民法院负责。

14.7 【斯尔解析】 **A** 本题考查管理人的更换。选项A当选，债权人会议认为管理人不能依法、公正执行职务或者有其他不能胜任职务情形的，可以申请人民法院予以更换。

提示：债权人会议可以申请更换管理人，但是不能"自己做主"，决定权仍在人民法院"手里"。

14.8 斯尔解析 **D** 本题考查债权申报。选项D当选，人民法院受理破产申请后，管理人全面接管债务人企业，债权人应当在法院确定的债权申报期限内向管理人申报债权。

提示：债权人申报债权后，管理人登记成册，然后交由第一次债权人会议核查。

14.9 斯尔解析 **B** 本题考查破产债权。选项A不当选，选项B当选，管理人应当依法对申报的债权性质、数额、担保财产、是否超过诉讼时效期间、是否超过强制执行期间等情况进行审查，编制债权表并提交第一次债权人会议核查。诉讼时效期间已经届满的债权，债权人有权申报，但经管理人核查后不会作为破产债权，而有担保的债权则可以作为破产债权申报，清偿顺序上更为优先。选项C不当选，附利息的债权，自破产申请受理时停止计息，即破产申请受理后产生的利息不得作为破产债权申报。选项D不当选，破产申请受理后，债务人欠缴款项产生的滞纳金不得作为破产债权申报。

14.10 斯尔解析 **B** 本题考查债权人会议的职权。债权人会议的职权包括：（1）核查债权。（2）申请人民法院更换管理人，审查管理人的费用和报酬（选项B当选）。（3）监督管理人。（4）选任和更换债权人委员会成员。（5）决定继续或者停止债务人的营业。（6）通过重整计划、和解协议。（7）通过债务人财产的管理方案、破产财产的变价及分配方案。选项AD不当选，监督债务人财产的管理和处分以及监督破产财产的分配属于债权人委员会的职权。选项C不当选，批准重整计划属于法院的职权。

14.11 斯尔解析 **B** 本题考查债权人会议的表决。选项ACD不当选，选项B当选，债权人会议表决不能通过债务人财产管理方案和破产财产变价方案的，由人民法院裁定；对破产财产的分配方案，债权人会议经两次表决仍不能通过的，由人民法院裁定。

14.12 斯尔解析 **A** 本题考查债权人委员会。选项A当选，选项B不当选，债权人委员会为破产程序中的选任机关，是否设置债权人委员会，由债权人会议根据案件具体情况决定。选项CD不当选，债权人委员会由债权人会议选任的债权人代表和1名债务人的职工代表或者工会代表组成，由人民法院以书面决定认可。

14.13 斯尔解析 **C** 本题考查涉及债务人财产的无效行为。涉及债务人财产的下列行为无效：（1）为逃避债务而隐匿、转移财产的（选项C当选）。（2）虚构债务或者承认不真实的债务的。选项ABD所述情形均为可撤销情形，不当选。

14.14 斯尔解析 **B** 本题考查追回权行使主体。选项B当选，对可撤销行为和无效行为而取得的债务人的财产，管理人有权追回。

14.15 斯尔解析 **A** 本题考查管理人职责和债务人财产。选项A当选，债务人的债务人在破产申请受理后取得他人对债务人的债权的，禁止抵销。选项B不当选，债务人占有的他人财产不属于债务人财产，在人民法院受理破产申请后，权利人可以通过管理人取回，但是，法律另有规定的除外。选项C不当选，人民法院受理破产申请后，无论出资是否到期，管理人均有权要求出资人缴付未缴出资。选项D不当选，"董监高"侵占的企业财产以及"董监高"的非正常收入，管理人均应追回，根据不同情况确定清偿顺位。

14.16 斯尔解析 **C** 本题考查破产费用和共益债务。破产费用是在破产程序期间发生的，为全体债权人的共同利益而支出，为了保障破产程序顺利进行而发生的费用。包括：（1）破产案件的诉讼费用。（2）管理、变价和分配债务人财产的费用。（3）管理人执行职务的费用、报酬和聘用工作人员的费用（选项C当选）。此外，人民法院裁定受理破产申请的，此前债务人尚未支付的公司强制清算费用、未终结的执行程序中产生的评估费、公告费、保管费等执行费用，可以参照破产费用的规定，由债务人财产随时清偿。选项ABD所述均属于共益债务，不当选。

14.17 斯尔解析　C　本题考查破产费用和共益债务。选项A不当选，债务人财产不足以清偿所有破产费用和共益债务的，先行清偿破产费用。选项B不当选，债务人财产致人损害所产生的债务属于共益债务。选项C当选，破产费用和共益债务由债务人财产随时清偿。选项D不当选，管理人执行职务的费用、报酬和聘用工作人员的费用属于破产费用。

14.18 斯尔解析　A　本题考查重整申请的主体。开启重整程序有两种方式：（1）债务人或债权人直接向人民法院申请重整（选项A当选）。（2）债权人申请对债务人进行破产清算的，在人民法院受理破产申请后、宣告债务人破产前，债务人、出资额占债务人注册资本1/10以上的出资人（选项C不当选）、债权人可以申请对债务人重整（选项D不当选）。选项B不当选，管理人任何情况下都不能作为破产申请人。

14.19 斯尔解析　D　本题考查破产重整。选项A不当选，重整期间，是指自人民法院裁定债务人重整之日起至重整程序终止，不包括重整计划执行的期间。选项B不当选，选项D当选，破产重整期间，可以由债务人自行管理企业事务，也可以由管理人管理，债务人自行管理财产和营业事务的，应受管理人的监督。选项C不当选，重整期间，债务人的出资人不得请求投资收益分配。

14.20 斯尔解析　B　本题考查重整期间相关主体的权利义务。选项A不当选，重整期间，债务人合法占有的他人财产，该财产的权利人在重整期间要求取回的，应当符合事先约定的条件。选项B当选，债务人的董事、监事、高级管理人员不得向第三人转让其持有的债务人的股权。但是，经人民法院同意的除外。选项C不当选，重整期间，债务人或者管理人为继续营业而借款的，可以为该借款设定担保。选项D不当选，重整期间，经债务人申请，人民法院批准，债务人可以在管理人的监督下自行管理财产和营业事务。

14.21 斯尔解析　A　本题考查和解。选项A当选，经人民法院裁定认可的和解协议，对债务人和全体和解债权人均有约束力。但是，债权人对债务人的保证人和其他连带债务人所享有的权利，不受影响。选项B不当选，债权人会议通过和解协议的决议，由出席会议的有表决权的债权人过半数同意，并且其所代表的债权额占无财产担保债权总额的2/3以上。选项C不当选，人民法院裁定终止和解协议执行的，和解债权人在和解协议中作出的债权调整的承诺失去效力，和解债权人因执行和解协议所受的清偿仍然有效。选项D不当选，只有债务人一方可以申请和解，债权人无权提出和解申请。

二、多项选择题

14.22 斯尔解析　ADE　本题考查破产申请受理的法律效力。选项A当选，选项B不当选，人民法院受理破产申请后，有关债务人财产的保全措施应当解除，执行程序应当中止。选项C不当选，选项E当选，人民法院受理破产申请后，已经开始而尚未终结的有关债务人的民事诉讼或者仲裁应当中止；在管理人接管债务人的财产后，该诉讼或者仲裁继续进行。有关债务人的行政诉讼或者刑事诉讼，不受破产程序的影响。选项D当选，债务人的有关人员（法定代表人、财务管理人员和经理、监事等其他管理人员）自人民法院受理破产申请的裁定送达债务人之日起至破产程序终结之日未经人民法院许可，不得离开住所地。

14.23 斯尔解析　**BC**　本题考查管理人的职责。选项A不当选，对破产申请受理前成立而债务人和对方当事人均未履行完毕的合同，管理人有权决定是否解除或者继续履行，并非所有合同。选项BC当选，拟订破产财产变价方案和破产财产分配方案属于管理人的职责。选项D不当选，和解申请只能由债务人向人民法院提出。选项E不当选，批准重整计划属于人民法院职权，不属于管理人职责。

14.24 斯尔解析　**ABCE**　本题考查破产管理人职责。管理人履行下列职责：（1）接管债务人的财产、印章和账簿、文书等资料。（2）调查债务人财产状况，制作财产状况报告。（3）决定债务人的内部管理事务（选项E当选）。（4）决定债务人的日常开支和其他必要开支。（5）在第一次债权人会议召开之前，决定继续或者停止债务人的营业（应经人民法院许可）。（6）管理和处分债务人的财产。（7）代表债务人参加诉讼、仲裁或者其他法律程序（选项C当选）。（8）提议召开债权人会议。（9）人民法院认为管理人应当履行的其他职责。选项B当选，人民法院受理破产申请后，管理人对破产申请受理前成立而债务人和对方当事人均未履行完毕的合同有权决定解除或者继续履行。选项A当选，选项D不当选，管理人有权拟订破产财产变价、分配方案。

14.25 斯尔解析　**ABCE**　本题考查管理人职权。在第一次债权人会议召开之前，管理人决定继续或者停止债务人的营业（选项C当选）或者有企业破产法第69条规定行为之一的，应当经人民法院许可。企业破产法第69条规定如下：（1）涉及土地、房屋等不动产权益的转让。（2）探矿权、采矿权、知识产权等财产权的转让。（3）全部库存或者营业的转让（选项B当选）。（4）借款。（5）设定财产担保（选项A当选）。（6）债权和有价证券的转让。（7）履行债务人和对方当事人均未履行完毕的合同（选项E当选）。（8）放弃权利。（9）担保物的取回。（10）对债权人利益有重大影响的其他财产处分行为。

提示：在第一次债权人会议召开后，对于上述行为，管理人实施前应当及时报告债权人委员会，未设立债权人委员会的，应当及时报告人民法院。

14.26 斯尔解析　**ABDE**　本题考查破产债权的申报。选项A当选，连带债权人可以由其中一人代表全体连带债权人申报债权，也可以共同申报债权。选项BE当选，选项C不当选，债权人应当在人民法院确定的债权申报期限内向管理人申报债权，未在规定期限申报债权的，可以在破产财产最后分配前补充申报，但此前已经进行的分配，不再对其补充分配。选项D当选，债权人申报债权时，应当提交债权申报书，写明债权发生的时间、原因、金额、有无财产担保、是否申请抵销、是否为连带债权等。除此之外，还应当提交债权证据材料。

14.27 斯尔解析　**BCDE**　本题考查债权申报。选项A不当选，债权申报期限自人民法院发布受理破产申请公告之日起计算，最短不得少于30日，最长不得超过3个月，本题中，债权申报期起算时间并不是人民法院发布受理破产申请公告之日，法院做法不正确。选项B当选，人民法院受理破产申请前1年内，债务人无偿转让财产的，管理人有权请求人民法院予以撤销。选项CD当选，人民法院受理破产申请后，管理人对破产申请受理前成立而债务人和对方当事人均未履行完毕的合同有权决定解除或者继续履行，并通知对方当事人。选项E当选，人民法院受理破产申请后，债务人财产致人损害所产生的债务，该费用属于共益债务，其清偿顺位劣于破产费用。

14.28 斯尔解析 **ABC** 本题考查债务人财产。选项A当选，债务人基于保管关系占有的他人财产不属于债务人财产。选项B当选，他人抵押给债务人的财产，所有权并不属于债务人，不应认定为债务人财产。选项C当选，尚未办理过户的房屋，所有权不属于债务人，不应认定为债务人财产。选项D不当选，债务人已依法设定担保物权的特定财产，所有权仍属于债务人，应认定为债务人财产。选项E不当选，破产申请受理后，依法执行回转的财产，应当认定为债务人财产。

提示：债务人以分期付款方式购买但尚未办理过户的房屋，属于双方均未履行完毕的合同，在破产申请受理后，管理人可以决定解除或继续履行。

14.29 斯尔解析 **ABCE** 本题考查共益债务。共益债务，是指人民法院受理破产申请后，为了全体债权人的共同利益以及破产程序顺利进行而发生的应由债务人财产负担的债务总称。包括：（1）因管理人或者债务人请求对方当事人履行双方均未履行完毕的合同所产生的债务（选项A当选）。（2）债务人财产受无因管理所产生的债务。（3）因债务人不当得利所产生的债务（选项B当选）。（4）为债务人继续营业而应支付的劳动报酬和社会保险费用以及由此产生的其他债务（选项CE当选）。（5）管理人或者相关人员执行职务致人损害所产生的债务。（6）债务人财产致人损害所产生的债务。选项D不当选，管理人执行职务的费用、报酬属于破产费用。

14.30 斯尔解析 **ABCE** 本题考查重整计划。选项A当选，债务人自行管理财产和营业事务的，由债务人制作重整计划草案。管理人负责管理财产和营业事务的，由管理人制作重整计划草案。选项B当选，重整计划草案未获得通过且未获得强制批准的，或者已通过的重整计划未获得批准的，人民法院应当裁定终止重整程序，并宣告债务人破产。选项C当选，债权人未依照规定申报债权的，在重整计划执行期间不得行使权利；在重整计划执行完毕后，可以按照重整计划规定的同类债权的清偿条件行使权利。选项D不当选，债务人不能执行或者不执行重整计划的，人民法院经管理人或者利害关系人请求，应当裁定终止重整计划的执行，并宣告债务人破产。但为重整计划的执行提供的担保继续有效。选项E当选，依照债权分类，参加讨论重整计划草案债权人会议的各类债权的债权人，分组对重整计划草案进行表决。

14.31 斯尔解析 **ABCD** 本题考查重整程序的终止。导致重整程序终止的情形包括：（1）在重整期间，债务人的经营状况和财产状况继续恶化，缺乏挽救的可能性。（2）在重整期间，债务人有欺诈、恶意减少债务人财产或者其他显著不利于债权人的行为。（3）在重整期间，由于债务人的行为致使管理人无法执行职务的，经管理人或者利害关系人请求，人民法院审理确认后，应当裁定终止重整程序，并宣告债务人破产（选项A当选）。（4）债务人或者管理人未按期提出重整计划草案的，人民法院应当裁定终止重整程序，并宣告债务人破产（选项B当选）。（5）人民法院裁定批准重整计划草案的，应当裁定终止重整程序，并予以公告（选项D当选）。（6）重整计划草案未获得通过且未获批准，或者已通过的重整计划未获得批准，人民法院应当裁定终止重整程序，并宣告债务人破产（选项C当选）。（7）人民法院经审查认为表决通过的重整计划不符合有关规定的，应当裁定不予批准并终止重整程序。选项E不当选，因客观原因影响重整计划执行，但又不至于因此中止重整计划执行的，不导致重整程序的终止。

14.32 〔斯尔解析〕 **BCE** 本题考查和解协议。选项A不当选，和解以债务人向人民法院提出和解申请为前提。选项BC当选，和解协议经债权人会议决议通过后，须经人民法院裁定认可。选项D不当选，人民法院裁定终止和解协议的，为和解协议的执行提供的担保继续有效。选项E当选，按照和解协议减免的债务，自和解协议执行完毕时起，债务人原则上不再承担清偿责任。

第十五章 电子商务法 答案与解析

做经典

一、单项选择题

15.1 ▶ D   15.2 ▶ A   15.3 ▶ B   15.4 ▶ B

二、多项选择题

15.5 ▶ BCDE   15.6 ▶ BDE   15.7 ▶ ABCD

一、单项选择题

15.1 【斯尔解析】 D 本题考查电子商务法的适用范围。选项ABC不当选，电子商务法不适用下列情况：（1）金融类产品和服务（比如支付宝、借贷宝、理财产品）。（2）利用信息网络提供新闻信息、音视频节目、出版以及文化产品等内容方面的服务。选项D当选，电子商务，是指通过互联网等信息网络销售商品或者提供服务的经营活动。

15.2 【斯尔解析】 A 本题考查电子商务经营者登记的内容。法律对不需要办理电子商务经营者登记的例外是：（1）个人销售自产农副产品、家庭手工业产品的（选项A当选）。（2）个人利用自己的技能从事依法无须取得许可的便民劳务活动和零星小额交易活动的。（3）依照法律、行政法规不需要进行登记的。

15.3 【斯尔解析】 B 本题考查电子商务合同的交付时间。选项A不当选，选项B当选，合同标的为提供服务的，生成的电子凭证或者实物凭证中载明的时间为交付时间；前述凭证没有载明时间或者载明时间与实际提供服务时间不一致的，实际提供服务的时间为交付时间。选项C不当选，标的为交付商品并采用快递物流方式交付的，收货人签收时间为交付时间。选项D不当选，合同标的为采用在线传输方式交付的，合同标的进入对方当事人指定的特定系统并且能够检索识别的时间为交付时间。

15.4 【斯尔解析】 B 本题考查电子商务合同相关内容。选项B当选，电子商务经营者销售商品或者提供服务应当依法出具纸质发票或者电子发票等购货凭证或者服务单据。

二、多项选择题

15.5 【斯尔解析】 **BCDE** 本题考查电子签名的法律效力。可靠的电子签名应具备的条件：（1）电子签名制作数据用于电子签名时，属于电子签名人专有（选项C当选）。（2）签署时电子签名制作数据仅由电子签名人控制（选项A不当选）。（3）签署后对电子签名的任何改动能够被发现（选项B当选）。（4）签署后对数据电文内容和形式的任何改动能够被发现（选项DE当选）。法律规定当事人也可以选择使用符合其约定的可靠条件的电子签名。

15.6 【斯尔解析】 **BDE** 本题考查电子商务平台经营者。选项A不当选，微商既不属于电子商务平台经营者，也不属于平台内经营者，而是通过网络服务销售商品或提供服务的自建网站经营者。选项C不当选，网店属于平台内经营者，而非电子商务平台经营者。选项BDE当选，电子商务平台经营者，现实中通常被称为"电商平台"，如淘宝网、美团、滴滴出行等。

提示：平台内经营者，是指通过电子商务平台销售商品或者提供服务的电子商务经营者。通常被称为"商家"或"网店"。

15.7 【斯尔解析】 **ABCD** 本题考查电子合同订立和成立的规则。数据电文有下列情形之一的，视为发件人发送：（1）经发件人授权发送的（选项B当选）。（2）发件人的信息系统自动发送的（选项A当选）。（3）收件人按照发件人认可的方法对数据电文进行验证后结果相符的。当事人对前述规定的事项另有约定的，从其约定（选项C当选）。选项D当选，当事人未指定特定系统的，数据电文进入收件人的任何系统的首次时间，视为该数据电文的接收时间。当事人对数据电文的发送时间、接收时间另有约定的，从其约定。选项E不当选，发件人的主营业地为数据电文的发送地点，收件人的主营业地为数据电文的接收地点。没有主营业地的，其经常居住地为发送或者接收地点。当事人对数据电文的发送地点、接收地点另有约定的，从其约定。

做新变 new

一、单项选择题

15.8 ▶ C

二、多项选择题

15.9 ▶ ABDE

一、单项选择题

15.8 【斯尔解析】 **C** 本题考查电子商务平台经营者的义务。选项A不当选，电子商务平台经营者应当核实平台内经营者身份，配合市场监督管理部门、税务部门办理平台内经营者的工商登记以及税务登记。选项B不当选，电商平台应当采取技术措施和其他必要措施保证其网络安全，防范网络违法犯罪活动，并应当制定网络安全事件应急预案。选项C当选，电子商务平台经营者对平台交易信息应予以记录、保存，并且保存时间不少于3年。选项D不当选，电商平台有义务确保平台内的公平交易，以维护消费者合法权益。包括对于自营业务，应当以显著方做区分标记，不得误导消费者。

二、多项选择题

15.9 【斯尔解析】 **ABDE** 本题考查电子商务法的特征。选项ABDE当选，选项C不当选，电子商务法具有国际性、技术性、开放性、复合性的特征。

第十六章　社会保险法 答案与解析

一、单项选择题

16.1 ► D　　16.2 ► D　　16.3 ► B　　16.4 ► C　　16.5 ► A

16.6 ► D

二、多项选择题

16.7 ► ACE　　16.8 ► ABCD

一、单项选择题

16.1 【斯尔解析】 D　本题考查社会保险法的基本原则。选项D当选，国家承担最终责任原则，是指国家不仅是社会保险制度的发起者和监督者，还是社会保险制度的资助者和保证者，是最终责任的承担者。

16.2 【斯尔解析】 D　本题考查基本养老保险的适用对象。基本养老保险的适用对象包括：（1）各类企业及其职工（选项D当选）。（2）事业单位及其工作人员。（3）灵活就业人员。（4）中国境内就业的外国人。选项AB不当选，公务员和参照公务员法管理的工作人员不适用职工基本养老保险，而适用公务员和参公管理工作人员养老保险。选项C不当选，城镇非从业居民可以参加城镇居民社会养老保险，但不能参加职工基本养老保险。

16.3 【斯尔解析】 B　本题考查基本养老保险的领取。选项B当选，参加基本养老保险的个人，达到法定退休年龄时累计缴费满15年以上的，按月领取基本养老金。

16.4 【斯尔解析】 C　本题考查应认定为工伤的情形。选项A不当选，是否应认定为工伤，关键在于是否与工作直接相关。选项所述情形与工作直接相关，应认定为工伤。选项BD不当选，其所述情形为法律规定的应视同为工伤的情形，也应认定为工伤。选项C当选，其所述情形为因下班途中受到了"本人负主要责任"的交通事故的伤害，不应认定为工伤。

16.5 【斯尔解析】 A　本题考查失业保险基金。选项A当选，选项B不当选，城镇企业事业单位

103

按照本单位工资总额的2%缴纳失业保险费。城镇企业事业单位职工按照本人工资的1%缴纳失业保险费。城镇企业事业单位招用的农民合同制工人本人不缴纳失业保险费。选项CD不当选，所述均正确。

16.6 【斯尔解析】 **D** 本题考查享受失业保险待遇的条件。从失业保险基金中领取失业保险金的条件（同时满足）：（1）失业前用人单位和本人已经缴纳失业保险费满1年的（选项D当选）。（2）非因本人意愿中断就业的。（3）已经进行失业登记，并有求职要求的。

二、多项选择题

16.7 【斯尔解析】 **ACE** 本题考查社会保险的监督和法律责任。选项B不当选，社会保险基金在保证安全的前提下，按照国务院规定投资运营实现保值增值。社会保险基金不得违规投资运营，不得用于平衡其他政府预算，不得用于兴建、改建办公场所和支付人员经费、运行费用、管理费用，或者违反法律、行政法规规定挪作其他用途。选项D不当选，用人单位未足额缴纳社会保险费且未提供担保的，社会保险费征收机构可以申请人民法院扣押、查封、拍卖其价值相当于应当缴纳社会保险费的财产，以拍卖所得抵缴社会保险费。选项ACE当选，所述均正确。

16.8 【斯尔解析】 **ABCD** 本题考查停止享受失业保险待遇的情形。失业人员在领取失业保险金期间有下列情形之一的，停止领取失业保险金：（1）重新就业的（选项C当选）。（2）应征服兵役的（选项A当选）。（3）移居境外的（选项B当选）。（4）享受基本养老保险待遇的（选项D当选）。（5）无正当理由，拒不接受当地人民政府指定部门或者机构介绍的适当工作或者提供的培训的。

第十七章 民事诉讼法
答案与解析

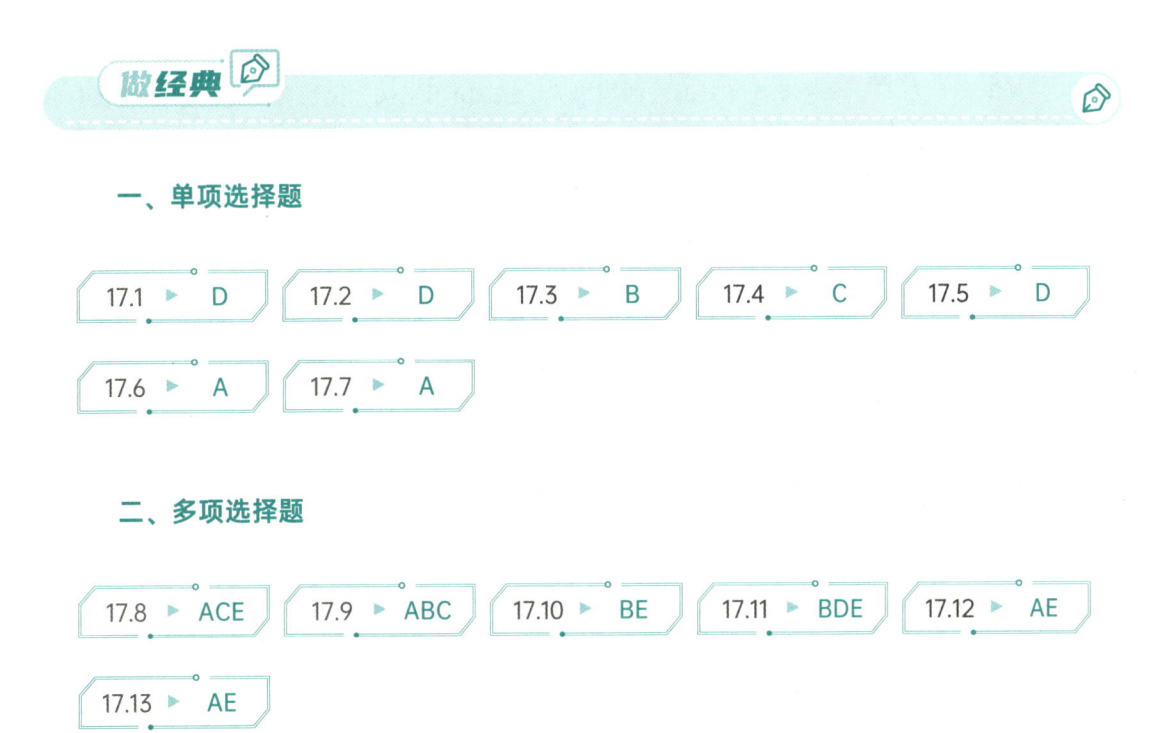

一、单项选择题

17.1 ▶ D   17.2 ▶ D   17.3 ▶ B   17.4 ▶ C   17.5 ▶ D

17.6 ▶ A   17.7 ▶ A

二、多项选择题

17.8 ▶ ACE   17.9 ▶ ABC   17.10 ▶ BE   17.11 ▶ BDE   17.12 ▶ AE

17.13 ▶ AE

一、单项选择题

17.1 斯尔解析　D　本题考查民事诉讼基本原则。选项A不当选，当事人有权在法律规定的范围内处分自己的民事权利和诉讼权利。选项B不当选，当事人诉讼权利平等原则意味着双方当事人诉讼权利义务平等，平等意味着当事人的诉讼权利相同或者相对应，并不意味着当事人有相同的诉讼权利。选项C不当选，人民法院审理民事案件时，应当根据自愿和合法的原则进行调解；调解不成的，应当及时判决。

17.2 斯尔解析　D　本题考查民事诉讼基本制度。选项A不当选，涉及国家秘密的案件、涉及个人隐私的案件或者法律另有规定不公开审理的案件不能公开审理。离婚案件、涉及商业秘密的案件可以不公开审理。选项B不当选，按照小额诉讼程序、特别程序、督促程序以及公示催告程序审理的案件，一律实行一审终审。选项C不当选，回避的对象包括审判人员、法官助理、书记员、司法技术人员、翻译人员、鉴定人、勘验人；检察人员从事民事检察活动，遇有法定情形也应依法回避。不包括证人。选项D当选，基层法院适用简易程序、小额诉讼程序审理的民事纠纷以及基层法院审理的基本事实清楚、权利义务关系明确的第一审民事案件，可以由审判员一人适用普通程序独任审理。

105

17.3 [斯尔解析] **B** 本题考查民事诉讼管辖的概念。选项A不当选，对同一案件两个以上法院都有管辖权的，为共同管辖。协议管辖，是指当事人在争议发生之前或发生之后，用书面协议的方式，选择管辖法院。选项B当选，案件由无权管辖的法院移送至有权管辖的法院称为移送管辖。选项CD不当选，对同一案件两个以上法院都有管辖权的，当事人选择其中一个法院起诉的，是选择管辖。指定管辖，是指上级法院依照法律规定，指定其辖区内下级法院对某一具体案件行使管辖权。专属管辖，是指基于法律规定，某些案件必须由特定的法院管辖，其他法院无权管辖，也不准许当事人协议变更管辖。

17.4 [斯尔解析] **C** 本题考查民事诉讼的当事人。选项A不当选，民法典规定的遗产继承中享有的民事权利能力的胎儿具有诉讼权利，可以作为诉讼当事人。选项BD不当选，民事诉讼的当事人以自己名义进行民事诉讼活动，而未成年人的法定代理人、无民事行为能力人的监护人，作为法定代理人参加诉讼，不属于当事人。选项C当选，具有民事诉讼权利能力，是作为民事诉讼当事人的法律资格，当事人应当具有民事诉讼权利能力。

17.5 [斯尔解析] **D** 本题考查民事诉讼的证明。选项D当选，民事诉讼中，法律规定免于证明的事实包括：自然规律以及定理、定律。选项ABC不当选，其所述事实均须当事人举证证明。

17.6 [斯尔解析] **A** 本题考查民事诉讼的证人。选项A当选，与一方当事人或者其代理人有利害关系的证人陈述的证言，不能单独作为认定案件事实的根据。选项C不当选，待证事实与其年龄、智力状况或者精神健康状况相适应的无民事行为能力人和限制民事行为能力人，可以作为证人。选项BD不当选，双方当事人同意证人以其他方式作证并经法院准许的，证人可以不出庭作证。无正当理由未出庭的证人以书面等方式提供的证言，不得作为认定案件事实的根据。

17.7 [斯尔解析] **A** 本题考查民事诉讼的原告。选项A当选，民事诉讼的原告必须是与本案有直接利害关系的公民、法人或其他组织。

二、多项选择题

17.8 [斯尔解析] **ACE** 本题考查专属管辖。选项B不当选，专属管辖，是指基于法律规定，某些案件必须由特定的法院管辖，其他法院无权管辖，也不准许当事人协议变更管辖。属于专属管辖的情况如下：（1）因不动产纠纷提起的诉讼，由不动产所在地法院管辖（选项A当选）。（2）因港口作业中发生纠纷提起的诉讼，由港口所在地法院管辖（选项C当选）。（3）因继承遗产纠纷提起的诉讼，由被继承人死亡时住所地或者主要遗产所在地法院管辖（选项D不当选、选项E当选）。

17.9 [斯尔解析] **ABC** 本题考查普通的共同诉讼。普通的共同诉讼必须同时具备以下四个条件：（1）诉讼标的属同一种类（选项A当选）。（2）几个诉讼必须属于同一人民法院管辖（选项B当选）。（3）几个诉讼必须适用同一种诉讼程序（选项C当选）。（4）合并审理能够达到简化诉讼程序、节省时间和费用的目的。选项D不当选，共同诉讼中，当事人一方或双方为2人以上，并不要求双方均为2人以上。选项E不当选，普通的共同诉讼当事人之间没有共同的权利和义务。

17.10 **斯尔解析** **BE** 本题考查民事诉讼证据的法定种类。选项AC不当选,证明甲、乙婚姻关系存在的结婚证和证明甲公司财务情况的会计账簿都是以其内容或思想来证明待证事实,属于书证。选项BE当选,沾上乙血迹的木棒和现场的鞋印是用物品的外形、特征、质量等证明待证事实,属于物证。选项D不当选,证明甲、乙谈话内容的录音如果存储在录音磁带中,属于视听资料,如果存储在电子介质中,则属于电子数据。

17.11 **斯尔解析** **BDE** 本题考查民事诉讼证据的认定。选项A不当选,无正当理由未出庭的证人以书面等方式提供的证言,不得作为认定案件事实的根据。不能单独作为认定案件事实根据的证据包括:(1)当事人的陈述。(2)无民事行为能力人、限制民事行为能力人所作的与其年龄、智力状况或者精神健康状况不相当的证言(并非所有证言,选项C不当选)。(3)与一方当事人或者其代理人有利害关系的证人陈述的证言(选项E当选)。(4)存有疑点的视听资料、电子数据(选项D当选)。(5)无法与原件、原物核对的复制件、复制品(选项B当选)。

17.12 **斯尔解析** **AE** 本题考查民事诉讼的起诉。选项A当选,提起民事诉讼必须有明确的被告。选项B不当选,起诉原则上应当向人民法院递交起诉状,书写起诉状确有困难的,可以口头起诉,由人民法院记入笔录,并告知对方当事人。选项C不当选,未成年人可以作为原告,以自己的名义起诉,由其法定代理人代理参加诉讼。选项D不当选,诉讼时效期间届满,当事人不丧失起诉权,即,超过诉讼时效期间的案件,可以起诉。选项E当选,原告撤诉或法院按撤诉处理后,原告以同一诉讼请求再次起诉的,法院应予受理。

17.13 **斯尔解析** **AE** 本题考查简易程序。选项B不当选,当事人就案件适用简易程序提出异议,人民法院经审查,异议成立的,裁定转为普通程序;异议不成立的,裁定驳回。选项C不当选,第二审程序不可以适用简易程序。选项A当选,选项D不当选,适用简易程序案件的举证期限由法院确定,也可以由当事人协商一致并经法院准许,但不得超过15日。

做新变

多项选择题

17.14 ▶ ADE

多项选择题

17.14 【斯尔解析】 **ADE** 本题考查涉外民事案件的专属管辖。下列涉外的民事案件，由我国法院专属管辖：（1）因在我国领域内设立的法人或者其他组织的设立、解散、清算，以及该法人或者其他组织作出的决议的效力等纠纷提起的诉讼（选项A当选）。（2）因与在我国领域内审查授予的知识产权的有效性有关的纠纷提起的诉讼（选项D当选）。（3）因在我国领域内履行中外合资经营企业合同、中外合作经营企业合同、中外合作勘探开发自然资源合同发生纠纷提起的诉讼（选项E当选）。

第十八章 刑 法
答案与解析

做经典

一、单项选择题

18.1 ▶ B	18.2 ▶ B	18.3 ▶ A	18.4 ▶ A	18.5 ▶ C
18.6 ▶ C	18.7 ▶ B	18.8 ▶ B	18.9 ▶ C	18.10 ▶ D
18.11 ▶ B	18.12 ▶ C	18.13 ▶ C	18.14 ▶ A	18.15 ▶ A
18.16 ▶ D	18.17 ▶ A	18.18 ▶ B	18.19 ▶ A	18.20 ▶ D
18.21 ▶ D	18.22 ▶ A	18.23 ▶ A	18.24 ▶ D	18.25 ▶ C
18.26 ▶ C	18.27 ▶ B			

二、多项选择题

18.28 ▶ ACE	18.29 ▶ ABDE	18.30 ▶ ABD	18.31 ▶ ACDE	18.32 ▶ ABC
18.33 ▶ BE	18.34 ▶ ABDE	18.35 ▶ ACD	18.36 ▶ BC	18.37 ▶ ABCE
18.38 ▶ ACDE	18.39 ▶ ABCE	18.40 ▶ DE		

一、单项选择题

18.1 〖斯尔解析〗 B 本题考查刑法的基本原则。选项B当选，刑法的基本原则包括罪刑法定原则、平等适用刑法原则以及罪刑相当原则（也称"罪刑相适应原则、罪刑均衡原则"）。

18.2 〖斯尔解析〗 B 本题考查追诉时效。选项B当选，法定最高刑为无期徒刑、死刑的，经过

20年则不再追诉。如果20年以后认为必须追诉的，须报请最高人民检察院核准。

18.3 　斯尔解析　　A　本题考查追诉时效的期限计算。选项A当选，犯罪经过下列期限不再追诉：法定最高刑为不满5年有期徒刑的，经过5年；法定最高刑为5年以上不满10年有期徒刑的，经过10年；法定最高刑为10年以上有期徒刑的，经过15年；法定最高刑为无期徒刑、死刑的，经过20年。如果20年以后认为必须追诉的，须报请最高人民检察院核准。

18.4 　斯尔解析　　A　本题考查追诉时效的中断。选项A当选，根据规定，在追诉期限以内又犯罪的，前罪追诉的期限从犯后罪之日起计算。

18.5 　斯尔解析　　C　本题考查自然人的刑事责任能力。选项A不当选，犯罪时不满18周岁的人不作为累犯。选项B不当选，已满14周岁不满16周岁的人，犯故意杀人、故意伤害致人重伤或者死亡、强奸、抢劫、贩卖毒品、放火、爆炸、投放危险物质罪的，应当负刑事责任。已满12周岁不满14周岁的人，犯故意杀人、故意伤害罪，致人死亡或者以特别残忍手段致人重伤造成严重残疾，情节恶劣，经最高人民检察院核准追诉的，应当负刑事责任。选项C当选，审判时已满75周岁的人，一般不适用死刑，但以特别残忍手段致人死亡的除外。选项D不当选，已满75周岁的人故意犯罪的，可以从轻或者减轻处罚，过失犯罪的，应当从轻或减轻处罚。

18.6 　斯尔解析　　C　本题考查犯罪构成。选项C当选，疏忽大意的过失，是指行为人应当预见自己的行为可能会发生危害社会的结果，因为疏忽大意而没有预见，以致发生这种结果的心理态度。甲未按照驾驶要求仔细观察四周情况因而导致损害结果，属于疏忽大意的过失。

18.7 　斯尔解析　　B　本题考查附加刑的适用。选项A不当选，附加刑既可以独立适用，也可以附加适用。选项B当选，罚金由一审人民法院执行。犯罪分子的财产在异地的，一审人民法院可以委托财产所在地人民法院代为执行。选项C不当选，附加适用时，对一个犯罪可以适用两个或两个以上的附加刑。选项D不当选，对于被判处死刑、无期徒刑的犯罪分子，应当剥夺政治权利终身。对于危害国家安全的犯罪分子，应当附加剥夺政治权利。对于故意杀人、强奸、放火、爆炸、投毒、抢劫等严重破坏社会秩序的犯罪分子，可以附加剥夺政治权利。

18.8 　斯尔解析　　B　本题考查附加刑的适用。选项A不当选，罚金属于附加刑，既可以独立适用，也可以附加适用。选项B当选，危害国家安全的犯罪分子，应当附加剥夺政治权利；对于故意杀人、强奸、放火、爆炸、投毒、抢劫等严重破坏社会秩序的犯罪分子，可以附加剥夺政治权利；对于被判处死刑、无期徒刑的犯罪分子，应当剥夺政治权利终身。选项C不当选，罚金在判决指定的期限内一次或者分期缴纳。选项D不当选，在没收财产时，不得以追缴犯罪所得、没收违禁品和供犯罪所用的本人财物来代替或者折抵。

18.9 　斯尔解析　　C　本题考查禁止令。选项A不当选，禁止令的期限，既可以与管制执行期限相同，也可以短于管制执行的期限，但不得少于3个月。选项BD不当选，禁止令由司法行政机关指导管理的社区矫正机构负责执行，人民检察院对社区矫正机构执行禁止令的活动实行监督。选项C当选，对判处管制的犯罪分子，以及缓刑的犯罪分子可以根据犯罪情况，同时宣布禁止令。

18.10　**D**　本题考查累犯。选项AB不当选，累犯不得缓刑、不得假释。选项C不当选，选项D当选，对累犯应当从重处罚。

提示：累犯不缓刑、不假释、应从重、可减刑。

18.11　**B**　本题考查一般累犯。一般累犯的成立条件：（1）前罪和后罪都必须是故意犯罪（选项A不当选）。（2）前罪被判处的刑罚和后罪应当判处的刑罚都必须是有期徒刑以上的刑罚（选项C不当选）。（3）后罪必须发生在前罪刑罚执行完毕或者赦免以后的5年之内（选项B当选）。（4）累犯不适用于不满18周岁的人犯罪（选项D不当选）。

提示：交通肇事罪不是故意犯罪。根据法律规定，交通肇事罪是指违反道路交通管理法规，发生重大交通事故，致人重伤、死亡或者使公私财产遭受重大损失，依法被追究刑事责任的犯罪行为。该罪在主观方面表现为过失，包括疏忽大意的过失和过于自信的过失。

18.12　**C**　本题考查特别自首。选项A不当选，选项C当选，犯罪事实或者犯罪嫌疑人未被司法机关发觉，或者虽被发觉，但犯罪嫌疑人尚未受到讯问、未被采取强制措施时自动投案并如实供述的，属于一般自首；已经被采取强制措施的犯罪嫌疑人、被告人和正在服刑的罪犯，如实供述司法机关尚未掌握的本人其他罪行的，属于特别自首。选项BD不当选，立功，是指犯罪分子揭发他人犯罪行为，查证属实，或者提供重要案件线索，从而得以侦破其他案件的行为。题述情形下不属于立功，自然也就不属于一般立功或重大立功。

18.13　**C**　本题考查数罪并罚的适用。选项AD不当选，数罪中有判处有期徒刑和拘役的，执行有期徒刑。数罪中有判处有期徒刑和管制，或者拘役和管制的，有期徒刑、拘役执行完毕后，管制仍须执行。选项C当选，数罪中有判处附加刑的，附加刑仍须执行，其中附加刑种类相同的，合并执行，种类不同的，分别执行。选项B不当选，有期徒刑总和刑期不满35年的，执行刑期最高不能超过20年，总和刑期在35年以上的，执行刑期最高不能超过25年。

18.14　**A**　本题考查缓刑的适用。选项A当选，选项B不当选，对被判处拘役或者3年以下有期徒刑的犯罪分子，根据犯罪分子的犯罪情节和悔罪表现，暂缓执行刑罚确实不致再危害社会的，可以适用缓刑。选项CD不当选，累犯和犯罪集团的首要分子不适用缓刑。

提示："对不满18周岁的人、怀孕的妇女和已满75周岁的人，应当宣告缓刑"，该规定的前提条件是"符合缓刑条件"，最重要的一项是被判处的刑罚为"拘役或3年以下有期徒刑"，若被判处的刑罚不属于上述情形，则无论未成年人、孕妇还是老年人，均不能适用缓刑。

18.15　**A**　本题考查假释。选项A当选，选项CD不当选，被判处有期徒刑的犯罪分子，执行原判刑期1/2以上，被判处无期徒刑的犯罪分子，实际执行13年以上，如果认真遵守监规，接受教育改造，确有悔改表现，没有再犯罪的危险的，可以假释。选项B不当选，对累犯以及因故意杀人、强奸、抢劫、绑架、放火、爆炸、投放危险物质或者有组织的暴力性犯罪被判处10年以上有期徒刑、无期徒刑的犯罪分子，不得假释。

提示："因故意杀人、强奸、抢劫、绑架、放火、爆炸、投放危险物质或者有组织的暴力性犯罪被判处10年以上有期徒刑、无期徒刑的犯罪分子，不得假释"，此规定的适用要求有二：罪名与判处刑罚的种类和期限。任一条件不满足，则不能适用本规定。选项A中，虽然犯罪分子犯抢劫罪，但是被判刑罚为8年有期徒刑，不属于"10年以上"，因此，不适用该规定，其可以假释。

18.16　斯尔解析　D　本题考查减刑、假释。选项A不当选，减刑的适用对象为被判处管制、拘役、有期徒刑或者无期徒刑的犯罪分子。选项B不当选，选项D当选，累犯不得缓刑和假释，但可以适用减刑。选项C不当选，假释的适用对象为被判处有期徒刑或者无期徒刑的犯罪分子。

18.17　斯尔解析　A　本题考查危害税收征管犯罪。选项A当选，骗取出口退税罪、虚开增值税专用发票罪等均属于危害税收征管罪。选项B不当选，危害税收征管犯罪的主体既包括单位，也包括个人。选项C不当选，危害税收征管犯罪侵犯的客体是国家的税收征管制度。选项D不当选，犯罪在主观方面存在故意，过失不构成危害税收征管犯罪。

18.18　斯尔解析　B　本题考查逃税罪。选项B当选，逃税罪是指纳税人采取欺骗、隐瞒手段进行虚假纳税申报或者不申报，逃避缴纳税款，使国家税收受到侵害，数额较大的一种犯罪。选项AC不当选，其所述行为可能构成抗税罪。选项D不当选，其所述行为可能构成逃避追缴欠税罪。

18.19　斯尔解析　A　本题考查骗取出口退税罪。选项A当选，对纳税人实施假报出口或者其他欺骗手段，骗取国家出口退税款的，应当分情况定罪处罚：（1）纳税人缴纳税款后，采取上述欺骗方法，骗取所缴税款的，按逃税罪处罚。（2）骗取税款超过所缴纳的税款部分，以骗取出口退税罪论处。（3）实施骗取国家出口退税行为，没有实际取得出口退税款的，可以比照既遂犯从轻或者减轻处罚。

18.20　斯尔解析　D　本题考查骗取出口退税罪的构成。假报出口，是指以虚构已税货物出口事实为目的，具有下列情形之一的行为：（1）伪造或者签订虚假的买卖合同（选项B不当选）。（2）以伪造、变造或者其他欺骗手段取得出口货物报关单、出口收汇核销单、出口货物专用缴款书等有关出口退税单据、凭证（选项A不当选）。（3）虚开、伪造、非法购买增值税专用发票或者其他可以用于出口退税的发票（选项C不当选）。（4）其他虚构已税货物出口事实的行为。

18.21　斯尔解析　D　本题考查虚开增值税专用发票罪。选项A不当选，乙公司并未为他人开发票，其行为不属于为他人虚开增值税专用发票，而属于让他人为自己虚开增值税专用发票。选项B不当选，甲公司是李某为非法获利而注册，并非为了正常经营活动而注册。个人为进行违法犯罪活动而设立公司、企业实施犯罪的，或者公司、企业设立后，以实施犯罪为主要活动的，不以单位犯罪论处，因此甲公司不构成单位犯罪。选项C不当选，丙公司的行为未涉及介绍他人虚开增值税专用发票，而属于"让他人为自己虚开增值税专用发票"。选项D当选，李某实施了为他人虚开增值税专用发票的行为，构成为他人虚开增值税专用发票。

提示：虚开增值税专用发票或虚开用于骗取出口退税、抵扣税款发票罪的客观方面表现为实施了虚开增值税专用发票或者虚开用于骗取出口退税、抵扣税款的其他发票的行为，且虚开的税款数额在10万元以上的行为或者造成国家税款损失数额在5万元以上。

18.22 【斯尔解析】 A　本题考查非法出售发票罪的立案追诉标准。选项A当选，非法出售增值税专用发票、用于骗取出口退税、抵扣税款的其他发票以外的发票，涉嫌下列情形之一的，应予立案追诉：（1）非法出售增值税专用发票、用于骗取出口退税、抵扣税款的其他发票以外的发票100份以上且票面金额累计在30万元以上的。（2）票面金额累计在50万元以上的。（3）非法获利数额在1万元以上的。陶某非法出售普通发票，达到非法出售发票罪的立案标准，故涉嫌本罪。

18.23 【斯尔解析】 A　本题考查非法购买增值税专用发票的立案追诉情形。非法购买增值税专用发票或者购买伪造的增值税专用发票，涉嫌下列情形之一的，应予立案追诉：（1）非法购买增值税专用发票或者购买伪造的增值税专用发票20份以上且票面税额在10万元以上的行为（选项CD不当选）。（2）票面税额累计在20万元以上的（选项A当选，选项B不当选）。

18.24 【斯尔解析】 D　本题考查涉税犯罪主体。选项A不当选，逃税罪的犯罪主体是纳税人和扣缴义务人。选项B不当选，骗取出口退税罪犯罪主体是一般主体，既可以是纳税人，也可以是非纳税人。选项C不当选，抗税罪犯罪主体是纳税人或者扣缴义务人。选项D当选，逃避追缴欠税罪的犯罪主体为纳税人，扣缴义务人不构成逃避追缴欠税罪主体。

18.25 【斯尔解析】 C　本题考查徇私舞弊不征、少征税款罪。选项ABD不当选，徇私舞弊不征、少征税款罪，主观上为故意，关键点在于徇私情。因纳税人提供假材料、税收业务不熟练以及工作严重不负责任（玩忽职守）导致不征或少征税款，并非故意不征或少征，也并非徇私情。选项C当选，为照顾朋友违规不征或少征属于故意，且为徇私情，属于本罪客观方面构成要件。

18.26 【斯尔解析】 C　本题考查涉税职务犯罪。选项C当选，行政执法人员徇私舞弊，对依法应当移交司法机关追究刑事责任的案件不移交，情节严重，同时又因此而收受他人贿赂，则构成徇私舞弊不移交刑事案件罪与受贿罪两个罪名，应实行数罪并罚。

18.27 【斯尔解析】 B　本题考查渎职犯罪。选项A不当选，玩忽职守罪的主体为国家机关工作人员，并不仅限于税务机关工作人员。选项B当选，徇私舞弊发售发票、抵扣税款、出口退税罪犯罪主体为税务机关工作人员。选项C不当选，违法提供出口退税凭证罪犯罪主体是海关、外汇管理等国家机关工作人员，其他自然人或单位均不能成为违法提供出口退税凭证罪的主体。选项D不当选，徇私舞弊不移交刑事案件罪犯罪主体必须是行政执法人员，具体是指在工商、税务、监察等依法具有行政执法权的行政机关中承担执法工作的公务人员。

二、多项选择题

18.28 【斯尔解析】 ACE　本题考查假释的要求。选项ACE当选，对累犯以及因故意杀人、强奸、抢劫、绑架、放火、爆炸、投放危险物质或者有组织的暴力性犯罪被判处10年以上有期徒刑、无期徒刑的犯罪分子，不得假释。

18.29 【斯尔解析】 ABDE　本题考查追诉时效。选项AB当选，一般犯罪的追诉时效从犯罪之日起算，犯罪行为有连续或者继续状态的，从犯罪行为终了之日起计算。选项C不当选，法定最高刑为10年以上有期徒刑的，追诉时效为15年；法定最高刑为无期徒刑和死刑的，追诉时效为20年。选项D当选，在追诉期限以内又犯罪的，前罪追诉的期限从犯后罪之日起计算。选项E当选，追诉时效，是指对犯罪分子追究刑事责任的法定有效期限。超过这个期限，一般不再追究犯罪分子的刑事责任。

18.30 斯尔解析　ABD　本题考查犯罪的特征。犯罪，是刑法规定应当受到刑罚处罚的严重危害社会的行为，具有严重的社会危害性（选项D当选）、刑事违法性（选项A当选）和应受刑罚处罚性（选项B当选）。选项C不当选，犯罪构成的主观方面包括犯罪故意与犯罪过失，"主观故意性"并非犯罪必须具有的特征。选项E不当选，犯罪须达到刑法中规定的标准，仅仅有一般违法性并不一定构成犯罪。

18.31 斯尔解析　ACDE　本题考查犯罪构成要件。任何犯罪的成立都必须具备四个方面的构成要件，即犯罪客体（选项A当选）、犯罪客观方面（选项E当选）、犯罪主体（选项C当选）、犯罪主观方面（选项D当选）。选项B不当选，犯罪目的和犯罪动机只存在于直接故意犯罪中，并非任何犯罪都必须具备。

18.32 斯尔解析　ABC　本题考查未成年犯罪的从宽处理规定。选项A当选，犯罪时不满18周岁的人，一律不适用死刑。选项B当选，已满16周岁的人犯罪，应当负刑事责任。选项C当选，因不满16周岁不予刑事处罚的，责令其父母或者其他监护人加以管教；在必要的时候，依法进行专门的矫治教育。选项D不当选，对未成年人犯罪，应当从轻或减轻处罚，并非免除处罚。选项E不当选，不满18周岁的人犯罪，符合缓刑条件的，应当予以缓刑。

18.33 斯尔解析　BE　本题考查刑罚的种类和适用。选项A不当选，刑罚有主刑与附加刑之分，管制和拘役均属于主刑。选项B当选，选项CD不当选，主刑只能独立适用，不能附加适用。对一个犯罪只能适用一个主刑，不能同时适用两个或两个以上的主刑。附加刑既可以独立适用，也可以附加适用。选项E当选，对犯罪的外国人，可以独立适用附加刑或者附加适用驱逐出境。

18.34 斯尔解析　ABDE　本题考查自首。下列情形应当视为自动投案：（1）犯罪嫌疑人向其所在单位、城乡基层组织或者其他有关负责人员投案的。（2）犯罪嫌疑人因病、伤或者为了减轻犯罪后果，委托他人先代为投案，或者先以信电投案的。（3）罪行尚未被司法机关发觉，仅因形迹可疑被有关组织或者司法机关盘问、教育后，主动交代自己的罪行的。（4）犯罪后逃跑，在被通缉、追捕过程中，主动投案的（选项B当选）。（5）经查实确已准备去投案，或者正在投案途中，被公安机关捕获的（选项A当选）。（6）并非出于犯罪嫌疑人主动，而是经亲友规劝、陪同投案的（选项D当选）。（7）公安机关通知犯罪嫌疑人的亲友，或者亲友主动报案后，将犯罪嫌疑人送去投案的（选项E当选）。选项C不当选，犯罪后逃至亲属家中，在亲属家中被公安机关抓获的，不属于自动投案。

提示：如果自动投案后如实供述罪行，构成自首的，可以节约司法机关的抓捕犯罪分子以及盘问犯罪分子的成本，因此可以从轻或减轻，甚至免除处罚。因此"视为自动投案"的情形也是出于该方面的考虑，除此之外，自动投案还要具备一定的"主动性"，无论是亲友的主动还是犯罪嫌疑人自己主动，均可视为"自动投案"。但犯罪后逃至亲属家被抓获，犯罪嫌疑人及其亲友并未"主动"。从根本上未起到节约司法机关抓捕犯罪分子的作用，自然不能视为自动投案。

18.35 斯尔解析 **ACD** 本题考查立功后处理规则。立功分为一般立功与重大立功。有一般立功表现的，可以从轻或者减轻处罚。有重大立功表现的，可以减轻或者免除处罚。重大立功主要表现包括：（1）犯罪分子有检举、揭发他人重大犯罪行为，经查证属实（选项A当选）。（2）提供侦破其他重大案件的重要线索，经查证属实。（3）阻止他人重大犯罪活动（选项C当选）。（4）协助司法机关抓捕其他重大犯罪嫌疑人（包括同案犯）（选项D当选）。（5）对国家和社会有其他重大贡献等表现。选项BE不当选，其所述属于一般立功，该等情形可以从轻或者减轻处罚，但不免除处罚。

18.36 斯尔解析 **BC** 本题考查累犯、假释和缓刑。选项A不当选，选项B当选，成立一般累犯要求前罪和后罪均为故意犯罪，交通肇事罪属于过失犯罪，因此梁某不构成累犯。选项C当选，假释适用于被判处有期徒刑或者无期徒刑的犯罪分子，且梁某不构成累犯，可以适用假释。选项D不当选，被判处拘役或者3年以下有期徒刑的犯罪分子，符合特定条件，可以适用缓刑。梁某被判有期徒刑4年，不能适用缓刑。选项E不当选，减刑适用对象为被判处管制、拘役、有期徒刑或者无期徒刑的犯罪分子，梁某被判处有期徒刑4年，可以适用减刑。

18.37 斯尔解析 **ABCE** 本题考查刑罚的适用。选项A当选，对于自首的犯罪分子，可以从轻或者减轻处罚。犯罪较轻的，可以免除处罚。选项B当选，累犯不适用于不满18周岁的人犯罪。选项C当选，累犯不适用缓刑与假释。选项D不当选，数罪并罚，是指人民法院对犯罪分子在法定期间内所犯数罪分别定罪量刑，并根据法定原则和方法，决定应当执行的刑罚的制度。刑罚执行完毕以后又犯罪的，应当考虑犯罪嫌疑人是否构成累犯，而非应予数罪并罚。选项E当选，有期徒刑减刑的起始时间自判决执行之日起计算。被判处无期徒刑的罪犯在刑罚执行期间，符合减刑条件的，执行2年以上，可以减刑。罪犯有重大立功表现的，减刑时可以不受减刑起始时间限制。

18.38 斯尔解析 **ACDE** 本题考查逃税罪。选项A当选，逃税罪主观方面必须是出于直接故意。选项B不当选，逃税罪的主体包括纳税人和扣缴义务人。选项C当选，纳税人涉嫌逃税罪，从逃税角度界定，标准有二：（1）逃税额占各税种应纳税总额10%以上且逃税额在10万元以上的，才能构成逃税罪。（2）凡5年内因逃避缴纳税款受过刑事处罚或者被税务机关给予2次以上行政处罚，又逃避缴纳税款，数额在10万元以上并且占各税种应纳税总额10%以上的。选项D当选，若纳税人有逃税行为，经税务机关依法下达追缴通知后，补缴应纳税款、缴纳滞纳金，已受行政处罚的，不予追究刑事责任；但是，5年内因逃避缴纳税款受过刑事处罚或者被税务机关给予2次以上行政处罚的除外。选项E当选，逃税罪侵犯的客体是我国税收征收管理制度。

18.39 斯尔解析 **ABCE** 本题考查伪造、出售伪造的增值税专用发票罪。选项BC当选，增值税专用发票由国家税务总局指定的企业印制，其他单位或个人私自印制的，即构成伪造增值税专用发票行为。选项A当选，变造增值税专用发票的，按照伪造增值税专用发票论处。选项D不当选，明知是伪造的增值税专用发票仍购买的，构成购买伪造的增值税专用发票行为，不属于伪造、出售伪造的增值税专用发票行为。选项E当选，明知自己所持有的是伪造的增值税专用发票，而仍然出售的，构成出售伪造的增值税专用发票行为。

18.40 斯尔解析　**DE**　本题考查涉税职务犯罪。选项A不当选，徇私舞弊不移交刑事案件罪的犯罪主体是一般行政执法人员。选项B不当选，逃税罪的犯罪主体是纳税人和扣缴义务人。选项C不当选，违法提供出口退税凭证罪的犯罪主体是海关、外汇管理等国家机关工作人员。选项DE当选，徇私舞弊不征、少征税款罪和徇私舞弊发售发票、抵扣税款、出口退税罪的犯罪主体必须是税务机关工作人员。

做新变

多项选择题

18.41 ▶ ABCE   18.42 ▶ BCDE

多项选择题

18.41 斯尔解析 **ABCE** 本题考查逃税罪的构成。纳税人进行虚假纳税申报，具有下列情形之一的，应当认定为《刑法》第201条第1款规定的"欺骗、隐瞒手段"：（1）伪造、变造、转移、隐匿、擅自销毁账簿、记账凭证或者其他涉税资料的。（2）以签订"阴阳合同"等形式隐匿或者以他人名义分解收入、财产的（选项B当选）。（3）虚列支出、虚抵进项税额或者虚报专项附加扣除的（选项E当选）。（4）提供虚假材料，骗取税收优惠的（选项A当选）。（5）编造虚假计税依据的（选项C当选）。（6）为不缴、少缴税款而采取的其他欺骗、隐瞒手段。选项D不当选，所述情形属于纳税人"不申报"行为。

18.42 斯尔解析 **BCDE** 本题考查骗取出口退税罪的构成。具有下列情形之一的，属于"假报出口或者其他欺骗手段"：（1）使用虚开、非法购买或者以其他非法手段取得的增值税专用发票或者其他可以用于出口退税的发票申报出口退税的。（2）将未负税或者免税的出口业务申报为已税的出口业务的（选项C当选）。（3）冒用他人出口业务申报出口退税的。（4）虽有出口，但虚构应退税出口业务的品名、数量、单价等要素，以虚增出口退税额申报出口退税的。（5）伪造、签订虚假的销售合同，或者以伪造、变造等非法手段取得出口报关单、运输单据等出口业务相关单据、凭证，虚构出口事实申报出口退税的（选项B当选）。（6）在货物出口后，又转入境内或者将境外同种货物转入境内循环进出口并申报出口退税的（选项D当选）。（7）虚报出口产品的功能、用途等，将不享受退税政策的产品申报为退税产品的（选项E当选）。选项A不当选，所述情形属于非法出售用于骗取出口退税、抵扣税款发票罪。非法出售用于骗取出口退税、抵扣税款发票罪客观方面表现为行为人为达到营利目的，非法出售用于骗取出口退税、抵扣税款的经税务机关监制的具有出口退税、抵扣税款功能的非增值税专用发票的行为。

第十九章 刑事诉讼法
答案与解析

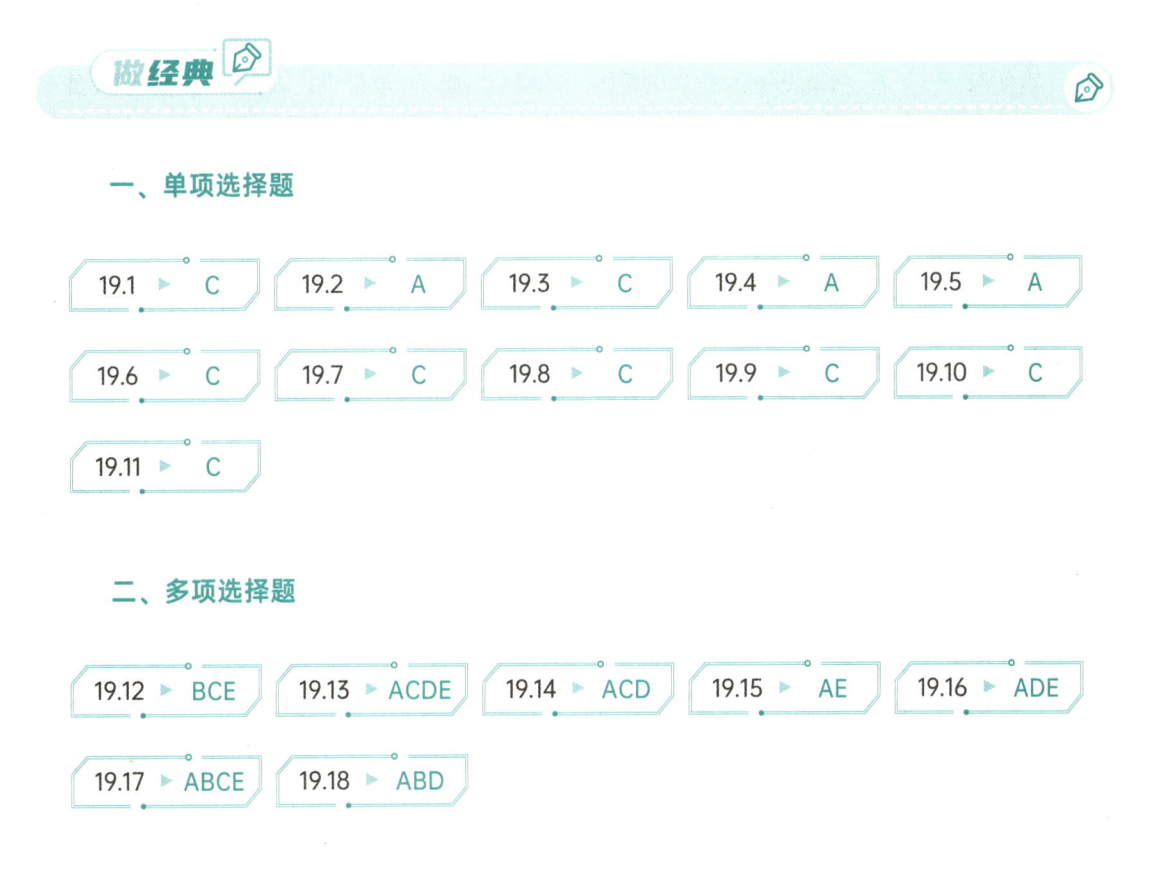

一、单项选择题

| 19.1 ▶ C | 19.2 ▶ A | 19.3 ▶ C | 19.4 ▶ A | 19.5 ▶ A |
| 19.6 ▶ C | 19.7 ▶ C | 19.8 ▶ C | 19.9 ▶ C | 19.10 ▶ C |
| 19.11 ▶ C |

二、多项选择题

| 19.12 ▶ BCE | 19.13 ▶ ACDE | 19.14 ▶ ACD | 19.15 ▶ AE | 19.16 ▶ ADE |
| 19.17 ▶ ABCE | 19.18 ▶ ABD |

一、单项选择题

19.1 斯尔解析 **C** 本题考查刑事诉讼参与人。刑事诉讼参与人包括刑事诉讼当事人和其他参与刑事诉讼的人。刑事诉讼当事人,主要包括被害人、自诉人、犯罪嫌疑人、被告人、附带民事诉讼的原告人和被告人;其他诉讼参与人包括法定代理人、诉讼代理人、辩护人(选项D不当选)、证人(选项B不当选)、鉴定人(选项A不当选)和翻译人员。选项C当选,刑事诉讼参与人是指在刑事诉讼中享有一定诉讼权利、负有一定诉讼义务的除国家专门机关工作人员以外的人。书记员不属于诉讼参与人。

19.2 斯尔解析 **A** 本题考查诉讼代理人。选项A当选,选项B不当选,公诉案件的被害人及其法定代理人或者近亲属,附带民事诉讼的当事人及其法定代理人,自案件移送审查起诉之日起,有权委托诉讼代理人。选项C不当选,自诉案件的自诉人及其法定代理人,有权随时委托诉讼代理人。选项D不当选,担任诉讼代理人的可以是律师、人民团体、被告人所在单位推荐的人，也可以是犯罪嫌疑人、被告人的监护人、亲友。

19.3 【斯尔解析】 C 本题考查认罪认罚从宽制度。选项A不当选，犯罪嫌疑人、被告人享有程序选择权，不同意适用速裁程序、简易程序的，不影响"认罚"的认定。选项B不当选，犯罪嫌疑人、被告人承认指控的主要犯罪事实，仅对个别事实情节提出异议，或者虽然对行为性质提出辩解但表示接受司法机关认定意见的，不影响"认罪"的认定。选项C当选，选项D不当选，嫌疑人、被告人具有自首、坦白情节，同时认罪认罚的，应当在法定刑幅度内给予相对更大的从宽幅度。认罪认罚与自首、坦白不作重复评价。

19.4 【斯尔解析】 A 本题考查辩护人的范围。选项A当选，一般来说，人民法院的现职人员不得担任辩护人，除非是犯罪嫌疑人、被告人的监护人、近亲属。选项B不当选，正在被执行刑罚或处于缓刑、假释考验期间的人绝对不能担任辩护人。选项C不当选，审判人员和人民法院其他工作人员从人民法院离任后2年内，不得以律师身份担任辩护人。选项D不当选，人民陪审员不得担任辩护人，除非其是犯罪嫌疑人、被告人的监护人、近亲属。

19.5 【斯尔解析】 A 本题考查指定辩护。选项A当选，其所述情形属于应当指定辩护的情形。选项BCD不当选，其所述情形均属于可以指定辩护的情形。

提示：关于指定辩护需要注意区分可以指定辩护的情形与应当指定辩护的情形。

（1）可以指定辩护的情形。对下列没有委托辩护人的被告人，人民法院可以通知法律援助机构指派律师为其提供辩护：共同犯罪案件中，其他被告人已经委托辩护人的；案件有重大社会影响的；人民检察院抗诉的；被告人的行为可能不构成犯罪的；有必要指派律师提供辩护的其他情形。

（2）应当指定辩护的情形。对下列没有委托辩护人的犯罪嫌疑人、被告人，人民法院、人民检察院应当通知法律援助机构指派律师为其提供辩护：盲、聋、哑人；尚未完全丧失辨认或者控制自己行为能力的精神病人；可能被判处无期徒刑、死刑的人。

19.6 【斯尔解析】 C 本题考查辩护人。选项C当选，犯罪嫌疑人在侦查期间，只能委托律师作为辩护人。

19.7 【斯尔解析】 C 本题考查辩护人的权利。选项C当选，自案件移送审查起诉之日起，可以向犯罪嫌疑人、被告人核实有关证据。

19.8 【斯尔解析】 C 本题考查刑事辩护制度。选项C当选，辩护律师会见犯罪嫌疑人、被告人时不被监听。

19.9 【斯尔解析】 C 本题考查强制措施的具体规定。选项A不当选，询问适用于证人或被害人，对犯罪嫌疑人，适用讯问。选项B不当选，被羁押、监视居住以及被逮捕后的犯罪嫌疑人、被告人及其法定代理人、近亲属或者辩护人有权向公安机关、人民检察院、人民法院申请取保候审。选项C当选，人民法院、人民检察院对于各自决定逮捕的人，公安机关对于经人民检察院批准逮捕的人，都必须在逮捕后的24小时以内进行讯问。选项D不当选，人民检察院直接受理侦查的案件，拘留犯罪嫌疑人的羁押期限为14日，特殊情况下可以延长1~3日。

19.10 【斯尔解析】 C 本题考查监视居住。选项A不当选，监视居住由公安机关执行。选项B不当选，采取指定居所监视居住，不得在看守所、拘留所、监狱等羁押、监管场所以及留置室、讯问室等专门的办案场所、办公区域执行。选项D不当选，指定居所监视居住的期限应当折抵刑期。被判处管制的，监视居住1日折抵刑期1日；被判处拘役、有期徒刑的，监视居住2日折抵刑期1日。

19.11 **斯尔解析** **C** 本题考查速裁程序。选项A不当选，选项C当选，被告人是未成年人以及是盲、聋、哑人的，不适用速裁程序。选项B不当选，可能判处3年有期徒刑以下刑罚的案件，案件事实清楚，证据确实、充分，且被告人认罪认罚并同意适用速裁程序的，可以适用速裁程序。选项D不当选，速裁程序只能在一审程序中适用，二审程序不能适用速裁程序。

二、多项选择题

19.12 **斯尔解析** **BCE** 本题考查刑事审判。选项A不当选，选项B当选，人民法院审判第一审案件应当公开进行。但是有关国家秘密或者个人隐私的案件，不公开审理；涉及商业秘密的案件，当事人申请不公开审理的，可以不公开审理。选项C当选，选项D不当选，不公开审理的案件，宣告判决一律公开进行。选项E当选，不公开审理的案件，应当当庭宣布不公开审理的理由。

19.13 **斯尔解析** **ACDE** 本题考查刑事诉讼参与人。刑事诉讼参与人包括刑事诉讼当事人和其他刑事诉讼参与人，刑事诉讼当事人包括被害人（选项A当选）、自诉人、犯罪嫌疑人（选项D当选）、被告人、附带民事诉讼的原告人和被告人（选项E当选）；其他刑事诉讼参与人包括法定代理人、诉讼代理人、辩护人（选项C当选）、证人、鉴定人和翻译人员。选项B不当选，公诉人不属于刑事诉讼参与人。

19.14 **斯尔解析** **ACD** 本题考查辩护律师的权利。选项A当选，辩护律师自案件移送审查起诉之日起，可以向犯罪嫌疑人、被告人核实有关证据。选项B不当选，自人民检察院对案件审查起诉之日起，辩护律师可以查阅、摘抄、复制案卷材料（无须人民检察院、人民法院许可）；其他辩护人经人民检察院、人民法院许可，也可查阅、摘抄、复制案卷材料，但依法不公开的材料除外。选项C当选，辩护人认为在调查、侦查、审查起诉期间监察机关、公安机关、人民检察院收集的证明犯罪嫌疑人、被告人无罪或者罪轻的证据材料未随案移送，申请人民检察院、人民法院、公安机关调取的，应当以书面形式提出，并提供相关线索或者材料。选项D当选，侦查期间，辩护人可以向侦查机关了解犯罪嫌疑人涉嫌的罪名和案件有关情况，如当时已查明的该罪的主要事实，犯罪嫌疑人被采取、变更、解除强制措施的情况，侦查机关延长侦查羁押期限等情况，并提出意见。选项E不当选，辩护律师可以同在押的或者被监视居住的犯罪嫌疑人、被告人会见和通信（无须许可）；其他辩护人经人民法院、人民检察院许可，也可以同在押的犯罪嫌疑人、被告人会见和通信。

19.15 **斯尔解析** **AE** 本题考查刑事强制措施。选项AE当选，刑事强制措施包括拘传、取保候审、监视居住、拘留、逮捕。

19.16 **斯尔解析** **ADE** 本题考查取保候审。选项A当选，取保候审的适用情形之一就是可能判处有期徒刑以上刑罚，采取取保候审不致发生社会危险性的。选项B不当选，被羁押、监视居住以及被逮捕后的犯罪嫌疑人、被告人及其法定代理人、近亲属或辩护人，有权向公安机关、人民检察院、人民法院申请取保候审。选项C不当选，取保候审最长不得超过12个月。选项DE当选，取保候审由公安机关、人民检察院和人民法院决定，公安机关执行。

19.17 斯尔解析　**ABCE**　本题考查刑事诉讼当事人。刑事诉讼当事人包括：被害人（选项B当选）、自诉人（选项A当选）、犯罪嫌疑人（选项E当选）、被告人（选项C当选）、附带民事诉讼的原告人和被告人。

19.18 斯尔解析　**ABD**　本题考查侦查措施。选项A当选，询问证人，可以在现场进行，也可以到证人所在单位、住处或者证人提出的地点进行，在必要的时候，可以通知证人到人民检察院或者公安机关提供证言。选项B当选，侦查人员可以对犯罪嫌疑人以及可能隐藏罪犯或者犯罪证据的人身、物品、住处、工作地点和其他有关的地方进行搜查。搜查时，应当有被搜查人或其家属、邻居或者其他见证人在场。选项C不当选，对在现场发现的犯罪嫌疑人，可以口头传唤，并非"强制带离现场询问"。选项D当选，与案件无关财物、文件等，不得查封或扣押。选项E不当选，被羁押的犯罪嫌疑人，应当在看守所内进行讯问，未被羁押的犯罪嫌疑人，可以在其他场所讯问。

一、单项选择题

19.19 ▶ A   19.20 ▶ C   19.21 ▶ C   19.22 ▶ C

二、多项选择题

19.23 ▶ ACE   19.24 ▶ ABDE

一、单项选择题

19.19 斯尔解析 **A** 本题考查刑事案件的立案管辖。选项A当选,选项D不当选,刑事案件的侦查由公安机关进行,法律另有规定的除外。除外情况是指:(1)人民法院直接受理的刑事案件;(2)军人违反职责的犯罪和军队内部发生的刑事案件;(3)罪犯在监狱内犯罪的刑事案件;(4)其他依照法律和规定应当由其他机关管辖的案件。选项B不当选,自诉案件由人民法院直接受理。自诉案件指依法应由被害人本人或者近亲属自行向人民法院起诉的案件。选项C不当选,人民检察院立案侦查国家工作人员利用职权实施的犯罪。

19.20 斯尔解析 **C** 本题考查刑事案件地域管辖和指定管辖。选项A不当选,刑事案件由犯罪行为地的人民法院管辖,如果由被告人居住地的人民法院审判更为适宜的,可以由被告人居住地的人民法院管辖。选项B不当选,管辖权发生争议,由争议双方法院协商;协商不成的,分别层报共同上级法院指定管辖。选项C当选,发现正在服刑的罪犯在判决宣告前还有其他犯罪没有受到审判的,由原审人民法院管辖,如果罪犯服刑地或者新发现罪的主要犯罪地人民法院管辖更为适宜的,由服刑地的人民法院管辖。选项D不当选,一人犯数罪、共同犯罪和其他需要并案审理的案件,其中一人或者一罪属于上级人民法院管辖的,全案由上级人民法院管辖。

19.21 斯尔解析 **C** 本题考查刑事诉讼程序。选项A不当选,刑事诉讼活动,主要包括立案、侦查、起诉、审判、执行五个阶段。选项B不当选,不是每一个刑事案件都必须经过五个诉讼阶段。如自诉案件不需要经过侦查阶段即可由被害人直接向人民法院起诉。选项C当选,公诉案件有两个立案条件:(1)有犯罪事实,是指已经受理的案件,犯罪嫌疑人的行为已经触犯了刑律,构成了犯罪;(2)需要追究刑事责任,是指依法应当追究犯罪行为人的刑事责任。选项D不当选,自诉案件除了应当具备公诉案件的两个立案条件,还应当具备其他条件包括:(1)属于法律规定的自诉案件的范围;(2)属于该人民法院管辖;(3)被害人告诉的;(4)有明确的被告人、具体的诉讼请求和证明被告人犯罪事实的证据。

19.22 斯尔解析　C　本题考查刑事执行。选项A不当选，人民法院是国家审判机关，亦是将生效裁判交付执行的机关，也是将生效裁判所确定的刑罚付诸实施的执行机关。选项B不当选，监狱和未成年犯管教所负责对无期徒刑和有期徒刑判决的执行，此外监狱还负责对死缓判决的执行。选项C当选，被判处死刑缓期执行、无期徒刑、有期徒刑、拘役的罪犯，第一审人民法院应当在判决、裁定生效后10日内将有关法律文书送达公安机关、监狱或者其他执行机关。选项D不当选，对于被判处死刑缓期2年执行、无期徒刑、有期徒刑的罪犯，由公安机关依法将该罪犯送交监狱执行刑罚；对于被判处有期徒刑的罪犯，在被交付执行刑罚前，剩余刑期在3个月以下的，由看守所代为执行；对于被判处拘役的罪犯，由公安机关执行；对未成年犯应当在未成年犯管教所执行刑罚。

二、多项选择题

19.23 斯尔解析　ACE　本题考查刑事案件的审判管辖。选项A当选，基层人民法院管辖第一审普通刑事案件，但是依法由上级人民法院管辖的除外。选项B不当选，选项C当选，中级人民法院管辖的第一审刑事案件包括：（1）危害国家安全、恐怖活动案件；（2）可能判处无期徒刑、死刑的刑事案件；（3）适用违法所得没收程序的案件；（4）适用缺席审判程序审理的案件。选项D不当选，高级人民法院管辖的第一审刑事案件，是全省（自治区、直辖市）性的重大刑事案件。最高人民法院管辖的第一审刑事案件，是全国性的重大刑事案件。选项E当选，上级人民法院在必要的时候，可以审判下级人民法院管辖的第一审刑事案件；下级人民法院认为案情重大、复杂，需要由上级人民法院审判的第一审刑事案件，可以请求移送上一级人民法院审判。

19.24 斯尔解析　ABDE　本题考查刑事案件的刑事诉讼回避制度。选项A当选，审判人员、检察人员、侦查人员是本案的当事人或者当事人的近亲属的，应当自行回避，当事人及其法定代理人也有权要求其回避。选项B当选，接受本案当事人及其委托的人的宴请，或者参加由其支付费用的活动的审判人员，当事人及其法定代理人有权申请其回避。选项C不当选，审判人员、检察人员、侦查人员的回避，应当分别由院长、检察长、公安机关负责人决定；院长的回避，由本院审判委员会决定；检察长和公安机关负责人的回避，由同级人民检察院检察委员会决定。选项D当选，对驳回申请回避的决定，当事人及其法定代理人可以申请复议一次。选项E当选，回避的种类包括自行回避、申请回避和指令回避。其中指令回避，是指审判人员、检察人员、侦查人员等遇有法定回避情形而没有自行回避，当事人及其法定代理人也没有申请其回避，公安司法机关等有关组织或行政负责人有权做出决定，令其退出诉讼活动。

综合题演练
答案与解析

一、行政法专题

20.1 (1) ▶ AE	20.1 (2) ▶ D	20.1 (3) ▶ BE	20.1 (4) ▶ C
20.2 (1) ▶ BCE	20.2 (2) ▶ AE	20.2 (3) ▶ ABE	20.2 (4) ▶ AC
20.3 (1) ▶ CDE	20.3 (2) ▶ ABCE	20.3 (3) ▶ ABCD	20.3 (4) ▶ ABCE
20.4 (1) ▶ A	20.4 (2) ▶ AD	20.4 (3) ▶ ABDE	20.4 (4) ▶ C
20.5 (1) ▶ ABCD	20.5 (2) ▶ AB	20.5 (3) ▶ ABE	20.5 (4) ▶ B

二、民商法专题

20.6 (1) ▶ ABE	20.6 (2) ▶ BC	20.6 (3) ▶ A	20.6 (4) ▶ BDE
20.7 (1) ▶ ABE	20.7 (2) ▶ CD	20.7 (3) ▶ ABC	20.7 (4) ▶ BE
20.8 (1) ▶ ACD	20.8 (2) ▶ ACE	20.8 (3) ▶ ACD	20.8 (4) ▶ D
20.9 (1) ▶ CE	20.9 (2) ▶ AE	20.9 (3) ▶ CD	20.9 (4) ▶ ADE
20.10 (1) ▶ BCE	20.10 (2) ▶ CDE	20.10 (3) ▶ ABDE	20.10 (4) ▶ ABDE
20.11 (1) ▶ CDE	20.11 (2) ▶ ABE	20.11 (3) ▶ ABCE	20.11 (4) ▶ C

三、刑法专题

20.12 (1) ▶ C	20.12 (2) ▶ BE	20.12 (3) ▶ B	20.12 (4) ▶ CDE
20.13 (1) ▶ CDE	20.13 (2) ▶ BCD	20.13 (3) ▶ ABC	20.13 (4) ▶ AD
20.14 (1) ▶ ACD	20.14 (2) ▶ DE	20.14 (3) ▶ AD	20.14 (4) ▶ ABCE
20.15 (1) ▶ AC	20.15 (2) ▶ BD	20.15 (3) ▶ C	20.15 (4) ▶ ABCE

一、行政法专题

20.1 (1) 斯尔解析 AE 本题考查行政事实行为的种类。选项AE当选，行政事实行为大致可分为：①执行性行政事实行为。②通知性行政事实行为。③协商性行政事实行为。其中，通知性行政事实行为，是指行政机关作出的不具有法律拘束力的意见表示行为，例如，行政机关对行政相对人提出的意见、劝告、提供的咨询服务（气象报告）等。本案中，开源公司已经取得企业法人营业执照，函告对开源公司不具有法律拘束力，属于通知性行政事实行为。

(2) 斯尔解析 D 本题考查行政诉讼管辖。选项D当选，行政案件由最初作出行政行为的行政机关所在地人民法院管辖。本案中，作出处罚决定的是甲省商务局，开源公司直接提起行政诉讼，应由甲省商务局所在地的法院管辖。

(3) 斯尔解析 BE 本题考查行政诉讼概述。选项C不当选，抽象行政行为不属于行政诉讼的受案范围。选项AD不当选，选项B当选，行政诉讼处理的是一定范围内的行政争议，即审理裁判对象是被诉行政行为。本案中，开源公司对甲省商务局的罚款决定不服，请求撤销甲省商务局的处罚决定，因此，审理对象是甲省商务局作出的处罚决定。选项E当选，被告对行政行为合法性负举证责任。被告负举证责任，是指作为行政诉讼被告的行政主体负有提供据以作出行政行为的证据（事实问题）和所依据的规范性文件的责任（法律问题）。

(4) 斯尔解析 C 本题考查行政法的渊源。选项C当选，国务院部门规章与地方性法规之间对同一事项的规定不一致，不能确定如何适用时，由国务院提出意见，国务院认为应当适用地方性法规的，应当决定在该地方适用地方性法规的规定；认为应当适用部门规章的，应当提请全国人民代表大会常务委员会裁决。

20.2 (1) 斯尔解析 BCE 本题考查行政强制执行。选项AD不当选，选项C当选，加处罚款属于行政强制执行。选项B当选，加处罚款或者滞纳金的数额不得超出金钱给付义务的数额。选项E当选，行政机关可以在不损害公共利益和他人合法权益的情况下，与当事人达成执行协议。执行协议可以约定分阶段履行；当事人采取补救措施的，可以减免加处的罚款或者滞纳金。

(2) 斯尔解析　**AE**　本题考查强制执行的程序与具体行政行为的救济。选项A当选，选项D不当选，相对人对税务机关作出的征税行为不服的，应当先向行政复议机关申请行政复议，对复议决定不服的，方可提起行政诉讼。罚款不属于征税行为，甲公司对罚款行为不服的，可以申请行政复议，也可以直接向人民法院提起行政诉讼。选项B不当选，行政机关作出强制执行决定前，应当事先催告当事人履行义务。选项C不当选，当事人对税务机关的处罚决定逾期不申请行政复议也不向法院起诉、又不履行的，作出处罚决定的税务机关可以采取强制执行措施或者申请法院强制执行。选项E当选，申请人对税务机关作出逾期不缴纳罚款加处罚款的决定不服的，应当先缴纳罚款和加处罚款，再申请行政复议。

(3) 斯尔解析　**ABE**　本题考查强制执行的催告。选项AB当选，选项CD不当选，行政机关作出强制执行（非强制措施）决定前，应当事先催告当事人履行义务。催告应当以书面形式作出，并载明下列事项：①履行义务的期限。②履行义务的方式。③涉及金钱给付的，应当有明确的金额和给付方式。④当事人依法享有的陈述权和申辩权。选项E当选，在催告期间，对有证据证明有转移或者隐匿财物迹象的，行政机关可以作出立即强制执行决定。

(4) 斯尔解析　**AC**　本题考查扣押、拍卖。选项A当选，查封、扣押的期限不得超过30日；情况复杂的，经行政机关负责人批准，可以延长，但是延长期限不得超过30日。法律、行政法规另有规定的除外。选项B不当选，由被执行人承担拍卖变卖所发生的费用，包括扣押、查封活动中和拍卖或者变卖活动中发生的依法由被执行人承担的费用。选项E不当选，查封、扣押限于涉案的场所、设施或者财物，不得查封、扣押与违法行为无关的场所、设施或者财物。题述情形下，李某的房产、车辆与其违法行为无关，稽查局无权扣押，也无权进行拍卖。选项C当选，行政机关实施查封、扣押，对查封、扣押的场所、设施或者财物应当妥善保管，不得使用或者损毁；因未尽妥善保管义务造成损失的，应当承担赔偿责任。选项D不当选，因查封、扣押发生的保管费用由行政机关承担。

20.3　(1) 斯尔解析　**CDE**　本题考查行政诉讼的证据规则。选项A不当选，人民法院在调取证据时，不得为证明被诉行政行为的合法性而调取被告在作出行政行为时未收集的证据。选项B不当选，选项D当选，行政诉讼中被告承担行政行为合法性的举证责任，原告应当提供的是其符合法定（起诉）条件的相应的证据材料，无须自证其行为不构成偷税。选项C当选，原告可以提供证明被诉行政行为违法的证据，原告提供的证据不成立的，不免除被告对被诉行政行为的举证责任。选项E当选，被告对于证据的收集应当在作出行政行为之前，在诉讼过程中，被告及其诉讼代理人不得自行向原告、第三人和证人收集证据。

(2) 斯尔解析　**ABCE**　本题考查行政诉讼第一审程序。选项A当选，人民法院应当在立案之日起6个月内作出一审判决。有特殊情况需要延长的，由高级人民法院批准；高级人民法院审理的一审案件需要延长的，由最高人民法院批准。选项B当选，人民法院审理行政案件，以法律、行政法规、地方性法规、自治条例和单行条例为依据，并参照规章。选项C当选，一审程序应当一律实行开庭审理，不得进行书面审理。开庭审理时，除涉及国家秘密、个人隐私和法律另有规定外，人民法院审理行政案件应当一律公开审理。选项D不当选，原告经合法传唤，无正当理由拒不到庭或者未经法庭许可中途退庭的，按撤诉处理；原告或者上诉人申请撤诉，人民法院裁定不予准许的，原告经传票传唤无正当理由拒不到庭，或者未经法庭许可中途退庭的，人民法院可以缺席判决。选项E当选，被告应当在收到起诉状副本之日起15日内提交答辩状，并提供据以作出被诉行政行为的全部证据和所依据的规范性文件。

(3) 斯尔解析 **ABCD** 本题考查行政诉讼第二审程序。选项A当选，人民法院审理行政案件，实行两审终审制，即二审法院作出的判决为发生法律效力的判决。选项B当选，第二审人民法院审理上诉案件，应当自收到上诉状之日起3个月内作出终审判决。有特殊情况需要延长的，由高级人民法院批准，高级人民法院审理上诉案件需要延长的，由最高人民法院批准。选项C当选，第二审人民法院审理上诉案件，必须组成合议庭，开庭审理，对原审人民法院的裁判和被诉行政行为进行全面审查。选项D当选，当事人对发回重审案件的判决不服的，可以再行上诉。第二审人民法院不得再次发回重审。选项E不当选，不服一审判决的上诉期为15天，不服一审裁定的上诉期为10天。

(4) 斯尔解析 **ABCE** 本题考查行政诉讼的证据。书证，是以其内容、文字、符号、图画等来表达一定的思想并用以证明案件事实的材料。选项A当选，营业执照上的记载事项包括公司的经营范围，能够以记载内容证明案件事实，属于书证。选项B当选，盖有发票专用章的发票上记载了开票单位和金额，能够以记载内容证明案件事实的证据，属于书证。选项C当选，送货单上记载了送货单位和收货单位，能够以记载内容证明案件事实，属于书证。选项D不当选，用于证明主体持有的发票是通过发票本身证明待证事实，属于物证。选项E当选，内部进销存账记载内容包括进项数量，能够以记载内容证明案件事实，属于书证。

20.4 (1) 斯尔解析 **A** 本题考查行政诉讼的被告及应诉事项。选项A当选，选项BC不当选，被诉行政机关负责人应当出庭应诉，被诉行政机关负责人不能出庭的，应当委托行政机关相应的工作人员出庭。选项DE不当选，省建设厅暂扣安全生产许可证的行为和市安全监督管理局的罚款决定是两个独立的行政行为，万盛公司对市安全监督管理局的罚款决定不服，并非对某省建设厅暂扣安全生产许可证不服，此时，应当仅以市安全监督管理局为被告，省建设厅不作为共同被告，也不应作为诉讼中的第三人。

(2) 斯尔解析 **AD** 本题考查行政处罚的种类。选项A当选，选项BCE不当选，暂扣许可证件属于行政处罚中的行为罚（能力罚），为单方行政行为，应适用行政处罚法的程序规定。选项D当选，损益行政行为指行政主体对行政相对人实施的对相对人不利或者以某种方式侵夺、减损相对人某种权利或利益的行政行为，行政处罚为损益行政行为。

提示：行政强制亦为损益行政行为。

(3) 斯尔解析 **ABDE** 本题考查行政处罚的听证程序。选项A当选，行政处罚中，当事人要求听证的，应在行政机关告知后5日内提出。选项B当选，听证应当由行政机关指定非本案调查人员主持。选项C不当选，行政处罚听证中，当事人可以亲自参加听证，也可以委托1至2人代理参加听证。行政机关不能委托代理人参加听证。选项D当选，行政机关在依法作出行政处罚决定之前，应当事先告知当事人作出行政处罚决定的事实、理由及法律依据，并告知当事人依法享有的权利。选项E当选，行政机关应当自行政处罚案件立案之日起90日内作出行政处罚决定。法律、法规、规章另有规定的，从其规定。

(4) **斯尔解析** C 本题考查行政许可的撤销。选项ABDE不当选，选项C当选，被许可人以欺骗、贿赂等不正当手段取得许可的，应当予以撤销，撤销后，不应给予赔偿或补偿。

提示：行政许可所依据的法律、法规、规章修改或者废止，或者准予行政许可所依据的客观情况发生重大变化的，适用行政许可的撤回。由此给相对人造成的损失应当给予补偿。

20.5 (1) **斯尔解析** ABCD 本题考查行政诉讼的证据。行政诉讼的证据包括：书证、物证、视听资料、电子数据、证人证言、当事人的陈述、鉴定意见（选项D当选）、勘验笔录、现场笔录。选项A当选，当事人陈某向法院所作陈述属于当事人陈述。选项B当选，用物品的外形、特征、质量等证明待证事实的一部分或全部的，称为物证，被砸坏的物品的照片属于物证。选项C当选，谢某儿子用手机录下的录音证据，属于电子数据。选项E不当选，证人对案件事实进行的描述属于证人证言，但是证人所作的"评论性""推断性"证言不能作为证据。

(2) **斯尔解析** AB 本题考查行政诉讼证据。选项A当选，被告向人民法院提供的在行政程序中采用的鉴定意见，应当载明委托人和委托鉴定的事项、向鉴定部门提交的相关材料、鉴定的依据和使用的科学技术手段、鉴定部门和鉴定人鉴定资格的说明，并应有鉴定人的签名和鉴定部门的盖章。选项B当选，当事人提供的证据需在法庭上出示，并由当事人对质辨认和核实。现场笔录作为法定证据之一，陈某可以对其合法性提出异议。选项C不当选，现场笔录应当在现场制作，不能事后补作，并应当由当事人签名或盖章。选项DE不当选，被告向人民法院提供的现场笔录，应当载明时间、地点和事件等内容，并由执法人员和当事人签名。当事人拒绝签名或者不能签名的，应当注明原因；有其他人在现场的，可由其他人签名。法律、法规和规章对现场笔录的制作形式另有规定的，从其规定。在一般情况下，对于现场笔录没有当事人签名的，不能简单地认定该笔录不具有法律效力。

(3) **斯尔解析** ABE 本题考查行政诉讼的举证规则。选项A当选，当事人申请调查收集证据，但该证据与待证事实无关联、对证明待证事实无意义或者其他无调查收集必要的，人民法院不予准许。选项B当选，人民法院在调取证据时，不得为证明被诉行政行为的合法性而调取被告在作出行政行为时未收集的证据。选项C不当选，行政机关向法院提交的证据原则上应当在作出行政行为之前收集。一旦进入诉讼程序，被告及其诉讼代理人（包括被告代理律师）就不得自行向原告、第三人和证人收集证据。选项D不当选，原告可以提供证明行政行为违法的证据。原告提供的证据不成立的，不免除被告的举证责任。选项E当选，原告或者第三人在诉讼程序中，提出了其在行政处理程序中没有提出的理由或者证据的，经人民法院准许，被告可以补充相关的证据。

(4) **斯尔解析** B 本题考查行政诉讼的简易程序。选项AE不当选，适用简易程序审理的行政案件，由审判员一人独任审理，并应在立案之日起45日内审结，并不要求当庭宣判。选项B当选，人民法院审理下列第一审行政案件，认为事实清楚、权利义务关系明确、争议不大的，可以适用简易程序：①被诉行政行为是依法当场作出的；②案件涉及款额2 000元以下的；③属于政府信息公开案件的。选项C不当选，当事人各方同意适用简易程序的，可以适用简易程序。仅有被告一方同意，不能适用简易程序。选项D不当选，简易程序是第一审案件的程序，二审程序和审判监督程序均不能适用简易程序。

二、民商法专题

20.6　(1)　**斯尔解析**　**ABE**　本题考查居住权。选项A当选，居住权属于用益物权。物权是对物的直接支配权、排他性财产权、对世权、绝对权。选项B当选，甲与乙约定，若乙再婚，则居住权消灭，属于附解除条件的民事法律行为。选项CD不当选，居住权为专属权，只能由权利人本人享有和行使，不能与权利人分离。居住权不得让与、继承，亦不得抵押。选项E当选，居住权的期限可由当事人在居住权合同中约定或者在遗嘱中确定。若合同或者遗嘱未对居住权期限予以明确，则推定居住权期限为居住权人的终生。

(2)　**斯尔解析**　**BC**　本题考查物权变动。选项A不当选，以不动产抵押，抵押权自登记时设立。3月10日，甲、丙双方办理了房屋抵押登记，当日，丙对房屋的抵押权设立。选项B当选，选项D不当选，设立居住权的，应当向登记机构申请居住权登记。居住权自登记时设立。选项C当选，选项E不当选，因继承取得物权的，自继承开始时发生效力，8月9日，已继承取得房屋所有权。

(3)　**斯尔解析**　**A**　本题考查保证合同效力。选项A当选，保证人原则上应以其全部财产作为履行债务的担保。选项B不当选，当事人可在抵押合同中明确约定抵押权所担保的债权范围，若无约定，抵押权所担保的债权范围依法应当包括：主债权及其利息、违约金、损害赔偿金和实现抵押权的费用。题述情形下，丙、丁、戊之间明确约定仅对借款本金提供保证，不包括其他债务。选项C不当选，同一债务有两个以上第三人提供担保，担保人之间未对相互追偿作出约定且未约定承担连带共同担保，但是各担保人在同一份合同书上签字、盖章或者按指印，承担了担保责任的担保人请求其他担保人按照比例分担"向债务人不能追偿"部分的，人民法院应予支持。丁承担全部借款后，应当先向甲追偿，就无法向甲追偿的部分，方可向戊追偿。选项DE不当选，被担保的债权既有物的担保又有人的担保的，债务人不履行到期债务或者发生当事人约定的实现担保物权的情形，债权人应当按照约定实现债权；没有约定或者约定不明确，债务人自己提供物的担保的，债权人应当先就该物的担保实现债权；第三人提供物的担保的，债权人可以就物的担保实现债权，也可以请求保证人承担保证责任。提供担保的第三人承担担保责任后，有权向债务人追偿。题述情形下，丙、丁、戊间签订的保证合同中对保证方式并没有明确约定，应当按照一般保证承担保证责任，保证人（丁、戊）享有先诉抗辩权。在债的实现顺序上，债权人的丙应先实现抵押权，之后就债务纠纷进行民事诉讼或申请仲裁，对诉讼判决或仲裁裁决强制执行仍不能清偿债务的，方可请求丁、戊承担各自的保证责任。

(4)　**斯尔解析**　**BDE**　本题考查继承法律效果，涉及对物权变动的考查。选项A不当选，选项D当选，居住权可因居住权期限届满或者居住权人死亡而消灭。题述情形下，乙的居住权并未消灭。选项B当选，选项C不当选，抵押权因下列原因而消灭：①主债权消灭。②抵押权实现。③抵押财产因不可归责于任何人的事由而灭失。④抵押权人放弃抵押权。

本题中不存在上述情形，故丙仍可以对房屋行使抵押权。选项E当选，己因继承取得带有居住权和抵押权负担的房屋所有权。

20.7 (1) 斯尔解析　**ABE**　本题考查借款合同属性与利率。选项A当选，选项D不当选，出借人请求借款人按照合同约定利率支付利息的，人民法院应予支持，但是双方约定的利率超过合同成立时一年期贷款市场报价利率四倍的除外。题述情形下，甲与丙房地产公司之间约定月利率为1.5%，年利率为18%。按照相关规定，仅在未超过14.6%（3.65%×4）的部分受到法律保护，超出部分的约定无效。选项B当选，民间借贷合同可以有偿亦可无偿，题述情形下，甲公司与丙公司约定了利息，该借款合同属于有偿合同。选项C不当选，选项E当选，民间借贷，是指自然人、法人和非法人组织之间进行资金融通的行为。民间借贷合同（除双方均为自然人的借款合同）为诺成合同，自双方达成一致意思表示时成立，一般情形下，该合同成立即生效。自然人之间的借款合同为实践合同，自借款人实际提供借款时成立。

(2) 斯尔解析　**CD**　本题考查商品房预购合同的属性及效力。选项A不当选，选项C当选，题述情形下，甲、丙的约定不属于附期限的民事法律行为，而应属于附条件的民事法律行为，且为附生效条件的民事法律行为。附条件与附期限最明显的区分为条件不一定会发生，但期限一定会到来。选项B不当选，甲与丙房地产公司之间的商品房预购合同是为保障借款合同实现，属于借款合同变更的原因。选项D当选，选项E不当选，该商品房预购合同为附生效条件合同，自条件成就时生效。双方约定利息的多少并不会导致合同无效。

(3) 斯尔解析　**ABC**　本题考查债权转让。选项A当选，债权转让需要转让人与受让人达成一致的意思表示。选项BC当选，债权让与的生效要件为：①存在有效债权。②让与人对被让与的债权享有处分权。③被让与的债权具有可转让性。④法律、行政法规规定债权让与合同应当办理批准、登记等手续才能生效的，当事人须办理相应的手续。需要注意的是，应收账款出质后，不得转让，但是出质人与质权人协商同意的除外。选项D不当选，债权让与以通知债务人为对债务人生效的要件，无须征得债务人同意。选项E不当选，乙、丙之间无论有无转让约定，乙均可转让债权，当事人约定金钱债权不得转让的，不得对抗第三人。

(4) 斯尔解析　**BE**　本题考查质权设立与预告登记效力。选项A不当选，选项E当选，以应收账款出质的，质权自办理出质登记时设立。选项B当选，选项CD不当选，预告登记后，未经预告登记的权利人同意，处分该不动产的，不发生物权效力。未经预告登记的权利人同意，转让不动产所有权等物权，或者设立建设用地使用权、居住权、地役权、抵押权等其他物权的，认定其不发生物权效力。因此，预告登记后，丙房地产公司未经甲同意，以该商品房设立的抵押权无效。但预告登记并不意味着对"房屋"所有权的登记，其仅为保障将来房屋物权能顺利实现所作的登记。

20.8 (1) 斯尔解析　**ACD**　本题考查要约、要约邀请、承诺的界定。选项C当选，6月5日，甲的意思表明希望他人与自己订立合同，属于要约邀请。选项B不当选，6月6日，甲表示两辆车均卖7 000元，对方若同意即可成交，该项意思表示的内容具体确定，属于要约。

选项A当选,6月8日,乙更改了价格,属于对甲的要约进行了实质性变更,为新要约。选项E不当选,6月9日,甲再次更改价格,属于新要约。选项D当选,6月10日乙回复表示同意,属于承诺。

(2) 斯尔解析　**ACE**　本题考查债的分类。简单之债是指债的标的只有一宗,当事人只能按该宗标的履行的债。选择之债是指债的标的有数宗,当事人可以选择其中之一为履行标的的债。任意之债是指债权人或债务人可以约定用原定给付之外的其他给付来代替原定给付的债。选项A当选,选项D不当选,甲、乙之间的买卖合同成立时,合同标的可以在黑色和红色山地车之间选择,标的物有数宗,属于选择之债。选项E当选,在黑色山地车报废之后,合同标的物变为一宗,成为简单之债。选项B不当选,选项C当选,承诺生效时,合同成立,本题中,6月10日乙回复表示同意,该回复为承诺,此时合同成立。

(3) 斯尔解析　**ACD**　本题考查债的发生原因。选项AD当选,因丁的原因导致交通事故的发生,造成甲的山地自行车报废,丙受伤,构成侵权。甲可以基于所有权、丙可以基于占有向丁主张损害赔偿。选项B不当选,选项C当选,甲、丙之间为借用合同,甲有权基于合同要求丙承担违约责任。侵权人并非丙,甲不得基于侵权要求赔偿。选项E不当选,乙尚未取得山地车所有权,不能向丁主张权利。

(4) 斯尔解析　**D**　本题考查定金。选项ABE不当选,选项D当选,定金数额不能超过主合同标的额的20%,超过部分不产生定金的效力。本题中,发生定金效力的金额为1 200元(6 000元×20%),超出的部分300元应当作为预付款项。收受定金一方未按约定履行合同的,应双倍返还定金,故甲应向乙返还2 400元,同时应返还不发生定金效力的部分款项300元,合计返还2 700元。选项C不当选,实际交付的定金数额多于或者少于约定数额的,视为变更约定的定金数额。乙向甲支付定金数额1 500元,少于约定定金数额,甲接受,视为二者对约定定金数额的变更。

20.9 (1) 斯尔解析　**CE**　本题考查租赁合同的转租。选项A不当选,承租人未经出租人同意转租的,出租人有权解除租赁合同,但无权解除转租合同。选项B不当选,合同一经解除,其权利义务关系即终止。本题中,租赁合同属于继续性合同,合同解除的,其权利义务关系即终止,解除效力无溯及力。选项C当选,法定解除权属于形成权。选项D不当选,一般情况下,当事人一方依法主张解除合同的,应当通知对方,合同自通知到达对方时解除。选项E当选,丙行使法定解除权,其单方意思表示即可成立,是单方民事法律行为。

(2) 斯尔解析　**AE**　本题考查租赁合同形式及效力。选项A当选,选项D不当选,租赁期限6个月以上的,应当采用书面形式。本题中,租期不足6个月,可采用口头形式,也可采用书面形式。选项B不当选,甲丁间的转租合同,自双方达成合意时成立并生效。甲未经丙同意,擅自转租的行为不影响甲丁间转租合同的效力。选项C不当选,无人机租赁合同是诺成合同,双方当事人意思表示达成一致则合同成立。选项E当选,债务人接到债权转让通知后,债务人对让与人的抗辩,可以向受让人主张。

(3) 斯尔解析　**CD**　本题考查买卖合同和动产物权变动。选项A不当选,乙、丙的买卖合同约定了所有权保留条款,因此指示交付时丙没有取得所有权,而是在付清价款后才能取得所有权。选项BE不当选,租赁物在承租人按照租赁合同占有期限内发生所有权变动的,不影响租赁合同的效力。根据租赁合同的约定,甲有权承租无人机至10月31日,故丙在租期届满前,无权要求甲交付无人机。选项C当选,标的物毁损、灭失的风险,在标的物交付之前由出卖人承担,交付之后由买受人承担,但是法律另有规定或者当事人另有约定的除外。6月20日,乙通过指示交付的方式将无人机进行交付,交付后风险转移给丙。选项D当选,履行期限不明确的,债务人可以随时履行,债权人也可以随时请求履行,但是应当给对方必要的准备时间。6月2日买卖合同成立,双方未约定履约期限,丙随时有权请求乙交付无人机。

(4) 斯尔解析　**ADE**　本题考查合同责任与侵权责任。选项AE当选,无民事行为能力人、限制民事行为能力人造成他人损害的,由监护人承担侵权责任(无过错责任)。选项D当选,选项C不当选,丙作为农用无人机的所有权人,有权请求侵权人戊承担赔偿责任,也有权请求甲承担因第三人的原因导致不能向丙交付农用无人机的赔偿责任,但甲、戊之间并无连带关系。选项B不当选,根据合同相对性原理,丙有权请求甲承担赔偿责任,甲向丙承担赔偿责任后,有权基于转租合同向丁进行追偿,即丙无权直接请求丁承担赔偿责任。

20.10 (1) 斯尔解析　**BCE**　本题考查婚姻登记及婚姻效力。选项B当选,依照法律规定、当事人约定或者民事法律行为的性质,应当由本人亲自实施的民事法律行为,不得代理。如结婚、离婚、收养等不得代理。选项C当选,无效的或者被撤销的婚姻自始无效,即没有法律约束力。选项E当选,结婚登记的程序分为申请、审查和登记三个环节。自愿结婚的男女,双方应当亲自到一方户口所在地的婚姻登记管理机关申请结婚登记。选项AD不当选,有下列情形之一的,婚姻无效:①重婚。②有禁止结婚的亲属关系。③未到法定婚龄。2002年4月3日至2003年4月3日,甲未达到法定婚龄,在此期间,甲、乙婚姻为无效婚姻。2003年7月5日,甲、乙补办了婚姻登记,并且双方均达到了法定婚龄,属于有效婚姻。

(2) 斯尔解析　**CDE**　本题考查夫妻财产权。选项A不当选,夫妻一方个人财产在婚后产生的收益,除孳息和自然增值外,应认定为夫妻共同财产。租金属于法定孳息,当属个人财产而非夫妻共同财产。选项B不当选,该房屋为乙在婚前取得,当属个人财产。选项C当选,夫妻一方在婚姻关系存续期间以个人名义超出家庭日常生活需要所负的债务,不属于夫妻共同债务;但是,债权人能够证明该债务用于夫妻共同生活、共同生产经营或者基于夫妻双方共同意思表示的除外。选项D当选,一方因受到人身损害获得的赔偿和补偿属于夫妻一方的个人财产。选项E当选,乙父母借款时,甲、乙婚姻关系处于无效状态,50万元借款属于乙的个人债务。

(3) 斯尔解析　**ABDE**　本题考查离婚后子女抚养与财产分割。选项A当选,乙作为房屋所有权人可以为甲在自有住宅设定居住权。选项B当选,离婚后,父母对于子女仍有抚养、教育、保护的权利和义务。选项C不当选,选项E当选,离婚后,不满两周岁的子女,以由母亲抚养为原则。已满两周岁的子女,父母双方对抚养问题协议不成的,由人民法院根据双方的具体情况,按照最有利于未成年子女的原则判决。子女由一方直接抚养的,另一方应当负担部分或者全部抚养费。负担费用的多少和期限的长短，由双方协议；协议不成的，由人民法院判决。选项D当选，房屋所有权归属于乙，乙应当返还甲支付的装修款及其利息。

(4) 斯尔解析　**ABDE**　本题考查离婚诉讼。选项A当选，人民法院审理离婚案件，应当进行调解；如果感情确已破裂，调解无效的，应当准予离婚。选项B当选，因感情不和分居满2年，调解无效的，应当准予离婚。选项C不当选，对公民提起的民事诉讼，由被告住所地人民法院管辖，本案中应由乙所在地的人民法院管辖。选项D当选，完成离婚登记或者离婚判决书、调解书生效，即解除婚姻关系。选项E当选，经人民法院判决不准离婚后，双方又分居满1年，一方再次提起离婚诉讼的，应当准予离婚。

20.11 (1) 斯尔解析　**CDE**　本题考查破产申请。破产申请人包括债务人（选项E当选）、债权人（选项CD当选）、依法对债务人负有清算责任的人以及国务院金融监督管理机构。

(2) 斯尔解析　**ABE**　本题考查破产申请受理的法律后果。选项A当选，人民法院受理破产申请后，有关债务人财产的保全措施应当解除，执行程序应当中止。选项BE当选，人民法院受理破产申请后，债务人的债务人或者财产持有人应当向管理人清偿债务或者交付财产。选项C不当选，破产申请受理时案件尚未审结的，人民法院应当中止审理。选项D不当选，破产申请受理后，债权人就债务人财产向人民法院提起民事诉讼的，人民法院不予受理。

(3) 斯尔解析　**ABCE**　本题考查重整申请的主体。债务人（选项E当选）、债权人（选项AC当选）和出资额占债务人注册资本1/10以上的出资人（选项B当选），可以向人民法院申请对债务人进行重整，启动重整程序。

(4) 斯尔解析　**C**　本题考查债务清偿顺序。破产财产在优先清偿破产费用（选项C当选）和共益债务后，依照下列顺序清偿：①破产人所欠职工的工资和医疗、伤残补助、抚恤费用，所欠的应当划入职工个人账户的基本养老保险、基本医疗保险费用，以及法律、行政法规规定应当支付给职工的补偿金。②破产人欠缴的除前项以外的社会保险费用。③破产人所欠税款。④普通破产债权。

三、刑法专题

20.12 (1) 斯尔解析　**C**　本题考查涉税犯罪罪名辨析。费某在没有商品购销或者没有提供、接受劳务、服务的情况下开具普通发票，其行为属于虚开普通发票行为。虚开增值税专用发票和用于骗取出口退税、抵扣税款发票以外的其他发票，涉嫌下列情形之一的，应予立案追诉：

①虚开发票金额累计在50万元以上的。

②虚开发票100份以上且票面金额在30万元以上的。

③5年内因虚开发票受过刑事处罚或者二次以上行政处罚，又虚开发票，数额达到上述第①②项标准60%以上的。

选项C当选，费某虚开发票份数以及金额都满足虚开发票罪立案追诉标准，涉嫌虚开发票罪。

提示：只有非法购买"增值税专用发票"或购买伪造的增值税专用发票才属于涉税犯罪。刑法中并未明确规定非法购买其他类型的发票构成涉税犯罪。

（2）【斯尔解析】 BE 本题考查涉税犯罪的认定。选项AC不当选，选项B当选，不存在"非法购买发票罪"，对非法购买发票行为入罪的，只有非法购买增值税专用发票罪或者购买伪造的增值税专用发票罪（增值税专用发票）。周某明知没有真实交易，而购买增值税普通发票，达到立案追诉标准，其涉嫌虚开发票罪。王某经易某指派，在没有真实交易的情况下，要求他人为自己虚开发票，达到立案追诉标准，构成虚开发票罪。选项D不当选，吴某与费某合谋，构成虚开增值税普通发票的共犯，达到立案追诉标准，涉嫌虚开发票罪。选项E当选，费某实施了虚开发票的行为，朱某安排员工帮助费某虚开发票，二者为共同犯罪。因此，朱某亦涉嫌虚开发票。

（3）【斯尔解析】 B 本题考查自首的界定。选项A不当选，认罪认罚从宽是刑事诉讼制度之一，认罪认罚从宽，是指犯罪嫌疑人、被告人自愿如实供述自己的犯罪，对指控的犯罪事实没有异议，同意检察机关的量刑意见并签署具结书的案件，可以依照刑诉法的规定，按程序上从简、实体上从宽处理。选项B当选，选项D不当选，犯罪以后自动投案，如实供述自己罪行的行为，属于一般自首。坦白仅为犯罪嫌疑人到案后"如实供述"犯罪行为。王某自动投案，并如实供述，属于自首。选项CE不当选，立功，是指犯罪分子揭发他人犯罪行为，查证属实，或者提供重要案件线索，从而得以侦破其他案件的行为。立功分为一般立功与重大立功。二者的区别为犯罪分子对一般案件或重大案件检举、揭发或提供重大线索。

（4）【斯尔解析】 CDE 本题考查缓刑的适用以及缓刑考验期限。缓刑适用于被判处拘役或者3年以下有期徒刑的犯罪分子，符合条件的，可以宣告缓刑。选项A不当选，拘役的缓刑考验期限为原判刑期以上1年以下，但不能少于2个月。判处王某缓刑4个月不满足"原判刑期以上"的条件。选项B不当选，费某被判处有期徒刑4年，不满足"3年以下有期徒刑"的条件，不得宣告缓刑。选项CDE当选，有期徒刑的缓刑考验期限为原判刑期以上5年以下，但是不能少于1年。

20.13（1）【斯尔解析】 CDE 本题考查涉税职务犯罪。选项C当选，本题中，万亿公司的行为是部分销售收入不开具发票，不入账，未申报纳税，且逃避缴纳税款的金额超过10万元，占各税种的比例超过10%，涉嫌逃税罪，而陈某作为税收管理员，与万亿公司勾结，涉嫌构成逃税罪的共犯。选项B不当选，本题中，并未体现陈某徇私情私利不移交刑事案件，故其不涉嫌徇私舞弊不移交刑事案件罪。选项A不当选，选项E当选，对于任某来说，明知万亿公司在逃税，出于某种私利而佯装不知，对逃税行为采取放任态度，因此不征或少征应征税款，致使国家税收遭受重大损失的，则只能认定构成徇私舞弊不征、少征税款罪，而不能认定为逃税罪。选项D当选，任某接受万亿公司的红包，因此对其逃税行为采取放任态度，不征或者少征应征税款，致使国家税收遭受重大损失，应当以徇私舞弊不征、少征税款罪和"受贿罪"数罪并罚。

(2) 【斯尔解析】 BCD 本题考查逃税罪、危害税收征管犯罪的犯罪构成以及单位犯罪。选项A不当选，选项BC当选，为谋取本单位的非法利益，由单位负责人或者经集体讨论决定，实施了刑法规定的危害社会的行为，属于单位犯罪主体，万亿公司属于单位，万亿公司的逃税行为属于单位犯罪主体。选项D当选，危害税收征管犯罪主观方面均为故意。选项E不当选，纳税人涉嫌逃税罪后，在公安机关立案后再补缴应纳税款、缴纳滞纳金或者接受行政处罚的，不影响刑事责任的追究。

(3) 【斯尔解析】 ABC 本题考查逃税罪。纳税人采取欺骗、隐瞒手段进行虚假纳税申报或不申报（选项A当选），逃避缴纳税款，数额在10万元以上并且占各税种应纳税总额10%以上（选项BC当选），经税务机关依法下达追缴通知后，不补缴应纳税款、不缴纳滞纳金或不接受行政处罚的，或者5年内因逃避缴纳税款受过刑事处罚或被税务机关给予2次以上行政处罚，又逃避缴纳税款，数额在10万元以上并且占各税种应纳税总额10%以上的。选项DE不当选，是否行贿和是否与税收管理员勾结不影响逃税罪的认定。

(4) 【斯尔解析】 AD 本题考查累犯、自首和立功。选项A当选，选项BC不当选，一般自首是指犯罪以后"自动投案"并且"如实供述"自己的罪行，汪某的如实供述是在被逮捕后如实供述，而没有"自动投案"情节，不属于自首。一般立功，是指犯罪分子具有揭发他人犯罪行为，查证属实，或者提供重要案件线索，从而得以侦破其他案件等行为。汪某的行为并不属于立功。选项D当选，选项E不当选，一般累犯的成立条件之一为"前罪被判处的刑罚和后罪应当判处的刑罚都必须是有期徒刑以上刑罚"，汪某犯危险驾驶罪被法院判处拘役，不构成累犯。

20.14 (1) 【斯尔解析】 ACD 本题考查逃税罪。选项B不当选，逃税罪犯罪主体为特殊主体，包括纳税人和扣缴义务人，既可以是个人，也可以是单位。选项E不当选，纳税人在公安机关立案后再补缴应纳税款、缴纳滞纳金或者接受行政处罚的，不影响刑事责任的追究。

(2) 【斯尔解析】 DE 本题考查刑罚的适用。选项A不当选，选项E当选，特别自首，是指被采取强制措施的犯罪嫌疑人、被告人和正在服刑的罪犯，如实供述司法机关尚未掌握的本人其他罪行的行为。甲投案时未在"司法机关控制之下"，因此，不构成特别自首。达到一般自首的标准应该同时满足"自动投案"和"如实供述"两个条件。题述情形下，甲属于一般自首。选项B不当选，立功，是指犯罪分子揭发他人犯罪行为，查证属实，或者提供重要案件线索，从而得以侦破其他案件的行为。甲仅构成一般自首，而不构成立功。选项C不当选，选项D当选，一般累犯，是指被判处有期徒刑以上刑罚的犯罪分子，刑罚执行完毕或者赦免以后，在5年以内再犯应当判处有期徒刑以上刑罚之罪的情况。题述情形下，甲的"前罪"为逃税罪，已经被判处有期徒刑3年，出狱半年后又犯罪（符合5年的标准），且盗窃罪应当被判处有期徒刑，应认定甲为一般累犯。

(3) 【斯尔解析】 AD 本题考查累犯。选项AD当选，选项BE不当选，一般累犯，是指被判处有期徒刑以上刑罚的犯罪分子，刑罚执行完毕或者赦免以后，在5年以内再犯应当判处有期徒刑以上刑罚之罪的情况。构成一般累犯，要求"前后罪"均为故意犯罪。选项C不当选，对于被假释的犯罪分子，规定的5年期限，从假释期满之日起计算。因此，被假释的人也适用累犯的规定。

（4） 斯尔解析　ABCE　本题考查自首。自首包括一般自首和特别自首。一般自首，是指犯罪以后自动投案，如实供述自己罪行的行为。达到一般自首的标准应该同时满足"自动投案"和"如实供述"两个条件。

"自动投案"的情形包括：

①犯罪嫌疑人向其所在单位、城乡基层组织或者其他有关负责人员投案的。

②犯罪嫌疑人因病、伤或者为了减轻犯罪后果，委托他人先代为投案，或者先以信电投案的。

③罪行尚未被司法机关发觉，仅因形迹可疑，被有关组织或司法机关盘问、教育后，主动交代自己的罪行的。

④犯罪后逃跑，在被通缉、追捕过程中，主动投案的；经查实确已准备去投案，或者正在投案途中，被公安机关捕获的。

⑤并非出于犯罪嫌疑人主动，而是经亲友规劝、陪同投案的。

⑥公安机关通知犯罪嫌疑人的亲友，或者亲友主动报案后，将犯罪嫌疑人送去投案的。

⑦犯罪后主动报案，虽未表明自己是作案人，但没有逃离现场，在司法机关询问时交代自己罪行的。

⑧明知他人报案而在现场等待，抓捕时无拒捕行为，供认犯罪事实的。

⑨在司法机关未确定犯罪嫌疑人，尚在一般性排查询问时主动交代自己罪行的。

⑩因特定违法行为被采取劳动教养、行政拘留、司法拘留、强制隔离戒毒等行政、司法强制措施期间，主动向执行机关交代尚未被掌握的犯罪行为的。

"如实供述"的要求包括：

①犯罪嫌疑人自动投案时虽然没有交代自己的主要犯罪事实，但在司法机关掌握其主要犯罪事实之前主动交代的，应认定为如实供述自己的罪行。

②犯罪嫌疑人自动投案并如实供述自己的罪行后又翻供的，不能认定为自首，但在一审判决前又能如实供述的，应当认定为自首。选项ABCE当选，所述情形应认定为自首。选项D不当选，构成特别自首。特别自首是指被采取强制措施的犯罪嫌疑人、被告人和正在服刑的罪犯，如实供述司法机关尚未掌握的本人其他罪行的行为。

20.15（1） 斯尔解析　AC　本题考查涉嫌骗取出口退税罪应予立案追诉的主体。选项B不当选，利用虚开的增值税专用发票抵扣税款或者骗取出口退税的，依法按照虚开的增值税专用发票罪定罪处罚。选项D不当选，根据题干信息，丁公司行为不涉及出口，涉嫌构成虚开增值税专用发票罪。选项E不当选，戊公司骗取国家出口退税款4万元，未达到立案标准（10万元），不构成骗取出口退税罪。

（2） 斯尔解析　BD　本题考查虚开增值税专用发票罪的构成。选项BD当选，实施了虚开增值税专用发票或者虚开用于骗取出口退税、抵扣税款的其他发票的行为，且虚开的税款数额在10万元以上或者造成国家税款损失数额在5万元以上，应予立案追诉。乙公司利用虚开的增值税专用发票骗取国家出口退税款100万元，属于虚开增值税专用发票罪。丁公司所涉情形为没有货物购销或没有提供或接受应税劳务而为他人、为自己、让他人为自己、介绍他人开具增值税专用发票，属于虚开增值税专用发票行为。

(3) 斯尔解析　C　本题考查骗取出口退税罪的构成。选项C当选，以伪造、变造或其他欺骗手段取得出口货物报关单、出口收汇核销单、出口货物专用缴款书等有关出口退税单据、凭证属于假报出口情形。

(4) 斯尔解析　ABCE　本题考查构成善意取得虚开增值税专用发票的条件。构成善意取得虚开增值税专用发票，需要具备三个条件：

①发票记载事项与客观实际完全相符（选项B当选）。

②购货方不知道发票为虚开，且没有能力知道发票为虚开（选项AE当选）。

③发票经过税务机关认证为真发票（选项C当选）。

做新变 new

综合分析题

| 20.16 (1) ▶ AD | 20.16 (2) ▶ BCE | 20.16 (3) ▶ E | 20.16 (4) ▶ BCD |

综合分析题

20.16 (1) 斯尔解析　AD　本题考查有限责任公司的股东出资和股权转让。选项A当选，有限责任公司的全体股东认缴的出资额由股东按照公司章程的规定自公司成立之日起5年内缴足。即在5年的出资期限内，公司章程可以从低的规定出资期限。选项B不当选，董事会应当对股东或者发起人的出资情况进行核查，发现股东或者发起人未按照公司章程规定的出资日期足额缴纳出资的，应当由公司向股东或者发起人发出书面催缴书催缴出资。书面催缴书可以载明自公司发出催缴书之日起不少于60日的缴纳出资宽限期。选项C不当选，公司章程规定出资期到期，股东接催缴通知后宽限期内仍未出资，董事会发出失权通知，自通知发出之日起（并非股东收到失权通知之日）股东丧失其未缴纳出资的股权。选项D当选，有限责任公司不能清偿到期债务，公司或者已到期债权的债权人，有权要求已认缴出资但未届出资期限的股东提前缴纳出资。选项E不当选，股东转让已认缴出资但未届出资期限的股权的，由受让人承担缴纳该出资的义务；受让人未按期足额缴纳出资的，转让人对受让人未按期缴纳的出资承担补充责任。

(2) 斯尔解析　BCE　本题考查有限责任公司的股东出资。选项A不当选，公司可以按照公司章程的规定在董事会中设置由董事组成的审计委员会，不设监事会或者监事（监事也可以不设置）。选项BC当选，规模较小或者股东人数较少的公司，可以不设监事会，设1名监事；经全体股东一致同意，也可以不设监事。选项D不当选，公司董事会成员为3人以上，其成员中可以有公司职工代表。选项E当选，职工人数300人以上的公司，除依法设监事会并有公司职工代表的外，其董事会成员中应当有公司职工代表。

(3) 斯尔解析　E　本题考查股东查阅权。选项A不当选，有限责任公司股东可以查阅公司会计账簿、会计凭证，但需书面请求公司同意。选项E当选，选项BD不当选，有限责任公司股东和连续180日以上单独或者合计持有公司3%以上股份的股份有限公司股东要求查阅公司会计账簿、会计凭证的（无权请求复制），应当向公司提出书面请求，说明目的。公司拒绝提供查阅的，股东可以向人民法院提起诉讼。选项C不当选，股东查阅公司会计账簿、会计凭证的，可以委托会计师事务所、律师事务所等中介机构进行。

(4) 斯尔解析　BCD　本题考查减资补亏。选项A不当选，公积金包括资本公积金、法定公积金和任意公积金，主要用于弥补公司亏损、扩大公司生产经营或者转为增加公司注册资本。选项B当选，法定公积金不足以弥补公司以前年度亏损的，在依照规定提取法定公积金之前，应当先用当年利润弥补。选项C当选，用公积金弥补公司以前年度亏损的，应当先使用任意公积金和法定公积金；仍不能弥补的，可以按照规定使用资本公积金。选项D当选，用公积金弥补亏损后仍有亏损的，可以减少注册资本弥补亏损。减少注册资本弥补亏损的，公司不得向股东分配，也不得免除股东缴纳出资或者股款的义务。选项E不当选，减少注册资本补亏的，在法定公积金和任意公积金累计额达到公司注册资本50%前，不得向股东分配利润。